国家社会科学基金重大项目"'两个一百年'背景下的语言国情调查与语言规划研究"（项目批准号：21&ZD289）阶段性成果

国家语委"十四五"科研规划项目"学前儿童语言学习资源及语言能力发展研究"（项目编号：YB145-8）阶段性成果

句法与语篇：汉语叙事中实体首现的规律研究

刘琪 著

时代出版传媒股份有限公司
安徽教育出版社

图书在版编目（CIP）数据

句法与语篇:汉语叙事中实体首现的规律研究 / 刘琪著. —合肥:安徽教育出版社,2023.10

ISBN 978-7-5336-9826-3

Ⅰ.①句… Ⅱ.①刘… Ⅲ.①汉语—句法—研究
Ⅳ.①H146.3

中国版本图书馆 CIP 数据核字（2022）第 181014 号

句法与语篇:汉语叙事中实体首现的规律研究

JUFA YU YUPIAN:HANYU XUSHI ZHONG SHITI SHOUXIAN DE GUILÜ YANJIU

出 版 人:费世平
责任编辑:付 静
装帧设计:阮 娟
责任印制:陈善军

出版发行:安徽教育出版社
地 址:合肥市经开区繁华大道西路 398 号 邮编:230601
网 址:http://www.ahep.com.cn
营销电话:(0551)63683012,63683013
排 版:安徽时代华印出版服务有限责任公司
印 刷:安徽联众印刷有限公司

开 本:710mm×1010mm 1/16
印 张:17.5
版 次:2023 年 10 月第 1 版
印 次:2023 年 10 月第 1 次印刷
定 价:48.00 元

目 录

第1章 导言 /1

1.1 句法与语篇的互动性 /1

1.2 本书要研究的问题 /8

1.3 研究现状综述 /11

1.4 本书的主要研究方法 /23

1.5 语料说明 /24

第2章 叙事语篇、实体首现和叙事起蒂 /33

2.1 关于叙事语篇 /33

2.2 实体首现的概念 /37

2.3 叙事起蒂的概念和类别 /38

2.4 实体首现的语篇功能类别 /40

2.5 实体首现的性质和范围界定 /47

第3章 叙事语篇中实体首现的表述形式类别及其基本规律 /50

3.1 实体首现的表述形式在结构、语义上的多样性表现 /50

3.2 实体首现的表述形式对结构、语义选择的倾向性规律 /61

3.3 影响实体首现表述形式选择偏好的若干因素 /70

3.4 实体首现表述形式倾向性规律的成因分析 /83

3.5 首现形式在不同类型叙事语篇中的分布规律及其成因 /88

3.6 叙事语篇中实体首现的信息功能与指称性质的错配效应 /93

3.7 本章小结 /107

第4章 叙事语篇中实体首现的句法成分位置及其基本规律 /110

4.1 实体首现在句法成分位置上的多样性表现 /110

4.2 实体首现对句法成分位置选择的倾向性规律 /120

4.3 影响实体首现对句法位置选择的语篇因素 /127

4.4 实体首现对句法成分位置选择倾向的成因分析 /138

4.5 不同互动性叙事语篇中实体首现对句法位置的选择规律 /143

4.6 本章小结 /145

第5章 叙事语篇中实体首现句的句型及其基本规律 /147

5.1 叙事语篇中实体首现句的句型句式类别 /147

5.2 叙事语篇中实体首现句句型的倾向性规律 /161

5.3 叙事语篇中实体首现句句型倾向性规律的成因分析 /165

5.4 实体首现句句型在不同类型的叙事语篇中的分布规律及成因分析 /168

5.5 本章小结 /173

第6章 实体首现视角下的无定主语句 /174

6.1 汉语无定主语句的主要研究成果 /175

6.2 汉语主语、宾语与有定、无定的匹配情况 /181

6.3 叙事语篇中无定首现成分对句法语义选择的多样性和倾向性 /189

6.4 “旧—新”信息结构与句首状语的信息作用 /203

6.5 无定主语句的语体偏好和动因分析 /207

6.6 叙事语篇中引入首现实体的无定主语句与“有”字句的可替换度 /216

6.7 本章小结 /222

第7章 实体首现视角下的无定“把”字句 /225

7.1 无定“把”字句的研究现状和待解决的问题 /227

7.2 叙事语篇中无定“把”字句的实体首现功能 /232

7.3　无定“把”字句的“凸显行为结果”功能　/238
7.4　无定“把”字句在不同类型叙事语篇中的分布规律及成因分析　/242
7.5　本章小结　/247

第8章　结语　/249
8.1　本书的主要结论　/249
8.2　本书的价值和贡献　/253
8.3　本书的不足和展望　/254

参考文献　/256

第1章　导言

沈家煊(2012)①认为:语法与语用的关系、语法与语音的关系,是汉语研究里根本性的、牵动全局的关系。而句法与语篇的关系是语法与语用关系的重要内容之一。本书从句法与语篇的角度出发,研究汉语叙事中实体首现的规律,并据此对无定构式的成因进行分析。

1.1　句法与语篇的互动性

句法与语篇的互动性表现在两个方面:一方面,句法结构式会影响语篇的构成和表意功能;另一方面,语篇对句法结构式有塑造和制约作用,甚至是句法结构式形成的必要条件。

1.1.1　句法对语篇的影响

一个语篇结构是由若干句法结构式所组成的,每一个句法结构式都是语篇意义的组成部分。不同的句法结构式可能有不同的功能。例如:

(1)刘家峧有两个神仙,邻近各村无人不晓:一个是前庄上的二诸葛,一个是后庄上的三仙姑。二诸葛原来叫刘修德,当年做过生意,抬脚动手都要论一论阴阳八卦,看一看黄道黑道。三仙姑是后庄于福的老婆,每月初一十五都要顶着红布摇摇摆摆装扮天神。

---

①在"《中国语文》青年学者沙龙"上的发言,北京,中国社会科学院语言研究所,2012年11月16—17日。

这是一个叙事语篇。第一句是一个“有”字句，也是整个语篇的背景句，所以只能安排在语篇的起始句位置。存现句（包括表示存现的“有”字句）在叙事语篇中通常具有提供背景的功能，而动词谓语句在叙事语篇中通常具有叙述事件过程的功能。

1.1.2 语篇对句法的塑造

句式可以从内、外两个角度观察。从内部看，句式包括构成成分、语序安排及表意功能等不同方面；从外部看，句式在语篇中有什么作用、适合表达什么意义、能在语篇信息表达中起什么作用，都是值得关注的方面。语篇的构成与信息结构对句式有要求、有选择，且语篇的开头、中间、过渡和结尾等不同位置对句式可能也有不同的要求。

句法是一些语篇特点的语法化。Hopper（1988）认为语法应被看作是从话语中“浮现”出来的，强调语法结构与话语结构的内在联系，提出“浮现语法”（emergent grammar）的观点。句式的句法是受语篇影响的。语篇像一条大河，而各种句式就像河里的石头，其形状是河水长期冲刷的结果。

汉语作为孤立语的一种，基本上没有表示语法特征的形态变化，再加上汉语是话题突出型语言，这使得汉语句法的形成和理解都依赖语篇。在汉语中，语篇会制约句子成分的形式选择，决定句子中一个名词性成分的具体语义所指。因此，要认清汉语句法的性质就离不开对汉语语篇的研究（董秀芳，2012）。

语言是用来交际的，是用来传递信息的，不仅句式的表达和理解依赖语篇，句式的生成也会受到语篇的影响。在某种程度上可以说，汉语句法根植于语境。句法结构的分类都是剥离语境而抽象概括出来的。从语言运用角度观察句法结构，是回归自然语言状态并在语境充足性状态下研究句法问题。基于语言的这种性质，可以得到如下认识。

1.1.2.1 “断章取句”和“语篇成分的句法成分化”

不同句式的语义特征（构式义）和表意功能在语篇中才能体现出来，因此，对句式的观察必须注重语篇这个大背景，不能“断章取句”。“断章取句”的做法虽是句法研究的需要，但可能会带来局限，有时候会夸大句法的相对独立性，割裂了句式与语篇的联系，忽视了语篇对句法结构的影响作用，造成句子成分句法语义分析上的困惑，如语篇的话题必须依托在句子成分上。特别值得注意的是，“语篇成分的句法成分化”会造成新的非常规的句式，如“我们来两个人”“王冕死了父亲”“作业我们班交了三个人”“他来了一个同学”。（一价动词带两个论元；主语不是典型的施事或不是施事；宾语都是施事，及物性弱）单纯的“句式”视角会影响语法研究的全貌观察，导致片面甚至迷惘。

从语篇的视角来观察句法问题，会发现新的规律，也能使一些疑难现象得到更加合理的解释。我们以“王冕死了父亲”类句式为例来说明。该句式属于“失去义”的构式，目前的研究多从该句式限制条件的角度来进行解释。请看：

王冕死了父亲/母亲/妻子

? 王冕死了爷爷/奶奶/儿子/女儿

?? 王冕死了舅舅/哥哥/姐姐

* 王冕死了老师/同学/朋友

限制条件：①认知上的重大损失（人生三大不幸——幼年丧父/母，中年丧偶，老年丧子；任何年龄失去父母都是非常悲伤的事情）；②一价名词（“意见”、“看法”、亲属称谓名词等）；③单一而有定的亲属名词；④连用或对举限制要宽松一些，但也必须是亲属称谓名词。

但上述研究成果仍然不能解释“死了独子”为什么不能成立。俞理明、吕建军(2011)回顾了半个世纪以来对“王冕死了父亲”句式的研究，认为从不同的角度作出分析的成果很多，但“未能得到令人满意的解释”。我们认为这是由于忽视语篇环境、孤立研究句式造成的，需要从构式形成的背景找原因。其实，在实际用例中，“王冕”是整个语篇的话题，但由于“断章取句”而成了单个句子的主语或话题。先看“王冕死了父亲”的原始出处：

(2)虽然如此说，元朝末年，也曾出了一个嵚崎磊落的人。这人姓王名冕，在诸暨县乡村里住。七岁上死了父亲，他母亲做些针指，供给他到村学堂里去读书。(《儒林外史》第一回)

俞理明、吕建军(2011)从历史角度考察，认为“王冕死了父亲”来源于“子夏丧其子”，但不及物动词“死”和助词“了”如何替换“丧”类及物动词，观察起来十分困难。表达死亡的词之间的同义替换、同义异构类推等似乎都不是最好的解释。我们认为，“王冕死了父亲”一类句式都是从语篇中离析出来的结果。请看北大 CCL 语料库中的例子：

(3)孔子名叫孔丘，是鲁国陬邑人。他父亲是个地位不高的武官。孔子三岁上就死了父亲，靠他母亲带着他搬到曲阜住下来，把他抚养成人。据说他从小很爱学礼节，没有事儿，就摆上小盆小盘什么的，学着大人祭天祭祖的样子。

(4)刘备是河北涿郡人，原来是西汉皇室的后代。他从小死了父亲，家境很贫苦，跟他母亲一起靠贩鞋织席过日子。后来，靠同族人的帮助，才拜老师读了一点书。

(5)范仲淹不但是个军事家，而且是宋代著名的政治家、文学家。他是苏州吴县人，从小死了父亲，因为家里贫穷，母亲不得不带着他另嫁到一个姓朱的人家。范仲淹在十分艰苦的环境中成长，他住在一个庙宇里读书，穷得连三餐饭都吃不上，天天只得熬点薄粥充饥，但是他仍旧刻苦自学。

(6)海瑞是广东琼山人。他从小死了父亲，靠母亲抚养长大，家里生活十分贫苦。二十多岁他中了举人后，做过县里的学堂教谕，教育学生十分严格认真。

(7)他8岁死了父亲，母亲有残疾，家里欠了一屁股债，一个弟弟也因为盗窃入了狱。

(8)他在五岁时死了母亲，十六岁时死了姐姐，二十七岁时又死了父亲。这一切都在他的心灵上留下了不可抹去的阴影。而当他步入艺术界以后，又备受攻击。

(9)胡适5岁上死了父亲，一直和母亲相依为命，孤儿寡母的生涯使他对母亲的养育之恩从心底里感戴。再加上封建的以孝道为核心的伦理观念的熏陶，使他从情感和理念的两个方面都自觉地把母亲的意志看成是至高的。

(10)论家庭背景，绫子占上风。晶美死了父亲，与母亲二人相依为命，度日维艰。她自然穿不起绫子身上的漂亮衣裤，也不善于玩耍。

(11)这个二十三岁的杆子头儿，起小死了父亲，母亲守了三年寡，被族人卖到远处。他一个不满七岁的孩子在孤苦伶仃中讨饭和替人家放羊长大，很少尝到过人间的温暖，如今出乎意料地受到闯王这般对待，在手下人们的欢呼声中他不由得扑通跪下，热泪奔流，半天说不出一个字来。

仔细观察这些例子，就会发现“N_1 死了 N_2”句式的形成是“断章取句”的结果。N_1 在语篇中是话题，通常出现在“N_1＋时间＋死了 N_2”格式的开头，如“他8岁死了父亲”“他在五岁时死了母亲”。“N_1＋时间＋死了 N_2”在语篇中充当背景句，省略掉句子中的时间成分，就成了“N_1 死了 N_2”，再把它从语篇中抽离出来，“N_1 死了 N_2”就失去了背景句的语篇功能，成为汉语语法分析历史上最有名的格式之一。

这里的关键是 N_1 本来是语篇的一个话题，但是把“N_1 死了 N_2”抽离出来以后，N_1 就成了这一个句子的话题或者主语，所以，我们称之为“断章取句”。

上述各例中“N_1 死了 N_2”都是话题句。N_1 是连续话语的总话题，如“晶美死了父亲，与母亲二人相依为命，度日维艰”，“晶美”是后面三个小句的话题，它出现在第一个小句的开头，如果把话语中第一个带话题的小句

"晶美死了父亲"抽出来分析，自然觉得这个格式十分特别，因为它被从具体语篇中剥离出来，失去了相关的上下文。

这些例子至少表明，把"N_1 死了 N_2"里的 N_1 看作话题是没有问题的。但也要从句法角度给出分析。可以这样认为，语篇成分 N_1 长期出现在"死了 N_2"前边，这种格式因相邻的作用而被看成一个句子（认知），再经过"断章取句"（语用），形成新的句式，使"死"成了二价动词。这就是"语篇成分的句法成分化"。另外，也是很重要的方面，"死了 NP"的早期语境大都是一个人儿时丧失亲人。儿时最不幸的事是失去父母，因为还没有配偶、子女，所以"死了儿子"类的说法在现代汉语中也不多见，且其对语篇依赖性较强，往往不能独立成句。例如：

(12)你们死了儿子，也是我害了你们伤了阴骘！

潘海华、韩景泉(2005)认为"王冕"是话题，它是在句首话题的位置基础生成的。这与我们的看法有相合的地方，但他们的认识并不基于语篇，而主要基于句式内部的句法、语义和信息安排。张伯江(2009)从语篇角度对该句式做了深入研究，指出：①"死了父亲"类是一个构式，前边往往没有真正的主语；②"王冕死了父亲"里，"王冕"与"死"之间不存在句法关系；③"死了 NP"很少用于结句，多有后续小句；④"死了 NP"的一个重要篇章功能就是在一个具有广义的因果关系的话语片段中提供原因、条件等背景信息。

1.1.2.2　语篇的构成和语篇的信息结构对句式有一定的选择和要求

前景句与背景句（背景句往往有后续句）对句式有不同选择，或者也可以说是前景与背景的要求导致了不同句式的形成。如张伯江(2009)认为"NP 死了"既可用作前景句，也可用作背景句，而"死了 NP"只能用作背景句。

语篇的开头、中间、过渡、结尾对句式可能有不同的选择和要求。主谓都是新信息的句子，如"一天，一个病人大声说：'上帝啊！我的病终于治好了！’”，可以用为开篇语。

1.1.2.3　句子内部成分在语篇信息表达和信息结构方面存在着不平衡性

非句子成分（如连词或关联词语）可成为语篇衔接与连贯的重要形式，但句子成分的情况则比较复杂，有些倾向于在句内起信息表达作用，如述语动词、宾语，有些倾向于在句外起信息表达作用，如话题主语，有些具有句内和语篇双重信息功能，如代词，需要认真深入地研究才能弄清楚。这就导致了一些特殊句式的存在，如无定主语句、无定式“把”字句。

徐烈炯、刘丹青（1998）通过跨方言的比较，总结出主语、宾语等句法成分充当话题的许多形式和语义特点，如后面有停顿、带语气词或提顿词、表示论域或对比等。

1.1.2.4　不同句子的语篇依赖性程度有差异

自足性差的句子更依赖语篇，句法上往往有语篇结构叠加的成分，如无定主语句的主语、无定式“把”字句的“把”字宾语。

汉语主语和话题的关系是长期以来争议不断的问题。曹逢甫（1995）提出“汉语是趋向于以言谈为中心的语言；英语是趋向于以句子为中心的语言”，这是非常值得重视的观点。徐烈炯、刘丹青（1998）的观点具有启发意义。他们认为，汉语的句子是“话题＋（主语＋谓语）”结构，话题是句子成分之一，可以省略或不出现，主语也可以不出现。问题是当VP前只有一个NP时，仍然难以分清NP是话题还是主语。

我们反对把主语和话题混为一谈，主语是句子内部成分，话题严格来说是语篇信息成分。袁毓林（2003）也倾向于这种观点。话题联系的是语篇，但通常依托的是一个句子内部的某个成分。尤其值得注意的是，“语篇成分的句法成分化”后形成新的非常规句式，给句法分析理论带来挑战。因此，进行单个的句子分析时不能割裂话题和语篇的联系。

1.2 本书要研究的问题

句法与语篇的互动性有很多值得研究的问题。话语功能语法分“人际”“表征”“形态句法”“音系”四个层面。其中，人际层面关注听说双方在交际中扮演什么角色。话语的人际功能以“示意”为基础。“示意”包括陈述、疑问、命令、禁止、意愿、劝告、咒骂、警告、提醒和承诺等。叙事语篇中的话语主要是陈述性示意(illocution)，即由发话人向受话人陈述事件。本书重视“语篇视角下的句法研究”，选取汉语叙事中实体首现的情况及无定构式的成因来进行研究，目的是揭示汉语叙事中实体首现对表述形式、句法位置和句型的选择规律，探讨实体首现对句法的促成和制约作用，并以实体首现为视角审视汉语语法的特殊现象，以期对句法与语篇的互动性，乃至语法与语用的互动性都有更深刻的认识。

1.2.1 叙事语篇中的实体首现

在叙事语篇中，名词性成分通常是有指的。我们感兴趣的是，一个实体在叙事语篇中是如何第一次出现(首现)的，它是以什么样的句法形式出现的。我们特别强调实体首现的分析和解释作用。

首先，我们来看看下面这个例子：

(13)有一天，一位客人来到一个饭馆里，他问服务员：“有凉的咖啡吗?”服务员说：“没有。”第二天，那位客人又来了，问：“有凉的咖啡吗?”“没有。”服务员说。客人走后，服务员准备了一杯凉咖啡。第三天，那个客人来了，问：“有凉咖啡吗?”“有。”服务员说。客人说：“太好了！请给我加热。”

“有一天”是这个叙事语篇的时间背景。用单横线标示的“一位客人”“一个饭馆”“服务员”“一杯凉咖啡”都是实体第一次出现(首现)的表述形式。用双横线标示的“他”“那位客人”“客人”“那个客人”是客人再次出现（再现）的表述形式，用双横线标示的四个“服务员”都是服务员再现的表述形式。

语篇中，“一位客人”的所指对象与“他”“那位客人”“客人”“那个客人”的所指对象是同一个人，它们在语篇中使用不同表述形式的原因，只能通过“首现”“再现”这些概念及其性质、功能来作出分析和解释。（关于实体、首现、再现等概念，详见第2章的论述）

语篇中指称形式的选用关系到语篇的可接受性（黄南松，2001）。一个叙事语篇中会出现许多实体，说话人首次将这些实体引入语篇中时，会选择哪些语言形式？会将它们安排在哪些句法位置上？对语言形式和句法位置的选择倾向又是如何？这些都是值得深入探讨的问题。关于实体首现，本书要解决的关键问题是总结实体首现在不同互动性的叙事语篇中，对表述形式、句法位置和句型选择的多样性和倾向性表现，并分析倾向性规律的成因。具体表现为以下几个方面。

第一，探讨叙事语篇中实体首现的表述形式类别及其基本规律。叙事语篇中使用什么样的表述形式让实体首现？光杆名词？数量名短语？形名短语？人称代词？“这/那＋名”？“的”字短语？……这些表述形式的优先序列如何？所形成的倾向性规律有哪些？形成这些规律的原因又是什么？

第二，探讨叙事语篇中实体首现的句法成分位置及其基本规律。叙事语篇中实体首现形式出现在哪些句法成分位置上？主语？宾语？定语？状语？……不同句法位置的优先序列如何？所形成的倾向性规律有哪些？形成这些规律的原因又是什么？

第三，探讨叙事语篇中实体首现句的句型及其基本规律。叙事语篇中实体首现出现在哪些句子中？主谓句？非主谓句？动词性主谓句？形容词性主谓句？……不同句型的使用频率差别如何？哪些句型常用来首现实体？哪些句型很少或不用来首现实体？为什么？

第四，总结实体首现在不同互动性的叙事语篇中的表现。叙事语篇的互动性强弱对实体首现有影响吗？体现在哪些方面？有什么样的规律？为什么会形成这些影响？

1.2.2 以实体首现为视角审视汉语语法的特殊现象

我们关注实体首现对汉语语法的特殊现象能够提供什么样的解释。如，汉语主语通常是有定的，但也有无定的情况存在；而宾语通常是无定的，但也有有定的情况存在。实体首现能解释这种现象吗？再如，“把”字句里“把”后的宾语通常是有定的，但也存在无定的情况。实体首现能解释这种现象吗？又如，传统语法分析往往忽略了句首状语，以实体首现为视角是否可以重新认识句首状语的功能和价值呢？

1.2.3 本书的研究意义和价值

第一，是基于语言运用视角的句法研究。句法结构的分类需要剥离语境来抽象概括，从语言运用角度观察句法结构，是回归自然语言状态并在语境充足性状态下研究句法问题。基于语言运用视角的句法研究有以下价值：①具有充足的自然语言的语境；②将句法结构的静态多样性和动态倾向性相结合；③观察不同句式在语段/语篇中的表义功能与位置次序；④观察不同语体对语言表述形式的选择偏好。

第二，揭示汉语叙事语篇中实体首现的规律及相应语言表述形式的选择情况。

第三，以实体首现为视角审视汉语语法的特殊现象：①汉语中的无定主语句及无定主宾句；②汉语中的无定“把”字句；③名词性成分的指称和信息错配的现象。此外，借助“实现首现”视角重新审视句首状语的功能、价值。

1.3 研究现状综述

1.3.1 语言运用视角下的语法研究回顾

1.3.1.1 启蒙阶段

1961年,吕叔湘先生在谈及现代汉语语法研究的时候就说过:“语法研究包括结构的分析和用法的说明两方面。……回顾起来,我们的语法研究工作不免有些偏颇,对于用法的研究是非常不够的。这不是说我们的语法分析工作已经够了,语法分析上许多带根本性的问题都还没有解决,有待于继续努力。但是我们不应该像过去那样忽视用法的研究,应该在这方面多用点力气,补一补课。”(吕叔湘,1961)1977年,吕叔湘先生在强调“通过对比研究语法”这一观点的时候,明确提出了文体影响语法的问题。他提到的汉语跟外语、现代汉语跟古代汉语、普通话跟方言的对比或许人们都不难意识到,但是对于普通话内部不同语体的对比是否具有同样高度的意义,吕先生的态度是肯定的。他说:“近年来英文的语言学著作里讨论这个问题,常用 register 这个字,我想可以译作‘语域’。语域的研究属于社会语言学范围,也可以说是语法和修辞的边缘学科,是以往探索得很不够的一个领域。”(吕叔湘,1992/1977)

1.3.1.2 萌芽阶段

20世纪80年代中期以后,一些眼界高远的语言学家把语体问题提到方法论高度来认识。朱德熙(1987)先生指出,从语料中抽绎出什么样的语法规律,跟研究者是否把语料内部的不同层次区分开有密切的关系。“书面材料驳杂不纯,包含许多不同层次的语言现象。如果不是经过严格的选择和分析,凭这样的资料得出的结果恐怕既不足以反映口语,也不能真正显示出书面语的特点。”(朱德熙,1985)“语料包含的层次越是复杂,语料内部的均匀性和一致性就越低,能够从中归纳出来的语法规律也就越概括,

作为规律的约束力就越弱。”(朱德熙,1987)

此后,胡明扬(1993)也强调了语体影响语法概括的问题:“给现代汉语语法研究带来最大困难的是口语和书面语之间的差异……现代汉语这两种不同语体之间的差异反映在各个方面,在个别问题上甚至很难‘调和’,给语法学家带来几乎难以克服的重重困难。就目前的情况来看,不少人似乎还并没有充分意识到现代汉语口语和书面语之间的差异对现代汉语语法研究的严重影响。不少人不加考虑地认为,在剔除了方言成分和文言成分以后,现代汉语书面语基本上还是一个均质的系统,口语和书面语尽管有些差异,不过在语法方面的差异是细微的,至少不会影响一般的结论。可是实际情况并非如此。”

1.3.1.3 发展阶段

20 世纪 70 年代在美国兴起的功能主义语言学,着眼于语言的交际功能,从交际应用的角度考察语法结构的形成。交际是取决于场合的行为,因此语体的区分就成为功能研究必然要强调的方面。我国的功能语法学者把语体分类的语法学意义提到前所未有的高度,他们的看法是:“以语体为核心的语法描写应该是我们今后语言研究的最基本的出发点。任何严谨的语法学家如果打算忽视语体的区别而提出汉语语法的规律必须首先在方法论上提出自己的依据来。”(陶红印,1999)

近年来,随着功能主义语言学在汉语界的发展,一些汉语学家重视并致力于从用法的角度来研究语言问题,为汉语语法学界贡献出大量有重要价值的研究成果,如在语用语法化、语篇语言学和语体语法等领域的研究。

方梅(2007)探讨了语体动因如何塑造句法形式,认为句子的论元结构、时体标记,以及施事宾语句的使用、关系从句的篇章功能和语义表达功能等在叙事语篇与非叙事语篇中有很大差异,语篇的叙事性对其中的句法结构具有塑造作用;从历时角度看,不及物动词或形容词带宾语、“VP 的”作定语修饰人称代词等现象最初也都产生于特定语体,语法是在运用中逐渐成型、不断变化的,功能需求塑造了语法。

张伯江(2007)论证了语体意识在语法研究中的重要性,提出任何一种语体因素的介入都会带来语言特征的相应变化;语体区分不仅仅是口语和书面语的二极对立;通过几项典型的研究,展示了语体视角在发现语言事实方面的重要作用;指出语体彰显了使用条件,因而是对语言事实最好的解释;总结出"在合适的语体里寻找合适的实例;在合适的语体里合理地解释实例"的理论观点。

语言学家们近年来的几项典型研究,展示了语体视角在发现语言事实方面的作用。如:"把"字句和"将"字句的使用倾向问题、"无定主语+形容词谓语"结构的发现、"的"字短语的独立指代问题、不及物动词或形容词带宾语的现象、"VP的"作定语修饰人称代词的现象等。

1.3.2 关于句子信息结构的研究现状

1.3.2.1 信息单位和信息的分类

Halliday(1985b)把信息定义为:"我们在这里所说的信息指已知的或可以预测的和新的或不可预测的之间相互作用的过程,这与数学概念上所说的信息不同,在数学中信息指对未知的测定。在语言学的意义上,信息是由新旧交替而产生的。所以信息单位是一种由新的和已知的两种功能组成的结构。"Halliday认为语篇是一个完整的语义单位。说话者总是把他的言语组织成信息单位(information unit)。每一个信息单位是由已知信息(given information)和新信息(new information)组织而成。顾名思义,已知信息就是受话者已经知道的信息,新信息就是受话者还不知道的信息。

一般来说,新旧信息在信息结构中的位置是已知信息在前,新信息在后。这种顺序称为"无标记"(unmarked)顺序,因为由"熟"及"生"是我们说话的一般趋势(吕叔湘,1990)。这是符合听话人心理认知过程的最合理的信息处理结构方式。在言语交流中新信息是必不可少的,没有新信息的信息单位是不完整的、不能成立的,已知信息则是可以取舍的。

1.3.2.2 汉语句子的基本信息结构

以Halliday为代表的功能语法学者对信息安排原则较为关注,他们认为信息安排原则主要包括：①信息有新旧之分；②旧信息先于新信息；③单一新信息限制。学者们的主流观点认为，说话的自然顺序要从已知信息/旧信息到未知信息/新信息，随着句子的推进，线性顺序靠后的成分比靠前的成分提供更多的新信息。

从句法上看，汉语主语以旧信息为常，宾语以新信息为常。类似的说法有轻主语限制（方梅，2005）。方梅（2005）提出，轻主语限制的原则是针对句子的编排来讲的。信息结构在句法方面的表现被一些学者归纳为“重心在尾原则”——置复杂的结构在句尾，以及“轻主语限制”——句子的主语倾向于一个轻形式。就名词性成分来说，轻形式也是一个连续的无明显界限的概念，代词相对较轻，关系从句相对较重：

代词＞光杆名词＞代词/指示词＋名词＞限制性定语＋名词＞修饰性定语＋名词＞关系从句

对一个陈述形式而言，无标记模式是从旧信息流向新信息。主语以旧信息为常，宾语以新信息为常。Bolinger 把这种倾向概括为线性增量原则。线性增量原则是指，说话的自然顺序要从旧信息说到新信息。随着句子推进，线性顺序靠后的成分比靠前的成分提供更多的新信息。

1.3.3 关于指称研究的主要理论观点

1.3.3.1 指称（reference）的两种视角

外在视角的指称（word-to-world）：与语言中一个词语相联系的外界的一个实体（事态等）。例如，“table”一词的所指是实体“桌子”。这是从语言与世界实体之间的关系来看待指称。因此，词语与实体可能是一对一指称，也可能是多对一指称。这种指称一般被看作“语义语用上的指称”。

内在视角的指称（word-to-word）：常用来说明语法单位之间存在的一种互指关系。例如，代名词指称一个名词或名词短语。后面的指称前面的叫“回指”或“复指”，前面的指称后面的叫“后指”或“下指”。这种指称是

“语法分析中的指称”,实际上也与语用有关。

1.3.3.2 指称的互动性

哲学、语言学和心理学都关注指称问题。对语言学来说,指称属于语义学或语用学的次领域内容。指称是一个话语片段最关键的因素,是听话人用来识别说话人所说内容的那些表述,也是听话人为了理解话语必须抓住的因素。如果考虑能指与所指之间的关系,指称常属于语义学范畴;如果重视说话人如何用语言成分来标记实体,指称就属于语用学范畴。

Schiffrin(2006)认为指称具有互动性,这种互动性体现为指称是作为互动的一部分而发生的交际行为,指称的表达和理解是听说双方互动的协作过程。因此,指称虽然由说话人主导,但也应该考虑听话人。虽然说话人提付一个指称,但指称的识别依赖交际双方的互动结果。在人类语言里,说话人的指称意图制约着语法上的指称(Givón,1979)。

1.3.3.3 指称的分类模式

陈平(1987c)提出汉语中与名词性成分相关的四组概念。其中三组的关系示意如下:

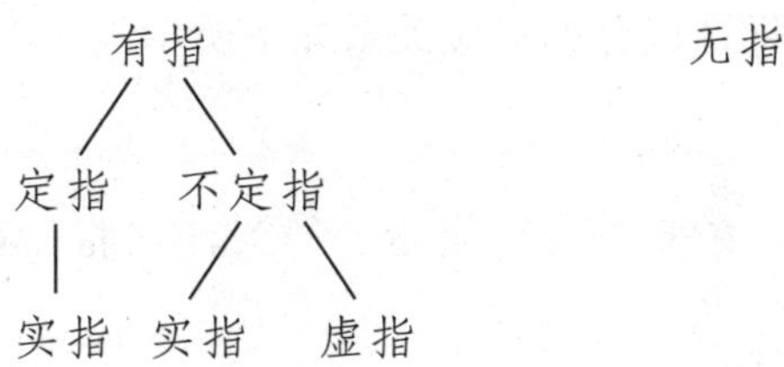

Ⅰ.有指与无指

如果名词性成分的表现对象是话语中的某个实体,该名词性成分就是有指成分;否则,就是无指成分。如“他在新雅餐厅当临时工时,结识了一位顾客”中,只有“临时工”是无指成分。判断依据:不能用代词回指或再现。

Ⅱ.定指与不定指

说话人安排某个名词性成分,并预料听话人能够将该名词性成分所指对象与语境中某个特定实体等同起来，并与其他同类实体区分开来，这个名词性成分就是定指成分，包括独一无二的定指和可区别的定指两类。如“小王认识这个人”中，“小王”是独一无二的定指，“这个人”是可区别的定指。如果说话人安排某个名词性成分，并预料听话人无法将名词性成分所指对象与语境中其他同类实体区分开来，这个名词性成分就是不定指成分，包括首现的不定指和代表性的不定指两类。如“突然，一个人冲了进来”中，“一个人”是首现的不定指；“老严想娶一位北京姑娘”中，“一位北京姑娘”代表女方是北京人，是代表性的不定指。

Ⅲ.实指与虚指

如果名词性成分所指对象在特定语境中实际存在，该名词性成分就是实指成分；如果名词性成分所指对象只是虚泛的概念，语境中也许存在，也许不存在，该名词性成分就是虚指成分。

Ⅳ.通指与单指

如果名词性成分所指对象是语境中某实体的整个一类，该名词性成分就是通指成分；如果所指对象是一类中的单个或多个个体，该名词性成分就是单指成分。通指成分不指称个体，这点与无指成分相同；但通指成分指称特定的类，这点又与定指相同。

指称类别与名词性成分的对应关系如下所示：

名词性成分	有指	无指	定指	不定指	实指	虚指	通指	单指
A 人称代词	+		+		+			+
B 专有名词	+		+		+			+
C 这/那(量)名	+		+		+		+	+
D 光杆普通名词	+	+	(+)	(+)	+	+	+	+
E 数量名	+	+	(+)	(+)	+	+	+	+
F 一(量)名	+	+		+	+	+	+	+
G 量+名	+	+		+	+	+	+	+

定指、不定指的区分最重要。A、B、C是定指成分;F、G是不定指定分;D、E是定指成分,还是不定指成分,受句法功能影响,如"门外走进来三个年轻人……三个人都戴着帽子",这里的"三个人"就是定指的数量名。

定指、不定指的差别是相对的,但在具体语境中,典型的定指和典型的不定指还是可以区分开来的。定指倾向于表示旧信息,倾向于指称再现的实体,倾向于用专有名词、代词或"这/那+名词性成分"等来表述;不定指倾向于表示新信息,倾向于指称首现的实体,倾向于用"数量名"等来表述。

1.3.3.4 指称关系:外延和内涵

外延某种程度上就是范围,即指称对象所有成员的集合。内涵其实是对指称对象带有主观色彩的认知。

指称涉及内涵和外延两个方面,但可以凸显其中一个方面。

指称倾向 ↗无指、泛指、不定指、类指:凸显内涵
↘定指、专指:凸显外延

1.3.4 关于语篇指称和实体首现的研究

1.3.4.1 语篇指称的界定

指称具有丰富的语篇表现形式,如各种无定/有定描述语、专有名词、普通代词、反身代词以及零代词等名词性指称词语。"语篇指称"研究意指包括指示语(deictic expressions)和回指语(anaphoric expressions)在内的所有指称词语在特定语篇环境下的使用与分布研究。

自 Halliday and Hasan(1976)提出指称词语具有语篇衔接功能的观点以来,语篇指称在话语交际中的地位与所发挥的作用日益受到学界关注,进而成为指称研究的一个中心问题。

1.3.4.2 语篇指称研究的主要理论观点

Ⅰ.语篇制约观

从语篇制约的角度进行指称研究的主要理论有 Givón(1983)的"话题

连续模式”(Topic continuity model)、Fox(1987)的“语篇层级模式”(the Hierarchy model)等。

Givón 根据话题的可及性，指出指称词语的编码量与话题连续性呈现逆相关倾向，并从线性分析出发，提出距离与干扰因素对指称分布的制约作用。这一模式阐释了语篇主题性与指称形式的相互作用，并得到了一定的跨语言验证。

Fox(1987)从话语结构出发，提出了语篇层级距离制约指称选择的理论观点，进一步丰富了制约指称选择的语篇距离因素。另外，Fox 还提出了“语篇类型制约指称模式”的观点。这些语篇研究突出了指称词语的语篇制约功能，为此后的指称研究奠定了理论基础，但是语篇层级模式似乎有一定局限性，比如不能解释那些不受层级距离制约的指称选择等。所以，语篇对指称形式的选择可能存在其他方面的影响因素。

Brown and Yule(1983)批评语篇学家倾向于把语篇看成是静态的产品，而不是动态的过程。Givón(1990)也指出，其实可以把不同语篇情形下的指称标示策略看作认知处理指令。

Ⅱ. 语用制约观

从语用角度进行指称研究的代表学者有 Levinson(1987，1991)、Huang(1991)和 Matsui(2000)等。他们的研究以 Grice 的“会话合作原则”为理论前提，把指称词语的选择看作简约原则与清晰原则相互竞争的结果。Levinson 等从语用策略出发，提出制约指称分布的“新格赖斯语用模式”，即通过语用原则(数量＞方式＞信息)的相互作用解释指称词语的“同指/异指”分布倾向。语言编码量越大越倾向于做异指解读，反之，则倾向于同指解读。这一理论模式为指称形式的选择和分布规律提供了一条解释的思路，然而，在实际的语篇中，指称形式的选择和分布情况十分复杂，受多方面的影响，所以单从语境定势的角度来研究指称问题是不够的。

此后，Huang(1991)结合会话含义、信息突显等原则对新格赖斯语用模式进行了发展和改良。他还提出了话语交际的指称修正观，把指称词语的选择看作尝试与修正的过程，认为受话人的知识状态不易判断。可是这忽略了其他类型的语境的制约和影响作用，有些语篇语境中的指称分布情况并不能得到合理的解释。Matsui(2000)从关联原则出发，指出指称关系的确定属于整体话语理解的一部分。指称选择不以语义真值或语篇连贯为取向标准，而是要识别说话人意欲表达的命题和命题态度，在语境、语用效果与认知、交际需求之间相互协调以寻求最佳关联。

Ⅲ.功能认知观

从认知语言学的角度对语篇中的指称形式进行研究的代表理论有Ariel(1990)的“可及性分布模式”(Accessibility model)、Gundel et al.(1993)的“已知状态等级序列”(Givenness hierarchy)和许余龙(2002,2004,2005)的“回指确认理论模式”等。这些学者以认知语言学为视角，从受话人的认知状态出发，把指称形式的选择和偏好与受话人的认知联系起来进行研究。

其中，Ariel(1990)以语用关联原则为基础，根据心理实体提取的难易程度，提出了语篇中指称形式的可及性分布模式，即指称词语标示出所指实体的心理表征在受话人大脑记忆结构中的可及性。指称形式所指称实体的可及性越高，其编码信息就越少，受话人需要付出的认知努力也就越少。因此，零形式或代词等指称形式被视为“高可及性标示语”，全称名词形式被视为“低可及性标示语”，其他形式则处于中间状态。Ariel(1990)提到，在没有任何前提知识的背景下，说话人会倾向于选择低可及性标示语进行指称描述，通过增大指称信息量降低对心理实体的提取难度。许余龙(2004)则在此基础上提出指称对象的可及性与语篇实体的主题相关性，借以确定在特定语篇环境中的指称形式及其意在表达的典型回指关系，“阐释语篇回指确认的机制及其运作过程”。Gundel et al.(1993)也指出，指称形式的使用依赖指称实体的认知地位。不同的是，他们把认知地位分为识别、有指、特指、熟悉、活跃、突显等六类，并把它们看作指称词语选择的必要且充分条件。

这些研究都以语用原则为基础，以指称实体的可及性和受话人的认知状态为主要依据，但是指称词语的信息表现并不总以受话人的认知状态为前提。事实上，语篇中的活跃实体不一定选用零形式或代词形式指称语，而非活跃实体也未必不能选用零形式或代词指称形式（王义娜，2005）。Ariel（1990）也指出，说话人常常违背指称客体的可及性进行指称选择。对此，熊学亮（1999）建立了“可及性原则”推导方案。他认为，处理不同范畴的指称现象，还得启用不同的研究方法。

Ⅳ.概念参照观

认知语言学以人类自身的经验为基础识解语言的形成过程，以概念结构的形成过程识解语义。Langacker（1990，1993）提出了“概念参照点”这个抽象认知概念，它是一种与目标概念建立心理联系的概念化方式。一个语言表达式的意义就是它在大脑中所激活的概念。在这种认识的指导下，一些研究者（van Hoek，1997；Epstein，2002；熊学亮，1999；高原，2003；王义娜，2005；等等）从认知语言学角度展开研究。

van Hoek 把 Langacker 的概念参照点理论运用于句内指称现象研究。Epstein 从心理空间建构的角度分析定指词语的语篇表现。熊学亮以认知语法的凸显理论为基本原则分析汉语中零形指称语的使用特点。高原、王义娜则从语言表达的概念参照观出发对指称手段在汉语语篇中的使用进行考察，阐释概念参照视点对语篇指称的制约作用。概念参照视点模式的主要原则为概念参照视点是语言表达的出发点，目标实体与参照点之间的关联度与其指称编码形式的复杂性之间呈现反比规律：与参照点的关联度越密切，目标实体就越接近认知主体的主观背景语境核心，对于该实体的概念识解就越主观，所需的指称编码信息就越少，反之亦然。①

1.3.4.3 汉语叙事中实体首现的研究现状

目前学者们对语篇指称的研究大多集中在回指上，很少有关于实体在语篇中第一次出现时所使用指称的研究。在我们观察的范围内，没有发现对首现问题的专门系统的研究，只有一些学者在研究其他的指称或信息等

①以上对语篇指称研究的四种理论观点的介绍均参照王义娜《从可及性到主观性：语篇指称模式比较》（《外语与外语教学》2006 年第 7 期）一文。

方面的内容时，对“首现”稍有论及。因为涉及“首现”的论述较少，有的文章中可能只有一两句话提到，所以下面我们将学者们的有关观点详尽罗列出来。

陈平(1987a)指出，主题或者评述部分中以新信息身份出现的所指对象最容易成为下句的主题，因而启后性最为强烈。张伯江、方梅(1996)也认为，无定成分作宾语的句子有很强的启后性，很少有承前性，一般来讲这样的句子后面总是带有后续小句的，不大可能光秃秃地作结。有定成分作宾语的句子具有较强的承前性。

黄南松(2001)研究了第三人称叙事体语篇中指称形式的运用，提及“指称的建立(Establishment of reference)”即“篇章中第一次引进某个动物体时需确立一个指称形式来代表它”，并得出如下结论：“现代汉语叙事体语篇中倾向于运用 NP 来建立指称，倾向于首先运用零形式，接着运用 NP/P 来延续指称。”

杨剑英(2003)指出，在语篇中首次提到指称对象时，指称表达是名词短语；再次提到时，如果相隔很近，就会用代词形式，甚至是零指代。

王红旗(2004b)认为：“受话人可以识别的话语实体首次出现时直接用定指成分引入，受话人不可以识别的话语实体首次出现时要用不定指成分引入，这个话语实体之后再出现时才用定指成分回指。”“文学色彩越强的作品口语化的程度越低，首次在话语中出现的实体倾向于用定指成分引入；文学色彩越弱的作品口语化的程度越高，首次在话语中出现的实体倾向于用不定指成分引入。”

许余龙(2005)认为：“将一个新引入篇章的实体标示为潜在的篇章主题的最重要手段是存现结构和无定名词短语，两者常结合使用，后者有时可以在前面加上一个无定指示形容词‘这么’，来进一步强调所引入实体的主题性。”

袁毓林等(2009)指出“有”字存在句中最典型的存在物通常为表示无定的(indefinite)名词性成分，即说话人假定听话人不知道[或不能指认出(identify)]该成分所指的具体对象，其中，绝大多数是带数量词修饰的名词短语，少数是不带数量词修饰的名词短语；并认为这种句子具有“引入一个新的话语指称对象”的交际功能。

乐耀(2010)认为：“不定指的带有表示人物描写和人物活动修饰成分的名词指称常常出现在所述事件群之首。从功能的角度看，名词指称成分主要用于引入新的指称对象或者再次引入之前提及过的指称对象，有时标示一个新的自然段落的开始。”

方梅(2011)论及“首次出现于言谈”，并引入现场性、非现场性概念，包括“现场性的且首次出现于言谈”和“非现场性的且首次出现于言谈”两种情况。

王红旗(2012)认为，实体首次在话语中出现且没有识别线索是大部分不定指成分出现的典型语境。首次在话语中出现的、在发话人看来受话人不可以识别的实体用不定指成分引入，之后用定指成分或零形式来回指它，这是话语中最常规的叙事模式。

对“首现”问题研究最多的是储泽祥(2010)。他以“事物首现”为视点，探讨了“他不小心把一个杯子打破了”一类的无定式“把”字句的存在理据；提出“单个事物首现”概念，即“某个人或物在特定的语篇中第一次出现的情形”。他认为：“首现于语篇的事物，传递的总是新信息。语篇中单个事物首现的表现形式，可以分为两大类：‘一量名’形式的名词性短语和非‘一量名’形式的名词或名词性短语”，“单个事物首现，更为常见的方式是用‘一量名’形式来表现”。

我们在对实际语料进行观察后发现，学者们对“首现”存在一些较为片面的“误解”。比如，学者们普遍认为“首现”的指称形式都是不定指的，传递的都是新信息。但我们发现，在语篇中第一次出现的实体对语篇来说是新的，但并不代表对受话人来说是新的，有可能是受话人本来就知晓的信息，或可以从上文推知的信息。比如，语篇开头第一句话是“我妈今天来看我了”，句中的“我”和“我妈”虽然在语篇中是第一次出现，但一个是受话人已知的信息，一个是可推知的信息，所以都使用了定指的形式来指称。又如，很多小说开头第一句话甚至第一个词就是一个人的名字，虽然这个人在语篇中第一次出现，也确实是受话人完全不知晓的新信息，但使用了专有名词这一典型的定指形式。这类看似非常规的现象实际上经常出现，且并不影响语篇的表达和理解。那么该如何对其进行解释呢？这就需要我们对语篇中与"首现"有关的问题进行深入、系统的观察和研究。

1.4 本书的主要研究方法

1.4.1 静态的多样性和动态的倾向性相结合的研究方法

多样性和倾向性相结合的研究方法以语法优选论（Grammatical Optimal Theory，GOT）（储泽祥，2011）为理论基础。语言具有概率性（probabilistic），语言规律不可能是绝对的，"只能体现为一种概率或倾向性"（沈家煊，1999）。这决定了语法的双重性状：在静态上表现出多样性，在动态上表现出倾向性。如果在多样性基础上进行倾向性研究，不仅可以探讨新的现象，也可以重新审视已有的研究成果，势必造成一种新的语法研究局面（储泽祥，2011）。

倾向性研究必须以多样性为基础。首先，穷尽地描述语言的静态多样性，把一种语法现象的各种表现都描写出来，然后，在此基础上进行倾向性考察，总结出规律性的特征，并进行充分解释。

1.4.2 定量统计和定性分析相结合的优先序列研究方法

优先序列研究，是指按照使用频率的高低对句法语义结构进行从多到少、从高到低的优先排列，并对其制约条件和影响因素进行全面深入的探讨。

优先序列的确立是以数理统计为基础的，因此，我们将在约 23 万字的叙事语料中统计实体首现在表述形式、句法位置和句型选择等方面的分布数据。然后，根据频率和比例排出不同层次的优先序列，并从形式、语义、语用和认知等不同角度对优先序列作出分析和解释。

优先序列研究是倾向性考察的核心，具有解释力强、预测力强等优势。

1.4.3 平衡语料库和区别性语料相结合的研究方法

建立叙事语篇平衡语料库，可以全面客观地反映叙事语篇的整体特征。将语料按照区别性特征进行分类研究，又能分别反映不同语体各自的个性特征。结合平衡语料库和区别性语料相结合的研究方法，实际上是共性与个性相结合的研究方法，它在描写上更加全面细致，在解释上更加充分客观。

同一语言现象在区别性语料中可能有不同表现，这不仅能让我们更加深入了解语言事实，而且还可以为研究多提供一个解释视角，即语体对句法的塑造作用。

1.5 语料说明

本书所使用语料以自建的现代汉语叙事语料库为主体，以其他语料为补充，在此一并说明其详细来源。为节省篇幅，行文中如无特别需要，一律不再注明例句出处。

1.5.1 自建语料库来源

根据研究需要，我们建立了一个约 23 万字的现代汉语叙事语料库，其中包含九类语体：回忆录（含自传）、小说、故事、新闻、笑话、小说中的对话、相声、影视剧中的对话和生活中的对话。我们在这九类语体中各选取了 2.5 万字左右的典型叙事语料，构成九个语料集。为了尽量减少年代、个人习惯、叙事内容、场景等影响因素，真实全面地反映语言本貌，我们在同一语体内也尽量选取不同年代、不同作者或说话人、不同叙事内容、不同场地情景的语料。详细来源说明如下：

Ⅰ.语料集一：回忆录、自传

[1]白岩松：《幸福了吗？》，长江文艺出版社，2010 年，第 94—95、105—106 页。

[2]冯骥才:《一百个人的十年》,时代文艺出版社,2003年,第8、18、87、88、169、170页。

[3]傅国涌:《金庸传——中国现代作家传记丛书》,北京十月文艺出版社,2004年,第9、19、24、39、143、145、168、201页。

[4]胡因梦:《生命的不可思议——胡因梦自传》,东方出版中心,2006年,第44—45、51—52、55、59—60、73、100—101页。

[5]姬英:《铁窗里的忏悔——女犯自述》,中国妇女出版社,1988年,第2—3页。

[6]季羡林:《大学往事》,昆仑出版社,2002年,第68页。

[7]季羡林:《留德十年》,中国人民大学出版社,2009年,第24—25、35—36、55、77、105—106、128、129、148、152—153页。

[8]李叔同:《我在西湖出家的经过——李叔同回忆录》,华夏出版社,2008年,第2—6、11、14页。

[9]吴冠中:《我负丹青——吴冠中自传》,人民文学出版社,2004年,第11、16—17、27、34页。

[10]杨澜、朱冰:《一问一世界》,江苏人民出版社,2011年,第3、5、8、168、243页。

[11]郑丰喜:《汪洋中的一条船》,中国少年儿童出版社,1982年,第1、27、209页。

[12]朱东润:《朱东润自传》,人民文学出版社,2009年,第72、114、220、223页。

Ⅱ.语料集二:小说

[1]池莉:《金盏菊与兰花指》,载《2004中国年度短篇小说》,漓江出版社,2005年,第20—38页。

[2]冯骥才:《高女人和她的矮丈夫》,《上海文学》1982年第5期。

[3]高晓声:《陈奂生上城》,《人民文学》1980年第2期。

[4]莫言:《拇指拷》,载《与大师约会》,上海文艺出版社,2005年,第169—175页。

[5]铁凝:《哦,香雪》,载《中国当代文学作品选读》,中国海洋大学出版社,2007 年,第 195—197 页。

[6]张爱玲:《封锁》,载《张爱玲全集·倾城之恋》,北京十月文艺出版社,2009 年,第 149—152 页。

Ⅲ.语料集三:故事

[1]陈彦同:《冤似海情似海,亲亲妹妹铁血救兄》,《知音》2003 年第 7 期,第 44—46 页。

[2]飞花摘叶:《有机风波》,《今古传奇·故事版》(下半月版)2011 年第 1 期,第 19—22 页。

[3]郭子健:《结婚有奇谋》,《故事会》2011 年第 21 期,第 11 页。

[4]江慧妍:《爱的习惯》,《故事会》2009 年第 6 期,第 15 页。

[5]王相军:《善良的苹果》,《故事会》2011 年 8 月(上),第 21—25 页。

[6]谢丰荣:《贵客来访》,《故事会》2011 年 7 月(上),第 13—16 页。

[7]徐树建:《泥人王》,《故事会》2011 年 4 月(下),第 43—47 页。

[8]燕歌:《大花轿》,《故事会》2009 年第 5 期,第 13—14 页。

[9]佚名:《杀人的遗嘱》,《古今故事报》第 1213 期,来源网址:http://story.cnxianzai.com/zhentan/2011/0922/208520.shtml

[10]佚名:《茶花》,现在故事网,来源网址:http://story.cnxianzai.com/chuanqi/2011/1031/209998.shtml

Ⅳ.语料集四:新闻

[1]《女子手包被抢驾车撞伤歹徒反被其讨要医药费》,来源网址:http://news.baidu.com/n?cmd=2&class=socianews&page=http%3A%2F%2Fwww.chinanews.com.cn%2Ffz%2F2011%2F11-07%2F3440745.shtml&cls=socianews

[2]《孟津七旬女婿伺候岳母十几年如一日　温情感动乡邻》,来源网址:http://news.dahe.cn/2011/11-07/100927954.html

[3]《美国中情局“自曝”网络监控　整合舆论递交白宫》,《羊城晚报》2011 年 11 月 5 日,A09 版(国际),来源网址:http://news.xinhuanet.com/

world/2011－11/05/c_122241171. html

[4]《模拟探索火星实验收官　6志愿者“返回地球”》,《羊城晚报》2011年11月5日,A09版,来源网址:http://news. xinhuanet. com/world/2011－11/05/c_122241168. html

[5]《俄罗斯男子家藏26具女尸　通晓13国语言被誉天才》,2011年11月5日,来源:中国日报网 http://news. xinhuanet. com/world/2011－11/05/c_122241260. html

[6]《韩多名外交官行为不端被召回》,《京华时报》2011年11月5日,A021版。

[7]《英男子遇车祸头骨碎成33片　医生“头骨拼图”》,2011年11月3日,来源:国际在线 http://news. xinhuanet. com/world/2011－11/03/c_122234442. html

[8]《婆婆遭抢　他们没有冷漠》,《武汉晨报》2011年10月30日,A05版。

[9]《小狗意外死亡　乐乐宠物店赔2000元》,《武汉晨报》2011年10月30日,A06版。

[10]《7趟703驶过　轮椅乘客没搭上——直到1小时过去了,才乘上第8趟车》,《楚天都市报》2011年10月30日,A01版。

[11]《商场买鞋提包被偷》,《楚天都市报》2011年10月30日,A09版。

[12]《图文:闹市遇抢夺　两市民合力擒劫匪》,《楚天都市报》2011年10月30日,A09版。

[13]《瓦斯爆炸货车侧翻53人遇难》,《北京晚报》2011年10月30日,7版。

[14]《不好!轿车落水困住女司机——三位路人跳河破窗拽回一条命》,《半岛都市报》2011年10月28日,A8版。

[15]《红魔击败蓝军一役　双方浪费大把机会》,《京华时报》2011年9月20日,A32版。

[16]《加油站旁多了座“小山” 系有人偷倒污泥》，2011 年 10 月 30 日，来源：绍兴手机报 http://www.shaoxing.com.cn/sjb/2011－10/30/content_651237.html

[17]《湄公河惨案 9 疑犯隶属泰帕莽军营》，《南方都市报》2011 年 10 月 30 日，A11 版。

[18]《69 岁老人跳江救人 感动岸上看客》，《绍兴晚报》2011 年 10 月 30 日，03 版。

[19]《考取大学讲流利日语 拿一等奖学金——周琳：肌无力 生命有力》，《中国青年报》2011 年 10 月 30 日，01 版。

[20]《世界将在本月 31 日迎来第 70 亿人口》，2011 年 10 月 30 日，来源：中国新闻网 http://www.chinanews.com/gj/2011/10－31/3424458.shtml

[21]《第四届湖北大学生服装秀绚丽上演》，《楚天金报》2011 年 10 月 31 日，A02 版。

[22]《“年轻”高压锅炸飞伤头》，《楚天金报》2011 年 10 月 31 日，A08 版。

[23]《彩电遥控按错键“内行人”骗走旧彩电》，《楚天金报》2011 年 10 月 31 日，A08 版。

[24]《诈骗犯潜逃 13 年后“自投罗网”》，《楚天金报》2011 年 10 月 31 日，A12 版。

Ⅴ.语料集五：笑话

本书选取的笑话语料来自以下网站：

[1]中文幽默王（www.haha365.com）

[2]中国娱乐网（www.yule001.com.cn）

Ⅵ.语料集六：小说中的对话

[1]安妮宝贝：《春宴》，湖南文艺出版社，2011 年，第 288—289、329—331 页。

[2]曹文轩：《细米》，上海文艺出版社，2003 年，第 26、32、35—37、45—

47、114、169 页。

[3]从维熙:《断桥》,作家出版社,1986 年,第 53—56、90、116—117、127、133 页。

[4]虹影:《饥饿的女儿》,北京十月文艺出版社,2010 年,第 62—64、103 页。

[5]蒋子龙:《农民帝国》,人民文学出版社,2008 年,第 16—18、24—26、29、45、47—48、51—52、55、66—68、77—78、104—107、113、127、141—142、144、147、157、159、166、173、175、180—183、189 页。

[6]刘醒龙:《天行者》,人民文学出版社,2009 年,第 77—78、84—87、103、117、121—122、130、137、138、149 页。

[7]张承志:《金牧场》,春风文艺出版社,2005 年,第 97—99、104—106、127—128、175—178 页。

Ⅶ.语料集七:相声

本书所用相声语料转写自以下相声作品:

[1]郭德纲、于谦:《我这一辈子》

[2]郭德纲:《祭天》,单口相声

[3]郭德纲、于谦:《你得娶我》

[4]姜昆、唐杰忠:《虎口遐想》

[5]姜昆、唐杰忠:《楼道曲》

[6]刘宝瑞:《日遭三险》,单口相声

[7]刘宝瑞、郭启儒、马季:《扒马褂》,群口相声

Ⅷ.语料集八:影视剧中的对话

本书所用影视剧对话语料转写自以下影视剧作品:

[1]《黑冰》,电视剧,第九、十六集

[2]《家的 N 次方》,电视剧,第二、六、十一集

[3]《亮剑》,电视剧,第三、五集

[4]《裸婚时代》,电视剧,第三、五、八集

[5]《玉观音》,电视剧,第四、六、九集

[6]《重案六组》(第二部),电视剧,第一、六、十、十一、十二集

[7]《非诚勿扰》(第一部),电影

[8]《将爱情进行到底》,电影

[9]《敏感事件》,电影

[10]《太阳照常升起》,电影

[11]《唐山大地震》,电影

[12]《重庆森林》,电影

Ⅸ.语料集九:生活中的对话

本书所用生活对话语料转写自自录对话,有以下几段:

[1]对话一

人物身份:大学生

人物关系:大学同学

对话内容:被老师惩罚的故事

对话录制时间:2011 年 11 月 4 日

场景:学生寝室

[2]对话二

人物身份:大学生

人物关系:高中同学

对话内容:高中班主任的故事

对话录制时间:2011 年 12 月 21 日

场景:学校操场

[3]对话三

人物身份:家庭主妇

人物关系:朋友

对话内容:自己孩子的事情

对话录制时间:2012 年 1 月 12 日

场景:家里

[4]对话四

人物身份:甲:女,是一位六十多岁的退休的老年妇女

乙:男,是一位1965年下乡返城的老知青

人物关系:邻居

对话内容:生活中的闲聊

对话录制时间:2012年3月20日

场景:一起摆摊卖旧物

[5]对话五

人物身份:一群女教师

人物关系:同事

对话内容:聊自己减肥的经历

对话录制时间:2012年4月5日

场景:瑜伽馆

[6]对话六

人物身份:大学生

人物关系:室友

对话内容:早上起来关于梦的对话

对话录制时间:2012年4月20日

场景:学生寝室

[7]对话七

人物身份:公司白领

人物关系:好朋友

对话内容:讲述前一天晚上与朋友出去聚会的事

对话录制时间:2012年4月23日

场景:办公室

1.5.2　其他语料来源

Ⅰ.北京大学中国语言学研究中心(CCL)语料库。

Ⅱ.特定研究的专用语料:丛书名:《故事会5元精品系列》,书名:《悬疑故事》,主编:何承伟,上海锦绣文章出版社·上海故事会文化传媒有限公司,2009年出版。(文中使用时会注明出处)

Ⅲ.个别语料援引他人用例。

Ⅳ.个别语料来源于个人内省或在网络、电视节目、生活中所观察到的实际用例。

第 2 章　叙事语篇、实体首现和叙事起蒂

2.1　关于叙事语篇

2.1.1　叙事语篇的概念和结构模式

说写者通过叙事的方式把事件的时间、地点、人物，开始、过程和结果以及自己对事件的看法等传递给听读者，这样形成的话语单位就是叙事语篇。它可以是一段话，也可以是一篇完整的文章，篇幅长短不一。

典型的叙事语篇是一个有界的话语单位，开头、中间、结尾在句法形式和叙事功能方面有明显不同，可以根据它们来识别一个语篇是不是叙事语篇。

典型的叙事语篇的结构模式如下：

概述句（可选）→定位句→行为句（数量最多）→评价句（可选，且位置不固定）→结束句（可选）

一个完整的叙事语篇往往由一个较为抽象的小句开始，该小句概述一段经历，或呈现一个将由叙事展开的观点、看法或梗概。这个抽象小句之后，就是一个或多个定位小句（典型定位小句的谓语表示一种状态），定位小句描述时间、地点或人物身份等背景信息。接着是叙事的主要部分，由多个复杂行为小句构成，每个复杂行为小句叙述一个时空有界的小事件。评价性的语句伴随着整个叙事，穿插在整段叙事语篇中。最后是结束小句。英语里的结束小句有形式上的时态标记，动词时态从故事里的过去时

态转换为交谈的现在时态。

请看下面的例子：

(1)我原定14日晚从莫斯科回北京，但一个兴奋的意外，让我的归程不得不推迟一天。(2)当天晚上，一些同事在我的房间，也就是“713”，拿啤酒小小地庆祝了一下。(3)第二天中午，我们一群人，在马国力主任的率领下，到莫斯科街头找了一个小酒馆，开始忙碌之后的兴奋总结加庆祝。

(4)那天我们喝的是俄罗斯的招牌酒伏特加，这酒下口容易，可越容易就越会让人忘了它超过40度的酒精含量，更何况狂喜中的我们，有着北京成功与直播成功的双重释放。(5)于是，我似乎拿酒当上了饭，一两一个的杯子，头十几个我还清楚，后面的，我就不记得了。(6)等我醒来，是在15日凌晨的乌克兰饭店的“713”房间，也就是说，我错过了头一天晚上回北京的航班。(7)醒来之后，身体难受极了，从未有过的难受。(8)然而，直到今天写到这里，我依然会笑，从不后悔。(9)人的一生中，总要做些傻事，疯狂的事，牺牲了自己两天，换回一些含笑的回忆，值了。(10)唯一不好意思的是，那宿醉，该给同事们添了不少的麻烦，不过，他们也正是我美好回忆中的一部分。

(11)15日的晚上，我终于登上了回北京的飞机。(12)机舱内，大部分是中国人，抑制不住的某种兴奋神情依然在机舱内发酵。(13)因宿醉，我一路无话也无眠，与来时的焦躁不安相比，这归程前所未有的踏实。(14)只不过，我知道，无论于我，还是北京又或者中国，一个新的梦想又开始了，七年之后，北京会给世界怎样一个答案，而时间，又会给中国一个怎样的改变？

这是一个比较典型的叙事语篇。语篇中，(1)句是概述句，简要概括了接下来要叙述的事件信息。(2)(3)句是定位句，提供了事件的人物、时间、地点等背景信息。(4)(5)(6)(7)(11)(12)句是行为句，通常有时空标记，如“15日凌晨”“‘713’房间”“醒来之后”“15日的晚上”“机舱内”等。(8)(9)(10)(13)句是评价句，穿插在行为句之间，表达对事件的评价和感受。(14)句是结束句，对整个语篇进行总结性评述。

2.1.2 叙事语篇的语体类别及区别性特征

我们以话语方式为标准，将叙事语篇分为两大类：封闭性叙事语篇和互动性叙事语篇。封闭性叙事语篇是指交际双方不在同一时空，没有发生听说等互动性接触而形成的叙事语篇，如回忆录、小说、故事、新闻、笑话等。互动性叙事语篇是指交际双方在同一时空，通过单向或双向接触的互动性方式进行的叙事语篇，包括对话、相声等。不同类型的叙事语篇具有不同的语言情景和交际需求。

不同语体叙事语篇之间的差异主要表现在交际媒介、话语方式和交际需求三个方面。根据这三个参项，我们搜集了九类不同的叙事语篇，分别是回忆录(含自传)叙事、小说(短、中、长篇)叙事、故事叙事、新闻叙事、笑话叙事、小说对话叙事、相声叙事、影视剧对话叙事和生活对话叙事。我们考虑的是叙事的互动性，主要以交际双方在叙事过程中是否面对面为标准，而不考虑交际双方是虚构的还是现实的。所以，小说对话叙事也被视为互动性叙事。

2.1.2.1 叙事语篇的交际媒介

方梅(2007)提出，从交际媒介的角度来看，叙事语篇可分为直接交际和间接交际两个类别。直接交际是指没有媒体介入，交际双方通过面对面的口耳相传来进行直接交流。间接交际是指交际双方通过某种媒介进行间接的交流，如文字、影像、广播等。

2.1.2.2 叙事语篇的话语方式

Halliday(1985b)把弗斯关于“情景上下文”的理论落实到具体的语言结构中，区分了语篇语境的三个情景变项：“话语范围”(field of discourse)、“话语方式”(mode of discourse)和“话语基调”(tenor of discourse),这三个情景变项一起组成了一段话语的语言情景。其中,话语方式“是事件中话语的功能,因此,它包括语言采用的渠道(临时的或有准备的说或写),以及语言的风格或者修辞手段(叙述、说教、劝导、应酬等等)”。

参考 Halliday(1985b)等人的观点,在对汉语叙事语篇的实际语料进行考察后,我们认为话语方式主要表现在三个方面:

一是时空方式,指交际双方处于同一时空还是不同时空。

二是接触方式,即交际双方是以何种接触方式进行交流的。有双方无接触、单向接触和双向接触三种方式。

三是组织方式,指交际话语是在交际发生之前就已预先组织好的,还是在交际进行中临时组织的。

2.1.2.3 叙事语篇的交际需求

叙事语篇交际需求的差异主要体现在叙事的紧迫性或准确性上。紧迫性强调速度,要求语言尽量简单经济;而准确性强调精准度,要求语言尽量精细丰富。受交际目的影响,不同的叙事语篇对叙事紧迫性和准确性有不同需求。如,笑话的叙事紧迫性要求高于回忆录,因为发话人需要达到迅速传递笑点的交际目的;而回忆录的叙事准确性要求高于笑话,因为发话人期望尽量清晰、准确、有效地将事件信息如实传递给受话人。

根据在交际媒介、话语方式和交际需求三个方面的不同表现,我们将九类叙事语篇的区别性特征作如下对比:

表 2.1　不同语体叙事语篇的区别性特征对比表

语体变项 / 叙事类型	交际媒介	话语方式			交际需求
		时空方式	接触方式	组织方式	
回忆录叙事	间接交际	不同时空	无接触	预先组织	高准确性
小说叙事	间接交际	不同时空	无接触	预先组织	准确性
故事叙事	间接交际	不同时空	无接触	预先组织	低准确性
新闻叙事	间接交际	不同时空	无接触	预先组织	准确紧迫性

（续表）

语体变项 / 叙事类型	交际媒介	话语方式			交际需求
		时空方式	接触方式	组织方式	
笑话叙事	间接交际	不同时空	无接触	预先组织	高紧迫性
小说对话叙事	间接交际	同一时空	双向接触	预先组织	低紧迫性
相声叙事	直接交际	同一时空	单向接触	预先组织	紧迫性
影视剧对话叙事	直接交际	同一时空	双向接触	预先组织	紧迫性
生活对话叙事	直接交际	同一时空	双向接触	临时组织	高紧迫性

新闻对叙事的准确性和紧迫性都有要求，所以，通常会在开头用简明扼要的概述句来叙述事件的主要情节，然后再进行准确、清晰的具体叙述。

2.2　实体首现的概念

2.2.1　对实体的界定

吕叔湘(1985)在《近代汉语指代词》序言里指出实体是指人、物、时间、处所等，非实体是指施为、性状、数量、程度等。吕先生是从广义上定义实体的，而狭义的实体只包括人和离散的实体(动物、植物、无生命物等)，不包括时间、处所。由于时间、处所通常在叙事语篇中有特定的功能，即为后续语句提供背景信息，这和其他实体的语篇功能有所不同，所以我们只有在研究与背景信息相关的内容时使用广义的实体概念，一般情况下都使用狭义的实体概念。需要说明的是，有一类实体，它们既可以是政治单位或机构，也可以是处所，如“中国”“长安街”“学校”“游泳池”等。我们对这类实体做了分情况处理：在表示政治单位或机构时，我们将其看作狭义实体中的无生命物一类；在表示处所时，将其看作广义实体中的处所一类。

2.2.2　实体首现的概念

我们将实体以语言形式在语篇中的首次出现称为实体首现(first-mention)。首次出现的实体简称为“首现实体”，指称首现实体的语言形式简称为“首现形式”。首现形式传递的可能是新信息(发话人预料受话人不知具体所指)，也可能是旧信息(发话人预料受话人知道具体所指)。

实体首现以后再次以语言形式出现称为实体再现(next-mention)。再次出现包括第二次到第 n 次。第二次出现叫“次现”，第三次、第四次……第 n 次出现，分别叫“三现”、“四现”……“n 现”。指称再现实体的语言形式简称为“再现形式”。再现形式传递的都是旧信息。

关于实体首现和再现，举例说明如下：

(15)一位漂亮姑娘准备考律师证，整天捧书苦读。一个男同事看见了，逗她说：“律师行业竞争很激烈，你这么漂亮，不如找个好老公罢了。”姑娘白了他一眼，叹气道：“唉！你不知道，那个行业竞争更激烈！”

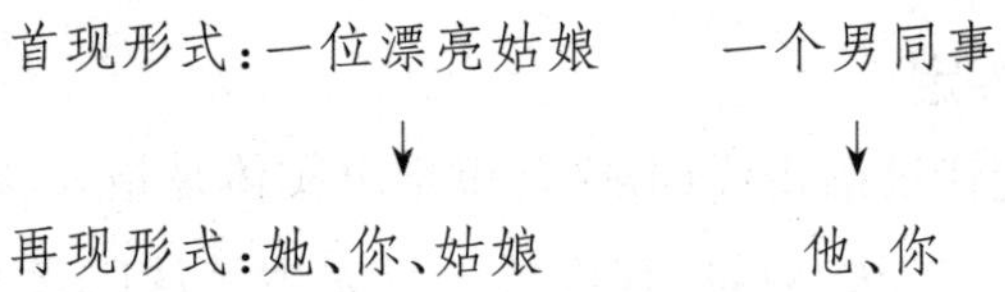

例(15)中，“一位漂亮姑娘”是实体首现形式，后面的“她”“你”“姑娘”是表示回指的再现形式。同样的，“一个男同事”是实体首现形式，后面的“他”“你”是表示回指的再现形式。

2.3 叙事起蒂的概念和类别

2.3.1 叙事起蒂的概念

叙事起蒂(fuse-of-narrative)也可称为叙事起点(starting point of a narrative)。如果某个实体在叙事开始以前听说双方都知道具体所指是什么，并且这个实体第一次出现在叙事语篇中，为别的实体(往往是新信息)的出现和理解提供线索，那么它就是“叙事起蒂”。

典型的叙事起蒂是交际双方的共知信息，是指已经存在于听说双方头脑中的信息，是在交际开始之前就已经被“确认”的信息，也是可以快速激活的旧信息。叙事起蒂是新信息出现的背景和前提，也是理解新信息的基础和依据。例如：

(16)11 月 5 日下午，浙江中成有限责任公司德令哈分公司办公室主任宣明洋和朋友陈国强步行至德令哈循环经济工业园区内的茫崖西路，眼尖的宣明洋第一个看到一名小女孩在路边的水渠中拼命挣扎。没有迟疑，更没有犹豫，宣明洋迅速跳入刺骨的渠水中，用胳膊夹着小女孩与急促的水流殊死搏斗。宣明洋奋力拍起的水花，水中奄奄一息的小女孩，岸上声嘶力竭呼救，并伸出手试图拉回宣明洋的陈国强……这一瞬间，在德令哈这个僻静处发生的这一幕，构成了宣明洋最后的人生画卷。就在两分钟之内，湍急的渠水将宣明洋与小女孩卷入了暗渠，瞬间消失在了陈国强的视线中。

(17)昨日中午，戴女士和坐轮椅的儿子等公交回家，连续来了 7 趟 703 路车都没能坐上去，直到 1 个小时过去了，才搭上第 8 趟 703。

(18)我认识他的时候，他二十七岁，他是学新闻的，从云南大学毕业后分配在云南广屏市的市委宣传部，在新闻处当干事，他叫张铁军。

例(16)中，“11 月 5 日下午”和“浙江”都是叙事起蒂，分别提供了时间和地点的背景信息。例(17)中，“昨日中午”是叙事起蒂，为后续语篇提供了时间背景信息。例(18)中，“我”和“他”都是叙事起蒂，交际双方在叙事之前就都明确其所指，属于共知信息，为接下来的叙事提供了人物背景信息。

2.3.2　叙事起蒂的类别

叙事起蒂可以分为“非语言形式的起蒂”和“语言形式的起蒂”两大类。

非语言形式的起蒂包括共知现场（交际现场、影视剧场景、图片）的背景和实体、共同经验（双方都可以激活的场景）、发话人投射（发话人把自己投射到主人公身上）。这些起蒂通常不用语言形式表现出来。

语言形式的叙事起蒂是听说双方在对话之前就共知的实体，常见的有特定的发话人、时间、地点。例如：

(19)我有个大学同学。

(20)太行山下有个小山村。

(21)昨天发生了一件恐怖的事。

(22)我们班有个奇人。

用横线标示的都是叙事起蒂成分。值得注意的是，例(22)中，“班”不是叙事起蒂，而是首现实体。

语言形式的叙事起蒂包括名词性成分和非名词性成分。上述例句中的叙事起蒂都是名词性成分，非名词性成分如：

(23)我作为清华大学学生舞蹈队的成员，正在为大家演出蒙古族舞蹈。忽然，热烈的欢呼声和掌声响起来，我抬头一看，一个伟大的形象，我心中的巨人——毛主席，就站在我眼前。

例(23)中，“忽然”是叙事起蒂，为后面的句子提供了时间背景信息。

2.4 实体首现的语篇功能类别

2.4.1 实体首现的话题类别

根据实体首现的话题功能，结合实体在语篇中再现的情况，我们将首现实体分为三类：全局话题实体、局部话题实体和非话题实体。

2.4.1.1 全局话题实体首现

全局话题实体首现指实体在首现之后，又在后续语篇的全篇范围内多次再现。这类首现实体通常是整个语篇的中心话题，即全局话题所在。例如：

(24)昨日，硚口武胜路上演正气歌：一位婆婆当街被抢走金坠子，一名城管协管员锲而不舍追出300多米将其扑倒。随后抢匪拔刀抖狠，一热心路人见义勇为受伤后，仍与协管员合力擒凶。

49岁的硚口城管路段四队的协管员王全勇介绍，昨天9点左右，他骑电动车从汉阳到汉口，刚下江汉一桥他就看到一位红衣婆婆在大喊："抢东西！"只见一名穿着蓝色夹克的中年男子嗖地从他身边跑过。王全勇立马骑着电动车追赶。先追进了武胜路边的管家小巷，距离只有几米时蓝夹克又窜上了长堤街，随后又拐进了红福巷。在红福巷口眼看就要撵上时，蓝夹克又右拐向工贸家电武胜路连锁店门前跑去。此时，王全勇丢下电动车一个前扑，将蓝夹克扑倒在地。

随后，他骑在蓝夹克背上，试图抓住对方的双手，这时蓝夹克突然摸出一把折叠刀胡乱挥舞。此时，过路的叶先生过来帮忙，但叶先生的右小腿不慎被刀划伤。当时，叶先生忍住疼痛，一脚踢飞折叠刀，两人合力将蓝夹克双手反扭起来。曾经当过保安的王全勇，又熟练地用蓝夹克的鞋带将其反绑起来。

这个语篇主要叙述的是城管协管员抓抢匪的事件经过。首现的"一名城管协管员"和"抢匪"两个人物在后续语篇的全篇范围内多次再现，是整个语篇的中心话题，所以属于全局话题实体首现。

2.4.1.2 局部话题实体首现

实体首现之后，又在后续语篇的局部范围内若干次再现，这类首现实体通常是语篇的局部话题或次要话题。例如：

(25)10月24日，家住东西湖吴家山园艺小区的任芳带着泰迪犬，到吴家山乐乐宠物店美容，当天下午任芳按时来领狗时，店主告诉她，小狗在店里发生意外死亡。

店主林超说，中午他将泰迪犬放在美容架上，按常规用绳子套住狗脖子和后腿，这时有新顾客上门，他去接待顾客。几分钟过后，等他返回时，发现小狗试图跳下美容架，被套在脖子上的绳子勒死了。

任芳伤心不已，吵着要求店主赔偿一只一模一样的狗。林超说，任芳的小狗是挣脱绳子“自杀”，谁也不希望发生这种情况，可以适当赔偿。

双方为此扯皮5天，一直未能达成一致。

前天，工商人员前往调解。他们认为，小狗在店内死亡，是工作人员疏忽造成。毕竟小狗是动物，存在意外的情节。店主应该赔偿，但赔偿“一模一样”小狗是不现实的要求，双方都要理性维权。经工商人员调解，宠物店一次性赔偿任芳2000元。

“工商人员”在这个语篇中出现了三次，且集中在语篇的最后一段中，属于局部的话题，所以是局部话题实体首现。

2.4.1.3 非话题实体首现

非话题实体首现指实体在语篇中只出现一次，没有再现，也可称为偶现实体。这类首现实体本身不是语篇的话题，但对话题成分起到说明、修饰、限制等作用。例如：

(26)尽管放慢脚步，走到县城的时候，还只下午六点不到。他不忙做生意，先就着茶摊，出一分钱买了杯热茶，啃了随身带着当晚餐的几块僵饼，填饱了肚子，然后向火车站走去。一路游街看店,遇上百货公司,就弯进去侦察有没有他想买的帽子,要多少价钱。三爿店查下来,他找到了满意的一种。这时候突然一拍屁股,想到没有带钱。原先只想卖了油绳赚了利润再买帽子,没想到油绳未卖之前商店就要打烊;那么,等到赚了钱,这帽子就得明天才能买了。可自己根本不会在城里住夜,一无亲,二无眷,从来是连夜回去的,这一趟分明就买不成,还得光着头冻几天。受了这点挫折,心情不挺愉快,一路走来,便觉得头上凉嗖嗖,更加懊恼起来。

在上述语篇中,"茶摊""一分钱""(一)杯热茶""随身带着当晚餐的几块僵饼"都是只出现了一次的实体,之后没有再现,不具有话题连续性,是偶现实体。这种情况就是非话题实体首现。

2.4.2 实体首现的信息类别

新、旧信息是信息的两大类别,它们之间不是非此即彼的关系,而是存在一个渐变的连续统。Chafe(1994)指出,新、旧信息都可分为重要、次重和略重三个类别。重要信息是指新引进的信息,往往也是交际目的所在;次重信息是已知、可及的信息,作为交际的起点或为了引出一段评述而出现,并不是交际目的;略重信息不是叙事的主要情节,在语篇中往往仅出现一次,不再回指,称为偶现信息。

综合听说双方对信息的知晓情况和信息来源两个方面,我们将信息进一步细分为共知信息、给定信息、可推信息、未给定信息和未知信息。

典型的旧信息是给定信息,典型的新信息是未给定信息。共知信息接近旧信息,未知信息靠近新信息。给定信息是与上文已经出现的实体或发话人预料受话人可以识别的实体存在部分—整体关系、领属关系(包括亲属关系、社会关系)的实体,受话人可以在这些关系的帮助下明确识别此类实体。可推信息新中有旧,更靠近新信息,是发话人提供线索、受话人可以进行推导的信息,如省略、从属或连带关系,但往往不能确定其所指。

共知信息——给定信息——可推信息——未给定信息——未知信息

← 旧信息 新信息 →

信息类别	发话人已知所指	受话人已知所指	信息由发话人给出	指称性质
共知信息	＋	＋	－	定指
给定信息	＋	＋	＋	定指
可推信息	＋	－	(＋)	不定指
未给定信息	＋	－	＋	不定指
未知信息	－	－	－	无指

因为实体首现的表述形式都指称实体对象，所以，实体首现没有表示无指的未知信息的情况。根据首现实体与其他四个信息类别的对应关系，我们将实体分为四类：起蒂实体、完全激活实体、部分激活实体和全新实体。

2.4.2.1 起蒂实体首现

起蒂实体首现，即作为“叙事起蒂”的实体在语篇中首现，这里的实体采用的是广义的概念，即包括时间和处所。起蒂实体是发话人预料受话人在交际之前就已知或可以完全识别的实体，属于共知信息。此类实体的首现形式通常是定指的，它们在语篇中起到叙事起蒂的功能，为后续语篇中的实体或事件的出现和理解提供背景。例如：

(27)民国年间，路州城里出了个能人，名叫温六，他有一手做轿子的绝活，轿夫们都说，温六做的轿子外观气派华贵，而且抬着最舒服，分量轻，不压肩，走起来一点响声都没有，接口之间严丝合缝，要做到这一点可不容易，要知道，那时的木工是不用钉子的，全靠木头之间的咬合力。要搁现在，温六这双巧手，也算得上是“民间艺术家”了，可在那兵荒马乱的年月，他空有一手绝活，却连肚子也填不饱。

“民国年间”和“路州城”都是交际双方在交际之前就知道或可以完全识别的实体，为后面的语篇提供了时间和处所背景。这类首现就是起带实体首现。

2.4.2.2 完全激活实体首现

完全激活实体是指与上文已经出现的实体或发话人预料受话人可以识别的实体存在部分—整体关系、领属关系（包括亲属关系、社会关系）的实体。受话人可以在这些关系的帮助下来识别此类实体，它们属于给定信息。例如：

(28)从前，有一个姓王的泥人世家，手艺超群，世代相传，传到王小全这一代，已是青出于蓝而胜于蓝，王小全不仅会单手捏，还擅长“盲捏”。可等王小全到了二十多岁，却再也不愿干这个行当了，他不顾父亲泥人王的反对，坚持要去几百里之外的安宜城做茶叶生意。

例(28)中，“王小全”和“父亲泥人王”都是首现的实体，但受话人可以通过上文出现的“一个姓王的泥人世家”来识别这两个实体，因为“王小全”和“一个姓王的泥人世家”存在部分—整体的关系，而“父亲泥人王”和“一个姓王的泥人世家”是部分—整体的关系，和“王小全”是亲属关系。所以，“王小全”和“父亲泥人王”就是完全激活的首现实体，属于给定信息，与定指的形式相匹配。

2.4.2.3 部分激活实体首现

很多学者都注意到了，如王红旗(2004b)和方梅(2005)等，已知信息有受话人可以识别和不能识别两种情况，可以识别时就用定指形式来表示，不能识别时就用不定指形式来表示。我们调查证实，这种看法是符合语言事实的。因此，我们将激活实体分为完全激活实体和部分激活实体。完全激活是指受话人可以通过线索明确识别出来的情况，部分激活是指受话人通过线索不能完全明确地识别实体的情况。试比较：

(29)母亲抬起手。(完全激活)

(30)母亲抬起一只手。(部分激活)

例(29)中，首现实体“手”的识别线索为领有者“母亲”。“母亲的手”成为这个语境中的唯一对象，受话人可以顺利识别，因此“手”是定指的。也就是说，“母亲”可以完全激活“手”。

例(30)中，“一只手”的识别线索有两个，一个是领有者“母亲”，一个是区别性的“哪只手”。“一量名”的形式让“母亲的手”不再是语境中的唯一对象，而产生了“母亲的左手”“母亲的右手”两个可能对象。所以，“母亲”只是激活“一只手”的条件之一，只是部分激活了“一只手”，让受话人识别出是“母亲的手”，却无法识别是母亲的“哪只手”，因此“一只手”是不定指的，属于可推信息。

2.4.2.4 全新实体首现

全新实体首现是指发话人预料受话人未知，且没有上文或共知信息作为识别线索的首现实体。此类实体的首现形式通常是不定指的，它们属于未给定信息。例如：

(31)泥人王叹了口气，拿出一对巴掌大小、金光闪闪的宝物来，对儿子说：“这是咱家的祖传宝物，叫龙凤呈祥，由一只金龙和一只金凤组成，现在你把这只金龙随身带着，一是保佑你一路平安，二是遇到危难时也好救个急！”

例(31)中，“一对巴掌大小、金光闪闪的宝物”在语篇中是第一次出现，且在上文或受话人的意念中没有可识别的线索，这就是全新实体首现。典型的全新实体首现传递未给定信息，常使用不定指的形式来指称。

2.5 实体首现的性质和范围界定

2.5.1 实体首现具有指称性

实体首现需要以指称形式出现在语篇中；同时，语篇中的首现形式所指称的对象就是首现实体。判断某个语言形式是否为首现形式，要看它所指称的实体是否在语篇中首次出现，而不是看这个语言形式是否首次出现。基于此，所有首现形式都必须是有指的。评述性、总结性的成分，以及非指称成分和无指成分都不是实体首现形式。综合陈平(1987c)和王红旗(2004b)等的观点，我们将非指称成分和无指成分的范围限定如下。

Ⅰ.非指称成分包括表示名称和属性的成分。

表示名称的成分，如"'彩色的风'是她的网名"中的"彩色的风"。

表示属性的成分，如"纸箱子"中的"纸"，"塑料凳子"中的"塑料"。

Ⅱ.无指成分包括：

否定结构中在否定管界内的成分，如"他没有买苹果"中的"苹果"。

动宾式复合词中的构词成分，如"吃饭"中的"饭"。

疑问句中的疑问词，如"谁来了"中的"谁"。

比喻句中喻词后面的词语，如"像一头饮水的马驹"中的"一头饮水的马驹"。

上述两类指称成分都不是实体首现形式，不在本书考察范围内。

2.5.2 实体首现具有相对性

首现是就某个特定的语篇而言的。比如，从长篇小说中节选出一个完整的叙事语篇，那么判断某个实体是否为首现实体，要在所节选语篇的范围内来分析，而不是在整篇小说中进行分析。反之，某个实体在节选语篇中是首现实体，但如果还原到整个长篇小说中，可能就不是首现实体了。

2.5.3 实体首现具有主观性

在人类语言里，发话人的指称意图制约着语法上的指称（Givón，1979）。在实体首现的指称形式的选择和安排上，发话人占主导地位。实体首现的信息类别和指称类别以发话人的预先判断或主观用意为准，而并非受话人的客观需要。所以，如果发话人预判准确，选择了符合受话人认知的实体首现指称形式，则交际成功；如果发话人预判错误，选择了与受话人认知不符的指称形式，则交际有可能失败，当然，也有可能产生特殊的功能和效果。我们对实体首现形式的指称与信息错配情况进行了全面细致的考察，将其首先分为提前指称和模糊指称两种情况，然后再分为四个小类："有意提前指称""无意提前指称""有意模糊指称""无意模糊指称"。我们将在 3.6 中对这些"错配指称"的类型、规律和功能进行深入探讨。

2.5.4 实体首现具有互动性

首现实体的出现是作为互动的一部分而发生的交际行为。对首现实体指称形式的表达和理解是说听双方互动的协作过程。因此，指称虽然由发话人主导，但也应该考虑受话人。虽然发话人提付一个指称，但指称的识别依赖交际双方的互动结果（Schiffrin，2006）。

2.5.5 实体首现具有平等性

实体首现的平等性表现在两个方面：

一是对任何句法层次和句法成分上首现的实体都平等看待。无论是中心语或是修饰语，只要它所指称的实体是首次出现，就可以看成是首现形式。如"从水缸里舀来半瓢水"中，状语位置上的"水缸"、定语位置上的"瓢"和宾语"半瓢水"均为首现形式。

二是对整体—部分和领有—从属等关系中的各个层级的实体均平等看待。例如：

(32)树下的石供桌上坐着两个人，一个男人和一个女人。

例(32)中，我们对整体的“两个人”和部分的“一个男人”和“一个女人”平等看待，认为它们都属于实体首现的情况。这体现了实体首现的平等性。

第3章 叙事语篇中实体首现的表述形式类别及其基本规律

3.1 实体首现的表述形式在结构、语义上的多样性表现

汉语叙事语篇中，实体首现的表述形式呈现出多样性的特征，主要表现在结构和语义两个方面。从结构上看，实体首现既可以用光杆名词表示，如“火车”，也可以用代词表示，如“我”，还可以用名词性短语表示，如“一个姓周的大户人家”。从语义上看，首现形式既能表示人、动物、植物等有生命实体，如“警察”“一只小猫”，也能表示无生命物体，如“一架钢琴”，还能表示人或物的某个局部或部分，如“他的眼睛”“第三节车厢”。

3.1.1 实体首现表述形式的结构类别

从语法单位上来看，首现形式可分为词和短语两个大类。根据语法结构的不同，又可再细分为13个小类。下面将分别举例说明。

3.1.1.1 首现形式为词

我们将以词为单位的首现形式分为四个小类，分别是普通名词、专有名词、代词和数词。其中，普通名词最为常见，数词最少出现。

Ⅰ.普通名词

表示实体首现的普通名词包括可数名词、不可数名词和集合名词。例如：

(1)她们可以穿起花棉袄了，凤娇头上别起了淡粉色的有机玻璃发卡，有些姑娘的辫梢还缠上了夹丝橡皮筋。那是她们用鸡

蛋、核桃从火车上换来的。

(2)金来喜会瓦匠手艺,把炕洞子掏大将粮食藏进去,还不会受潮。

(3)轿夫们都说,温六做的轿子外观气派华贵,而且抬着最舒服。

例(1)中的"鸡蛋""核桃""火车"是表示实体首现的可数名词,例(2)中的"粮食"是表示实体首现的不可数名词,例(3)中的"轿夫们"是表示实体首现的集合名词。因为抽象名词一般不能表示有形的实体,所以,在我们观察到的语料中没有用于实体首现的抽象名词。

Ⅱ.专有名词

表示实体首现的专有名词主要包括人名、地名、机构名等。例如:

(4)香雪和她的姐妹们对于七点钟的火车,是照等不误的。

(5)北京某报来函,邀我去哈尔滨市阿城参加笔会。

(6)德泰大戏院建于民国15年,是安平镇唯一的一家戏院。

例(4)中的"香雪"是表示实体首现的人名,例(5)中的"北京"是表示实体首现的地名,例(6)中的"德泰大戏院"是表示实体首现的机构名。

Ⅲ.代词

表示实体首现的代词既可以是人称代词,也可以是指示代词。例如:

(7)那时我在乡下医院当化验员。一天到仓库去,想领一块新油布。

(8)冬天,它被冷风吹得端肩缩脖。夏天,这枯树又活了过来,捧出一串串翡翠色叶片。

(9)这是湘雅医院的刘主任,负责脑外科的工作。

例(7)中的“我”和例(8)中的“它”是表示实体首现的人称代词，例(9)中的“这”是表示实体首现的指示代词。

Ⅳ.数词

用数词表示实体首现的用例很少，在我们考察的范围内只有两种情况：一种是表示钱的金额，一种是使用数量复合数词“俩”“仨”。例如：

(10)一群蒙面劫匪持枪闯入银行，抢了一千多万后迅速逃离现场。

(11)一朋友，奔于谦老师雕像去了，手指头，敲掉仨，给两百。

例(10)中，表示实体首现的“一千多万”是劫匪所抢的金额，用来指称被抢的钱。例(11)中，表示实体首现的“仨”是指三根手指头，“两百”则和“一千多万”一样，也是用金额来指称所给的钱。

3.1.1.2 首现形式为名词性短语

从功能上来看，表示首现实体的短语都是名词性短语。但从结构上来看，表示首现实体的短语各有不同。所以，我们主要以短语成分的词类性质和短语成分之间的语法关系为依据，从结构上对其进行分类，以短语最外层的结构为分类标准。如：“一个骑着自行车身穿红色外套的胖姑娘”最外层的结构是数量词“一个”加上中心名词“姑娘”的形式，那么这个短语就归于“一量名”结构短语类别。再如：“我的一位很讲义气的好朋友”最外层的结构是代词“我”加上中心名词“朋友”的形式，那么这个短语就归于“代词性成分＋名词”结构短语类别。

每一类短语基本上都有两种形式：简单形式和复杂形式。简单形式只有一个修饰语成分，而复杂形式则有两个或两个以上修饰语成分。

Ⅰ.“一量名”短语(包括省略形式)

“一量名”短语是结构为“一＋量词＋名词性成分”形式的定中短语，包括省略“一”、量词或中心名词的情况。例如：

(12)从前,有一个姓王的泥人世家,手艺超群,世代相传。

(13)我们班新来了个班主任,刚从大学毕业,很年轻。

(14)我一同学明天到北京来办事儿,想顺便看看咱们。

例(12)中的"一个姓王的泥人世家"是完整的"一量名"结构。例(13)中的"个班主任"是省略了数词"一"的"一量名"结构,可以还原成"一个班主任"。例(14)中的"一同学"是省略了量词"个"的"一量名"结构,可以还原成"一个同学"。

"个班主任"和"一同学"属于只有一个数量修饰成分的简单形式;"一个姓王的泥人世家"除了数量修饰成分以外,还有其他的修饰性成分——"姓王的"和"泥人",属于复杂形式。

严格说来,"一量名"短语应该是属于"数量名"短语中的一个小类,之所以将其独立出来,是因为我们在调查中发现,"一量名"短语是实体首现的重要表述形式,在数量上占了很大比例,值得提出来进行单独研究。此外,"一量名"短语的指称性质与"数量名"短语有所不同。除了"我就剩一妈了"这种特殊的极个别用法外,"一量名"短语在绝大多数情况下都是不定指的,而"数量名"短语则既有可能是定指的,也有可能是不定指的,需要结合具体语境来判断。

Ⅱ."数量名"短语(包括省略形式)

"数量名"短语是结构为"数词+量词+名词性成分"形式的定中短语,包括省略量词或名词的情况。例如:

(15)这时,四个荷枪实弹的卫兵闯了进来,为首的,正是李世仁府里的管家。

(16)突厥在与唐军对阵时,派出几十个勇士挑战,薛仁贵连射三箭,射死三人,其余的人都下马投降。

(17)我上边儿有六个,我最小。

例(15)中的“四个荷枪实弹的卫兵”和例(16)中的“几十个勇士”是完整的“数量名”结构。例(16)中的“三箭”和“三人”是省略了量词的“数量名”结构，可以还原成“三支箭”和“三个人”。例(17)中的“六个”是省略了中心语的“数量名”结构，可以还原成“六个哥哥姐姐”。

“几十个勇士”“三箭”“三人”“六个”都属于只有数量修饰成分的简单形式；“四个荷枪实弹的卫兵”除了数量修饰成分以外，还有其他的修饰性成分——“荷枪实弹的”，属于复杂形式。

Ⅲ.结构为“形容词性成分＋名词性成分”形式的定中短语。形容词性成分作定语，修饰名词性成分的中心语。例如：

(18)他不由自主地回过脸，看到高大的石墓前，那两匹肥胖的石马，那两只臃肿的石羊，那两个方头方脑的石人，还有那张光滑的石供桌。

(19)记者在事发现场看到，爆炸发生后，附近老旧房屋被震垮，不少房屋的玻璃被震碎，路边的车辆发生变形，附近一国家粮食储备库受损严重，现场一片狼藉，一些群众围观。

(20)为了能拿到高一倍的工钱，赵阳和兄弟们把浑身的手艺都使了出来。

(21)这场棋赛，是乡党们为庆祝象三老爷子百年寿诞而举办的。最优秀的棋手，除奖赏千两黄金外，还将有幸与象三老爷子手谈三局。

例(18)中的“高大的石墓”、例(19)中的“老旧房屋”、例(20)中的“高一倍的工钱”和例(21)中的“最优秀的棋手”都属于“形容词性成分＋名词性成分”形式的定中短语。

Ⅳ.结构为“动词性成分＋名词性成分”形式的定中短语。动词性成分作定语，修饰名词性成分的中心语。例如：

(22)躺在医院住院部外科病房走廊的龙礼凤在爆炸发生前,正在附近一家加油站内卖食品。她说,突然听见一声巨响,脑袋和腿均被飞来的物体划伤,当时就疼晕过去了。

(23)可那个时候教委发了个通知,要求各地要保证分配到老少边穷地区的毕业生都要按时到位,所以,我没能留在广屏。

(24)后门的门卫一看被高翔递过来的照片,就肯定地说,见过这个人。

(25)最后一次谈的时候,当你妈妈一听我说完,让她考虑一下把你送走这句话,就立刻把订婚戒指取下来,还给了我,然后头也不回地就走了。

例(22)中的"躺在医院住院部外科病房走廊的龙礼凤"和"飞来的物体"、例(23)中的"分配到老少边穷地区的毕业生"、例(24)中的"被高翔递过来的照片"和例(25)中的"订婚戒指"都属于"动词性成分+名词性成分"形式的定中短语。

Ⅴ.结构为"名词性成分+名词性成分"形式的定中短语。名词性成分作定语,修饰名词性成分的中心语。例如:

(26)门房里也住了一户,户主是个裁缝。裁缝为人老实,裁缝的老婆却是个精力充裕、走家串户、爱好说长道短的女人,最喜欢刺探别人家里的私事和隐私。

(27)一九四零年冬的一天晚上,上海的一家戏院上演京剧《三岔口》,汉奸何金宝带着手下人来看戏,位于前排正中的一排18号是整个戏院里最舒适的位子,自然归他坐。

(28)事发时,利济派出所几名民警正好在武胜路家乐福附近,立即上前将嫌犯扭送回所。

(29)刘辉是晚报记者,这天去大山深处的那个山背村采访,走到半山坡时,看到一个衣衫破旧的放羊少年,正坐在草地上入神地看一本书，他身旁，一群山羊在悠闲地吃草。

例(26)中的“裁缝的老婆”只有一个修饰性成分，属于简单形式；例(27)中的“上海的一家戏院”、例(28)中的“利济派出所几名民警”和例(29)中的“大山深处的那个山背村”都有多个修饰性成分，属于复杂形式。

Ⅵ.结构为“代词性成分＋名词性成分”形式的定中短语。代词性成分作定语，修饰名词性成分的中心语。例如：

(30)单身汉常久金嗜酒如命，在办公室里有“酒精男人”的雅号。这次喝酒喝得胃出血，住进了医院，他的同事们来医院看望他，男的大多送补品，女的大多送花篮。

(31)康熙二十年，象三被引荐入宫，在皇宫大院里专门教那些皇子皇孙下棋，同时还代表朝廷与外邦棋手对仗。

(32)路过胡大爷家的高大院落时，他蹑手蹑脚，连呼吸都屏住，生怕惊动了那两条凶猛的狼犬。

例(30)中的“他的同事们”和例(31)中的“那些皇子皇孙”都只有一个修饰性成分，属于简单形式；例(32)中的“那两条凶猛的狼犬”有一个代词修饰成分和一个数量修饰成分，属于复杂形式。

Ⅶ.结构为“名词性成分＋名词性成分”形式的同位短语。例如：

(33)首都北京最繁华的地区——王府井地铁通道里，双目失明的王仙奇坐在几块砖头搭起的“板凳”上很投入地拉着一把破旧的二胡。

(34)今年五一节，我们一家开车去外地玩。出发前，我告诉女儿，旅程很长，谁也不许问“还有多远”“什么时候到”之类的问题。

(35)天华广告公司的总经理林之洋，最近一直在琢磨一桩事情：他所在的古道小区，几乎家家都被小偷光顾过，而且损失惨重，可是独有一户姓方的人家，却秋毫无犯。

(36)昨日，孟津县城关镇长华村98岁老人王荣华吃过午饭后，穿上干净的花棉袄去街口的老邻居家串门。

例(33)中的“首都北京”、例(34)中的“我们一家”属于简单形式，例(35)中的“天华广告公司的总经理林之洋”、例(36)中的“孟津县城关镇长华村98岁老人王荣华”属于复杂形式。

Ⅷ. 结构为“名词性成分＋名词性成分”形式的联合短语，包括两项或两项以上名词性成分的联合。例如：

(37)这天晚上，林之洋特地换上黑衣黑裤，悄无声息地溜到方家，竖起耳朵四处听听，未见有异常动静，于是便拿出一把小撬棍，往院门铁锁上轻轻一别，那锁随即应声而开。

(38)赵阳和老家几个兄弟搭班进城搞装修，已经有五年多了，也算是做出了名气，找他们干活的人家接连不断。

(39)这天傍晚，大富翁奥尔洛和他最小的儿子吉特正在花园里散步，突然飞来一群蝴蝶，先是在他们头顶盘旋，随后就扑下来咬他们裸露的手臂。

(40)另有许多爱好动物的网友自发前来，如自贡理工大学的倪婷和她的三位室友。

例(37)中的“黑衣黑裤”属于简单形式的联合短语，例(38)中的“赵阳和老家几个兄弟”、例(39)中的“大富翁奥尔洛和他最小的儿子吉特”和例(40)中的“自贡理工大学的倪婷和她的三位室友”都属于复杂形式。

Ⅸ. 由“修饰成分＋的”构成的名词性“的”字短语。“的”字前面的修饰成分一般表示人的身份或行为动作。例如：

(41)我老婆的娘家来信说，山东有集了，集上有炸果子的，卖馒头的，没有粮票也可以吃到饭。

(42)前些日子县里枪毙了一批，其中就有污蔑毛主席的，有说了脏话的，有小孩子画画把他老人家眼睛弄坏的……

例(41)中“炸果子的”“卖馒头的”都是以由人的身份所构成的“的”字短语来首现人物，例(42)中“污蔑毛主席的”“说了脏话的”“小孩子画画把他老人家眼睛弄坏的”都是以由人的行为动作所构成的“的”字短语来首现人物。

3.1.2 实体首现表述形式的语义类别

根据研究需要，我们从生命度等级和上下位地位的角度，将首现形式所指称的实体分为五类：人物、动物、植物、无生命物和实体的局部/部分。

3.1.2.1 首现实体为人物

请看下例：

(43)建国是个矿工，那天下到井底之前怀里就揣了一个苹果，那是临上班时儿子小光塞给他的。

(44)英国一名男子遭遇惨烈车祸，头骨裂成30片，生命岌岌可危。

(45)小林和妻子新婚不久。这天，小两口一起回乡下看望妻子的父母。

(46)记者在福泉市第一人民医院看到，医院急诊科和外科病房均接收了不少在爆炸中受伤的人员。

例(43)中的“建国”和“儿子小光”、例(44)中的“英国一名男子”、例(45)中的“小林和妻子”和“妻子的父母”、例(46)中的“不少在爆炸中受伤的人员”指称的都是在语篇中第一次出现的人物。

3.1.2.2 首现实体为动物

请看下例：

(47)一只小兔子去池塘钓鱼，钓了许久都没有钓到。第二天，小兔子又去池塘钓鱼，钓了一天仍没有钓到鱼。

(48)半夜时分，井上被一阵呼救声惊醒，他立即翻身而起，持枪冲进田中静云小姐的房间。可进门一瞧，原来是一只死蟑螂落在了田中静云小姐的被子上，吓坏了这位弱不禁风的娇小姐。

(49)7岁的儿子跑进屋来，挺神气地让我看他手上爬着一条蠕动的毛毛虫。我一见虫子就害怕，但又不能让儿子看出来，就以轻松的口气说："快把它弄到外面去吧，它妈妈一定在找它呢。"

(50)一只名叫笨笨的狗，看见了虞硕果，便来到窗前，掀起后腿，朝一棵遮阴树的树干反复撒尿。

例(47)中的"一只小兔子"、例(48)中的"一只死蟑螂"、例(49)中的"一条蠕动的毛毛虫"、例(50)中的"一只名叫笨笨的狗"指称的都是在语篇中第一次出现的动物。

3.1.2.3 首现实体为植物

请看下例：

(51)有一天，达布到魁阁龙潭，去背水浇花，走到龙潭边，见一株九蕊十八瓣的花，映在水面上，色彩极为鲜艳，就看呆了。

(52)听了这话，章永贤心里别提有多高兴了，因为他的地里正好也种了些白萝卜，当然也都是不用农药、不用化肥、不受污染的。

(53)有一个小孩爬在果园里的树上，正想偷摘一个苹果，突然被管理员看到了，管理员说："小孩你给我下来，竟然敢偷苹果，你爸爸在哪？我要找他说话。"

(54)花园里不见老黄的踪迹，她一定和往常一样，躲在哪里休息去了。好时机终于来临！虞硕果蹑手蹑脚地接近了金盏花。

例(51)中的“一株九蕊十八瓣的花”、例(52)中的“些白萝卜”、例(53)中的“一个苹果”、例(54)中的“金盏花”指称的都是在语篇中第一次出现的植物。

3.1.2.4 首现实体为无生命物

请看下例：

(55)在日本大阪，有位富甲一方的老头，名叫田中静云。这天，他将私人律师松下泽叫来，让他起草一份遗嘱。

(56)起床时，总会看到岳父把一杯加了蜂蜜的温热红茶放在餐桌上。小林心里热乎乎的，总是端起来喝个点滴不剩。

(57)瘦高男子傻了眼，急忙掏出手枪，却被井上打死。

(58)夏天，我们必须到教室睡午觉。可谁也不愿意睡午觉，金老师必须坐在讲台前看着我们。

例(55)中的“一份遗嘱”、例(56)中的“一杯加了蜂蜜的温热红茶”、例(57)中的“手枪”、例(58)中的“教室”和“讲台”指称的都是在语篇中第一次出现的无生命物。

3.1.2.5 首现实体为实体的局部/部分

实体的局部/部分是指和上文已经出现的实体或说话人预料听话人可以识别的实体存在部分—整体关系的实体，属于激活实体的一种。我们统计到的实体的局部/部分大多数是人体的某个部位，例如：

(59)我早就断定来人是你的同学了，因为我注意到他有个手指头断了一截，你还在念初中时，就说起过这位同学。

(60)六岁上，他拿了把雨伞爬到树上，然后把雨伞撑开往下跳，他以为伞会带着他慢慢往下落呢，结果“噗通”摔在地上，把一只胳膊摔断了。

(61)她有一张苍白的脸。额头、鼻子、嘴唇和下颚的线条过于分明，甚至可以说是尖削。

(62)脸上的浓妆被眼泪、鼻涕和口水弄得一塌糊涂。

例(59)中的“个手指头”、例(60)中的“一只胳膊”、例(61)中的“一张苍白的脸”和“额头、鼻子、嘴唇和下颚”、例(62)中的“脸”指称的都是在语篇中第一次出现的实体的局部/部分。

3.2　实体首现的表述形式对结构、语义选择的倾向性规律

在约 23 万字的叙事语篇平衡语料中，我们统计到了 8006 个实体首现的表述形式。这些表述形式在结构、语义的分布上具有倾向性规律。

3.2.1　实体首现的表述形式对结构类别的选择倾向

表 3.1　首现形式的结构类别分布比例数据表

表述形式类别			数量(个)	百分比
词	普通名词	可数名词	2284	28.53%
		不可数名词	285	3.56%
		集合名词	133	1.66%
	专有名词		353	4.41%
	代词		197	2.46%
	数词		6	0.07%
名词性短语	“一量名”短语		1351	16.87%
	“数量名”短语		458	5.72%
	“形+名”短语		537	6.71%
	“动+名”短语		259	3.24%
	“名+名”短语		1049	13.10%
	“代+名”短语		725	9.06%
	同位短语		170	2.12%
	名词联合短语		160	2.00%
	“的”字短语		39	0.49%
合计			8006	100%

通过对以上统计数据的分析，我们可以总体推导出实体首现对表述形式选择的三个优先序列。

序列一：短语>词

序列二：名词性词语>非名词性词语

序列三：可数名词>"一量名"短语>"名＋名"短语>"代＋名"短语>"形＋名"短语>"数量名"短语>专有名词>不可数名词>"动＋名"短语>代词>同位短语>名词联合短语>集合名词>"的"字短语>数词

另外，光杆普通名词和定中结构的名词性短语的首现能力较强，可以用来表述所有类别的首现实体，且出现频率高。专有名词和代词主要用于人物首现。首现能力较弱的是同位短语、名词联合短语、集合名词、"的"字短语和数词，它们可表述的首现实体类别有限且出现频率低。详见下图：

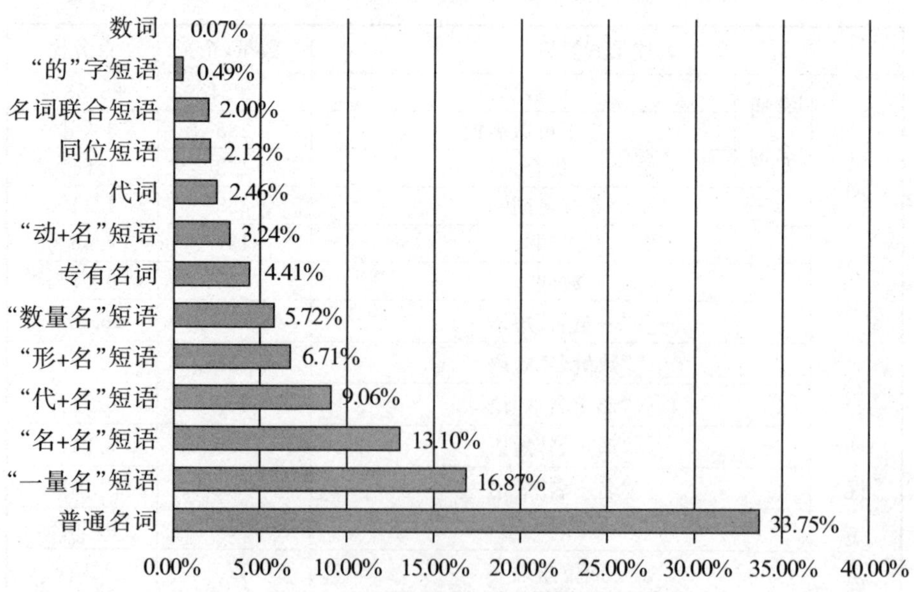

图 3.1　首现形式对结构类别的选择比例示意图

Ⅰ.实体首现倾向于使用名词性短语来表述

从整体比例来看,实体首现的表述形式在语法单位和语法功能上有两大规律。一是使用短语的比例略高于使用词的比例。在我们统计的用例中,使用短语的首现形式占59.31%,使用词的首现形式占40.69%。二是使用名词性词语的比例远远高于使用代词和数词的比例。在我们统计的用例中,使用名词性词语的首现形式占97.47%,使用代词和数词的首现形式共占2.53%。

Ⅱ.光杆普通名词和"一/数量名"短语的首现能力最强

最为常见的首现形式是光杆普通名词,所占比例为33.75%;其次是"数量名"短语(含"一量名"短语),所占比例为22.59%。

Ⅲ."限定性成分+名词"短语的首现能力比"修饰性成分+名词"短语的首现能力强

名词性和代词性定语是限定性的,形容词性和动词性定语是修饰性的。选择"限定性成分+名词"短语的首现形式所占比例为22.16%;选择"修饰性成分+名词"短语的首现形式所占比例为9.95%,不到前者的一半。

Ⅳ.专有名词的首现能力较弱

选择专有名词的首现形式所占比例为4.41%。这表明,专有名词表述实体首现的能力较弱,是受限制的首现形式。

Ⅴ.代词、同位短语和名词联合短语的首现能力很弱

代词、同位短语和名词联合短语用于实体首现的频率很低,所占比例都在2%左右,这表明它们的首现能力很弱。

Ⅵ."的"字短语和数词的首现能力极弱

"的"字短语和数词是罕见的、特殊的首现形式,所占比例都在0.5%以下,特别是数词,在约23万字的语料中只有6个用例。

3.2.2 实体首现的表述形式对语义类别的选择倾向

从语义上来看,实体首现形式可分为五类:人、动物、植物、无生命物和

实体的局部/部分。我们统计到的8006个首现形式在这五个语义类别上的分布也呈现倾向性的规律。请看下表：

表3.2 首现形式的语义类别分布比例数据表

语义类别	数量(个)	百分比
人物	2502	31.25%
动物	146	1.82%
植物	69	0.86%
无生命物	4176	52.16%
实体的局部/部分	1113	13.90%
合计	8006	99.99%

根据上表中的数据，我们推导出实体首现形式对语义类别选择的三个优先序列。

序列一：无生命实体＞高生命度实体＞低生命度实体

序列二：完整性实体＞实体的局部/部分

序列三：无生命物＞人物＞实体的局部/部分＞动物＞植物

从整体统计数据来看，无生命物的首现频率最高，其次是人物，再次是实体的局部/部分，动物和植物的首现频率最低。

大部分无生命物是偶现信息，因为偶现信息在叙事语篇中的出现率高，且无生命物与语篇主要话题成分人物所发生的关系较多，所以无生命物的首现频率最高。

首现频率次之的是人物，叙事语篇中的人物通常是话题性的，是叙事的主干成分，所以首现频率较高。

大多数实体的局部/部分是人的肢体，如"手""脑袋"等。语篇引进人物后，其肢体活动较多，所以在首现事物中占了较高的比例。

动物和植物不具有主观意志和能动性，一般不能成为叙事语篇的话题成分，只作为偶现信息出现，且与无生命物相比较，它们与人物所发生的关系通常较少，所以首现频率低。

3.2.3　实体首现表述形式的结构与语义的匹配规律

单独观察首现形式的结构类别或语义类别是不够的，需要将形式和语义结合起来进行相互验证，才能总结出更有价值的规律，从而探寻实体首现形式全方位深层次的形成动因。

我们将首现形式的结构类别和语义类别的匹配情况进行了统计，不同的结构形式对语义有不同的选择倾向，同样，不同的语义对结构也有不同的选择倾向。详见下表：

表 3.3　实体首现的形式与语义匹配情况数据表

结构类别＼语义类别		无生命物	人物	实体的局部/部分	动物	植物
词	普通名词	1539	595	491	58	19
	专有名词	165	172	13	2	1
	代词	19	176	2	0	0
	数词	6	0	0	0	0
名词性短语	“一量名”短语	767	482	51	38	13
	“数量名”短语	275	136	30	12	5
	“形＋名”短语	292	124	103	12	6
	“动＋名”短语	133	107	14	2	3
	“名＋名”短语	548	243	236	8	14
	“代＋名”短语	320	247	153	4	1
	同位短语	37	128	1	4	0
	名词联合短语	67	61	19	6	7
	“的”字短语	8	31	0	0	0

（注：表中数据为实体首现以对应的结构类别和语义类别出现的次数）

通过对匹配数据的观察和分析，我们可以总结出以下几条主要的倾向性规律。

3.2.3.1 生命度低或完整性较弱的首现实体对光杆普通名词的选择倾向较强

所有语义类别的实体首现基本上都倾向于选择光杆普通名词来表述，其中，实体的局部/部分、动物和无生命物的这种倾向性最强。在实体的局部/部分的首现形式中，光杆普通名词占 44.12%；在动物的首现形式中，光杆普通名词占 39.73%；在无生命物的首现形式中，光杆普通名词占 36.85%；在植物的首现形式中，光杆普通名词占 27.54%；而光杆普通名词在人物的首现形式中所占比例为 23.78%，低于光杆普通名词在其他四类实体首现中所占比例。

我们将不同实体对光杆普通名词的选择比例由高到低进行了排列。请看下图：

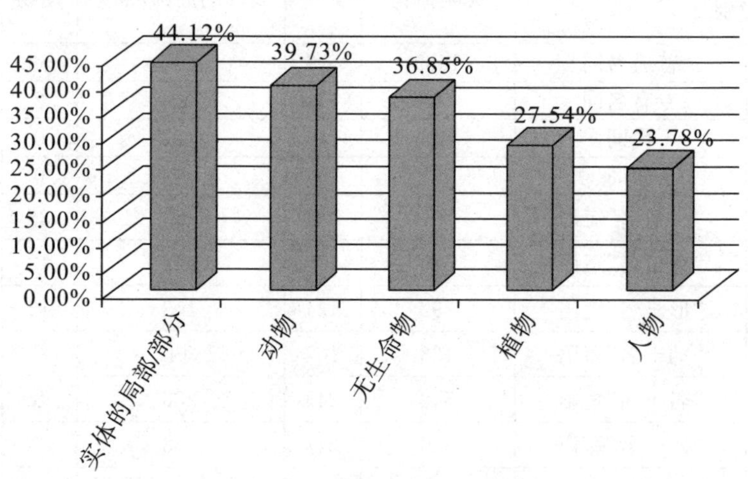

图 3.2 首现实体对光杆普通名词的选择倾向对比图

从上图中可以明显看出，完整性较弱的“实体的局部/部分”对光杆普通名词的选择倾向最强。而相对于人物来说，动物、无生命物和生命度较低的植物对光杆普通名词的选择倾向也较强。所以，我们认为首现实体的生命度或完整性与对光杆普通名词的选择倾向是呈逆相关的。

3.2.3.2　生命度高和完整性较强的首现实体对“一/数量名”短语的选择倾向较强

实体选择光杆普通名词来首现的比例是最高的，其次是选择包括“一量名”在内的“数量名”短语来首现，但我们发现，实体的局部/部分很少选择“一/数量名”短语来首现。我们将不同实体对“一/数量名”短语的选择比例由高到低排列如下：

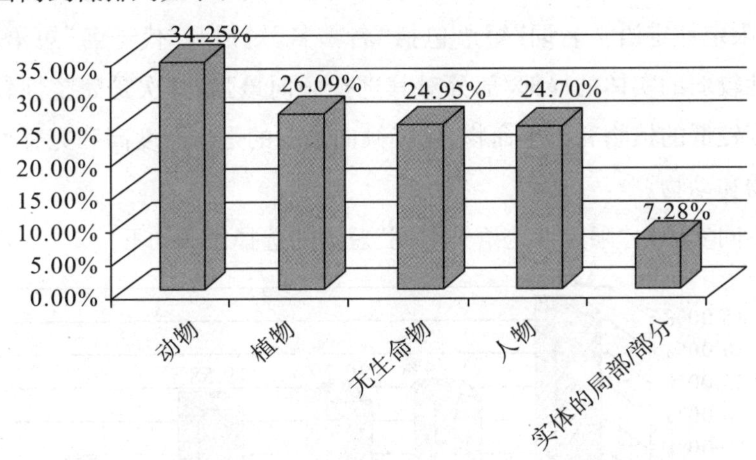

图 3.3　首现实体对“一/数量名”短语的选择倾向对比图

在实体的局部/部分的首现形式中，“一/数量名”短语只占 7.28%，远低于“一/数量名”短语在其他四类实体首现中所占比例。这表明，完整性弱的实体首现时对“一/数量名”短语的选择倾向较弱。再来看看生命度的影响：在动物的首现形式中，“一/数量名”短语占 34.25%；在植物的首现形式中，“一/数量名”短语占 26.09%；在无生命物的首现形式中，“一/数量名”短语占 24.95%；在人物的首现形式中，“一/数量名”短语占 24.70%。可以看出，除了人物之外，动物、植物和无生命物对“一/数量名”短语的选择倾向是与生命度等级呈正相关的。但在语料中可以看到，有很多以“一/数量名”短语首现的动物都是拟人化的。例如：

(63)三只乌龟来到一家饭馆，要了三份蛋糕。东西刚端上桌，他们发现都没带钱。

例(63)中的“三只乌龟”明显是拟人化的动物，其生命度等级得到了提高。所以，我们认为实体的生命度等级与实体对“一/数量名”短语的选择倾向是呈正相关的。

3.2.3.3 生命度低和完整性较弱的首现实体对“限定性定语+名词”短语的选择倾向较强

“限定性定语+名词”短语包括“名+名”短语和“代+名”短语两类。完整性较弱的实体的局部/部分对其选择倾向最强，其次是完整性较强但生命度较低的植物和无生命物，选择倾向最弱的是生命度高和完整性较强的人物和动物。

不同实体对“限定性定语+名词”短语的选择比例如下：

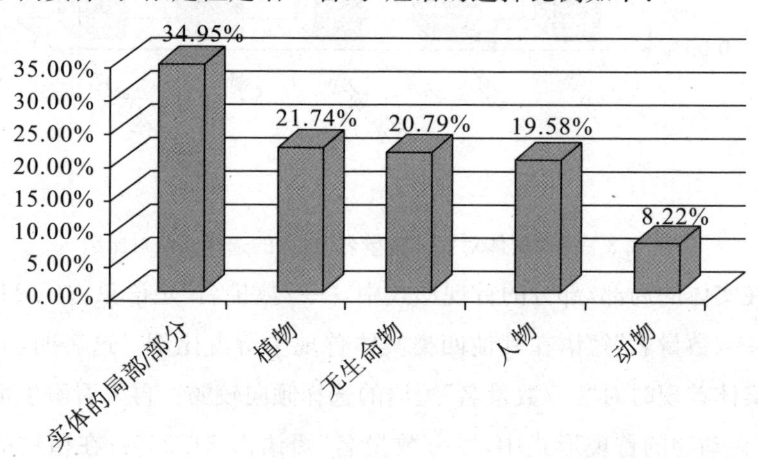

图 3.4 首现实体对“限定性定语+名词”短语的选择倾向对比图

在实体的局部/部分的首现形式中，“限定性定语+名词”短语占34.95%，远高于其对除了光杆普通名词以外的其他表述形式的选择比例。这表明，完整性弱的实体首现时对“限定性定语+名词”短语的选择倾向很强。在完整性较强但生命度较低的植物和无生命物的首现形式中，“限定性定语+名词”短语分别占21.74%和20.79%；而在生命度高和完整性较强的人物和动物的首现形式中，“限定性定语+名词”短语分别占19.58%和8.22%。由此可以看出，实体的完整性、生命度与实体首现对“限定性定语＋名词”短语的选择倾向是呈逆相关的。

3.2.3.4　人物首现对专有名词和代词的选择倾向明显高于其他实体

专有名词和代词都属于有定的形式，在首现实体中，人物对这两类首现形式的选择比例明显高于其他实体。请看下图：

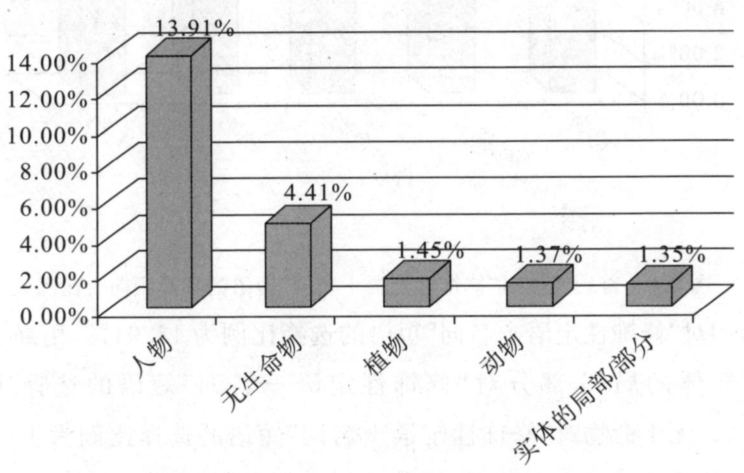

图 3.5　首现实体对专有名词和代词的选择倾向对比图

人物在语篇中首现时，对专有名词和代词的选择比例为 13.91％。无生命物在语篇中首现时，对专有名词和代词的选择比例为 4.41％。植物在语篇中首现时，对专有名词和代词的选择比例为 1.45％。动物在语篇中首现时，对专有名词和代词的选择比例为 1.37％。实体的局部/部分在语篇中首现时，对专有名词和代词的选择比例为 1.35％。由此可以看出，人物首现对专有名词和代词的选择比例明显高于其他实体。从表 3.2 和 3.3 中还可以推出，无生命物选择专有名词的比例为 3.95％，仅次于人物的 6.87％，但明显高于其他实体。

3.2.3.5　各类实体对“修饰性定语＋名词”短语的选择倾向基本相同

“修饰性定语＋名词”短语包括“形＋名”短语和“动＋名”短语两类。各类实体对这两类首现形式的选择比例基本相同，都在 10％左右，其中植物要稍微高一些。请看下图：

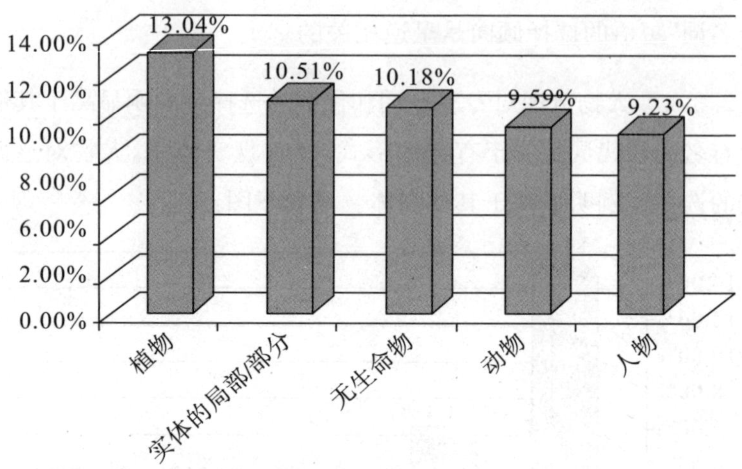

图 3.6　首现实体对“修饰性定语＋名词”短语的选择倾向对比图

植物对“修饰性定语＋名词”短语的选择比例为 13.04%，稍高于其他实体。实体的局部/部分对“修饰性定语＋名词”短语的选择比例为 10.51%。无生命物对“修饰性定语＋名词”短语的选择比例为 10.18%。动物对“修饰性定语＋名词”短语的选择比例为 9.59%。人物对“修饰性定语＋名词”短语的选择比例为 9.23%。由此可以看出，各类实体对“修饰性定语＋名词”短语的选择倾向基本相同。

表 3.3 中的数据还能反映一些较为明显的倾向，比如同位短语大多用于表示人物首现；数词只用于表示无生命物首现；植物首现对名词联合短语选择的比例明显高于其他实体；以“的”字短语首现的只有无生命物和人物，并且人物的选择比例高于无生命物。

3.3　影响实体首现表述形式选择偏好的若干因素

实体首现表述形式的选择偏好取决于其语篇功能。实体首现的语篇功能主要有信息功能和话题功能，其对表述形式的选择偏好主要体现在指称性质、词语的级差和表意功能等方面。这种偏好是开放式的，并不封闭，也不排斥其他的类型，而是整体上呈现出一种倾向性。

3.3.1　实体首现的信息功能对表述形式指称性质的选择偏好

在第2章我们讨论过实体首现具有指称性，即首现形式都是有指的。根据陈平(1987c)对指称的分类，有指可分为定指和不定指。那么，首现形式的指称性质就有定指和不定指两类。实体首现在语篇中的信息功能对定指和不定指存在选择偏好。

实体首现的信息功能与信息的不同类别存在对应关系。旧、新信息是信息的两大类别，它们之间不是非此即彼的关系，而是存在一个渐变的连续统，其中包含了过渡类别，具有不同的特征和功能，需要细化研究。在2.4.2中，我们综合听说双方对信息的知晓情况和信息来源两个方面，将信息细分为五类：共知信息、给定信息、可推信息、未给定信息和未知信息。因为首现实体没有传递未知信息的情况，所以从信息功能的角度可将其分为四类，分别是起蒂实体、完全激活实体、部分激活实体和全新实体。

实体首现的语篇功能对表述形式指称性质的选择偏好表示如下：

首现实体	信息类别	指称偏好
起蒂实体	共知信息	定指
完全激活实体	给定信息	定指
部分激活实体	可推信息	不定指
全新实体	未给定信息	不定指

3.3.1.1　起蒂实体首现偏好选择定指形式

起蒂实体首现传递共知信息，即交际双方在交际之前就已经共同知晓明确的信息，偏好使用定指形式。例如：

(64)美国纽约一名地铁女乘客不满一个男烟民在车厢内点烟，她出言制止，因而引发争论，结果，遭对方挥笔划伤脸部。

例(64)中,“美国纽约”是起蒂实体,发话人和受话人在交际之前都明确知道其所指,所以使用定指形式专有名词来指称。

3.3.1.2 完全激活实体首现偏好选择定指形式

完全激活实体是交际之前发话人已知、受话人未知,但在交际中,发话人预料受话人可以通过其提供的线索来识别确定的实体,属于给定信息,倾向于使用定指形式来表述。例如:

(65)一个矮个老太太在一家快餐厅的柜台前叫了一个汉堡包,柜台里的一个大个子向后面大声叫道:“汉堡包一个!”里面的那位厨子的块头比他还要大,只见他尖声叫道“好嘞,汉堡包!”说着抓起一块厚厚的肉片,塞在赤裸的腋下,挥动胳膊将肉夹扁,然后放到炉上烤。

例(65)中,“里面的那位厨子”是完全激活实体,被“快餐厅”“柜台”“汉堡包”“后面”等完全激活,发话人预料受话人可以通过这些线索来识别确定这个实体就是在快餐厅柜台后面的厨房中做汉堡包的厨子,所以使用定指形式“指示代词＋名词”短语来指称。

3.3.1.3 部分激活实体首现偏好选择不定指形式

部分激活实体是交际之前发话人已知、受话人未知,在交际中,发话人预料受话人可以通过其提供的线索来推导出实体的部分信息,但不能完全识别确定,属于可推信息,倾向于使用不定指形式来表述。例如:

(66)蚂蚁在森林里走,突然遇到一只大象,蚂蚁连忙把一只腿伸出去。小白兔见了很好奇,问:“你在干什么?”蚂蚁悄悄对它说:“嘘! 别出声,看我绊他一跟头。”

例(66)中,“一只腿”是部分激活实体,与上文出现过的“蚂蚁”是整体与部分的关系，可以被部分激活，即发话人预料受话人可以识别出这只腿是“蚂蚁的腿”这个信息，但无法确定是蚂蚁的哪一只腿，所以使用不定指形式“一量名”短语来指称。

3.3.1.4 全新实体首现偏好选择不定指形式

全新实体是发话人可以识别，但预料受话人不能识别，且没有可推导线索的信息，倾向于使用不定指形式来表述。例如：

> (67)前晚8点半左右，一名青年男子爬上丰台区光彩路过街天桥的指示牌，路人报警求助。男子松手坠桥的一瞬间，一名消防员一把抓住该男子的背部。另一名消防员上前帮忙，轻生男被拉上天桥。北京消防官方微博发布此事，赢得网友一致称赞。

例(67)中，“一名青年男子”和“一名消防员”都是全新实体，发话人预料受话人不知其所指，且没有可推导的线索，所以使用不定指形式“一量名”短语来指称。

3.3.2 实体首现的话题功能对表述形式级差的选择偏好

Schiffrin(2006)将语篇中的指称分为两类：希望的指称和不希望的指称。希望的指称通常倾向有定、有指，在语篇中设置为话题。不希望的指称倾向无定、无指，通常处理为偶现信息，或在形式上缺省(由其他信息来推测)。这反映了语篇中话题成分和非话题成分对指称的选择偏好。但在汉语叙事中，指称的选择主要与实体首现的信息功能有关；而实体首现的话题功能对指称的选择偏好并没有明显的区别，话题成分有可能是定指的，也有可能是不定指的，非话题成分有可能是定指的，也有可能是不定指的。实体首现的话题功能对表述形式的选择偏好主要体现在表述形式的级差上。

Schiffrin(2006)提出名词性成分有三个级差：轻量级、中量级和重量级。示意如下：

轻量级 ＜ 中量级 ＜ 重量级

狗＜小狗＜没有尾巴的狗＜没有尾巴的小狗＜没有尾巴可以摇的狗＜没有尾巴可以摇的小狗

由上可以看出，名词性成分的级差呈连续统状态，中间没有明确的分界线。Schiffrin 主要是从名词性成分的修饰语的数量和种类来区分的，修饰语的数量越多，说明内涵越丰富，外延越小，越接近代词或专有名词。代词和专有名词是典型的重量级名词。

在此基础上，我们将首现形式按照从左至右、从轻量级到重量级的顺序排列如下：

光杆名词＜短语的简单形式＜短语的复杂形式＜代词、专有名词

短语的复杂形式是指由两个或两个以上简单短语合成的名词性短语，如：一个戴着帽子的老人、这个紧张兮兮的考生、派出所的小张和小王等。复杂短语的结构如下：

指示	+	空间	+	数量	+	属性/特征	+	类别	+	中心语
这		教室里		一根		白色的		节能		灯管

在 2.4.1 中，我们根据实体首现在语篇中的话题功能，将实体首现分为三类：全局话题实体首现、局部话题实体首现和非话题实体首现。这三类实体首现对表述形式的级差选择偏好各有不同。

3.3.2.1 全局话题实体首现对级差的选择偏好呈“两极化”特点

全局话题实体是指实体在首现之后，又在后续语篇的全篇范围内多次再现。这类首现实体通常是整个语篇的中心话题，即主题所在。在语料中

我们发现，叙事语篇中的全局话题首现时，最为常见的表述形式有三种：专有名词、代词和复杂名词性短语。也就是说，全局话题成分首现时偏好选择轻量级形式或重量级形式，具有“两极化”的特点。例如：

(68)建国是个矿工，那天下到井底之前怀里就揣了一个苹果，那是临上班时儿子小光塞给他的。儿子说：“爸，多吃苹果，平平安安！”建国听了心里热乎乎的。儿子才七岁，建国想：一天一夜如果能有四十八小时多好，那样他就可以花二十四小时在家陪儿子，然后再用二十四小时去工作，好挣更多的钱，给儿子治眼。

例(68)中，“建国”在语篇中多次再现，是语篇的全局话题人物，使用专有名词的形式首现。与之相对的是，其他非全局话题人物没有使用轻量级的专有名词，而是选择了阐明和全局话题人物之间的关系的同位短语形式，如“儿子小光”等中量级词语来首现。再如：

(69)章永贤去省城的女儿那里住了几天，回来后就像捡了个元宝似的，整天乐呵呵的。章永贤一家面朝黄土背朝天，日子虽然清苦，但一双儿女却很争气，读书从来不用人操心。

例(69)中，“章永贤”是语篇的全局话题人物，使用专有名词的形式首现。

以代词为全局话题首现形式的情况多出现于口语叙事中，最典型的是以第一人称“我”来讲述自己经历的事情。例如：

(70)当时啊，我挨这儿楼门口溜达。哦，我就听到楼里头啊，有响动。我以为谁家碎了什么东西，没往心里去。可是，过了不大一会儿，我听到楼里头，有砸防盗门的声音，我就想进楼去看看。我刚一进去，就看见一男的，浑身是血呀，就往出跑，还碰了我一下。哎，您看，哎，对，就，就那台阶。等我进楼一看呢，那刘东，就趴在客厅里，满地都是血啊。我就赶紧去追那人去了。可是那人呢，早就没影儿了。这我才回家打了110啊。

还有一类全局话题首现的常见形式是重量级的复杂短语，例如：

(71)1992年2月20日23点，塔河县绣峰镇绣峰综合厂29岁的副厂长丁志权在单位里和同事打完麻将后回到自家门口，猛然发现一个人浑身是血躺在地上，上前一看，不禁惊叫了一声：地上躺着的竟是他的妻子袁丽华！已经死亡。

(72)两位素未谋面的男女初次约会，一晚平淡无话。

最后这位男士终于闷得受不了，暗地安排朋友打电话来餐厅找他。

接完电话，他回到座位，神色哀凄地对女伴说："我接到一个不好的消息，我祖母刚刚过世了，我得赶快回去处理。"

"谢天谢地！"她答道，"如果你的祖母再不过世，我的祖母就得过世了！"

(73)我的一位大学朋友不停地抱怨他周围的姑娘们，她们都"太傻，太轻浮，太沉默，太好辩"——太这个，太那个，总有一样不好。

一天，他宣布，他找到了一个——也是唯一的一个——世界上最完美的女性。当他宣布这一伟大消息时，却没有显出久盼终于获得时的那种高度兴奋。

"怎么了？"我问，"你不是找到了世界上最完美的女性吗？"

"是的，"他承认，"但她正在找完美的男人。"

全局话题实体首现对表述形式选择偏好的"两极化"特征与全局话题在语篇中的交际功能有关。发话人若期望达到准确清晰的交际效果，通常需要将语篇的全局话题凸显为关注焦点，并尽量明确清晰其所指。“两极化”的表述形式正好满足这一交际需求。轻量级的代词和专有名词指称明确，关注度高，适用于双方共知的起蒂全局话题实体首现；重量级的复杂短语信息量丰富，可别度高，适用于发话人期望让受话人明确所指的全新或激活全局话题实体首现。

3.3.2.2　局部话题实体首现偏好使用中量级表述形式

局部话题实体在首现之后，又在后续语篇的局部范围内若干次再现，是语篇的局部或次要话题。局部话题在首现时偏好使用中量级名词短语，最典型的是“数量名”短语的简单形式。例如：

(74)就在这频繁的战斗中，由于朱雨顺脚上生了化脓的冻疮，也由于他没有打仗的经验，在抗日联军东返时他掉了队。当时，天色已然昏暗，几十个鬼子在追击他，他先是趴在被残雪覆盖的一片乱坟头上，用打兔子的看家本事，撂倒了几个鬼子；当他打得只剩下一发子弹时，他舍不得这颗子弹了——他本想这颗子弹是在走投无路时，留给他自个儿那颗脑袋的。好在天色已完全黑了下来，朱雨顺以夜幕当掩护，退进了一片杂木林子，日本鬼子在林子边上咋唬了一阵，没敢追进树林子，朱雨顺算是保住了他那条命。

例(74)中，用单横线标示的是语篇的局部话题成分，用波浪线标示的是其再现形式，局部话题都使用了“数量名”短语的简单形式来首现。再如：

(75)今年40岁的唐建某和37岁的唐道某，均是合川沙鱼镇村民。2009年10月18日下午，两人来到高新区枫林秀水重客隆超市附近寻找下手目标。不一会儿，一名女子拎着东西走出超市，并走进路旁一辆奔驰车内。

唐建某突然冲到奔驰车旁，拉开副驾车门，将事主的黑色手提包抓走。唐道某开着摩托车冲出来，载上唐建某就向相反方向逃离。

奔驰车主王女士立即驾车追赶。摩托车开得很快，但王女士紧追不舍。在高新区劲力五星城附近，王女士开车追上两人，并在摩托车尾部撞了一下。车速过快失去平衡的摩托车随即倒地，唐建某和唐道某不同程度地摔伤。

这个语篇的全局话题是“今年40岁的唐建某和37岁的唐道某”，用单横线标示的“一名女子”和“一辆奔驰车”是次要话题，用波浪线标示的是其再现形式，局部话题都使用了中量级的“数量名”短语形式来首现。值得注意的是，如果将第三段独立来看，“奔驰车主王女士”是全局话题，所以它在这段话中首现时使用了重量级的名词性短语。

还有一类比较常见的局部话题首现形式是同位短语，也是中量级的形式。例如：

(76)今年真不是周志厚的好日子。三叔周有洋急病辞世，女友姜成珊与他分手，本来拥有运动员身段的他因整日发呆，疏于练习，一日在镜子里看见自己，发觉双臂肌肉少了一圈，肩膀垮垮，一脸干思，忽然像个怨怼的书生。朋友很替他担心，尤其是公司伙伴罗承坚。

“三叔周有洋”“女友姜成珊”“公司伙伴罗承坚”是这个语篇所在的长篇小说中的局部话题，之后的内容中有其再现形式。这三个局部话题都是用同位短语的简单形式首现的。

局部话题实体首现偏好中量级短语与局部话题在语篇中的连贯性要求有关。发话人为了保证语篇的连贯性，通常会凸显局部话题与全局话题或语境的关联性。如例(76)中，“三叔周有洋”“女友姜成珊”“公司伙伴罗承坚”都凸显了与全局话题人物“周志厚”的关系，保证了语篇主位之间的关联性。因此，这类中量级的“全局话题关联性成分＋名词”短语适用于局部话题的首现。

3.3.2.3 非话题实体首现偏好使用轻量级表述形式

非话题实体在语篇中只出现一次，没有再现，也可称为偶现实体。这类首现实体本身不是语篇的话题，但对话题成分起到说明、修饰、限制等作用，通常使用轻量级的光杆名词形式首现。例如：

(77)在一些人万分焦急的同时，另一些人却悠哉游哉，生活就是这样，永远都没有绝对的公平。一个年轻女人，从楼房的门洞里出来了，她一手端着茶杯，一手握着手机，目光散漫地看了看天气，伸了一个很懒的懒腰。虞硕果说：“阿姨好！”年轻女人吓了一大跳，寻着声音找过来，发现了窗台上的虞硕果。虞硕果又说：“阿姨今天好漂亮。”年轻女人一下子就来劲了，跳起来，热情地摸了摸小姑娘的脸蛋，说：“咿——果果。你这个小八哥，嘴巴越来越巧，越来越甜了！真是小孩说实话，糯米打糍巴。果果的确是个讨人喜欢的小八哥。”

这个语篇中，“茶杯”“手机”“窗台”是偶现的非话题实体，都是以轻量级的光杆名词首现的。

非话题实体首现偏好使用轻量级表述形式还表现为经常使用“一量名”短语的省略形式。例如：

(78)哥俩出来了，找了一个大茶楼。上楼啊，一看：靠犄角这儿有张桌，哥俩就坐这儿了，要了点儿点心，彻上壶茶。还没坐一会儿呢，东北犄角那儿，打起来啦。人说：“二位头在这儿呢，大伙给了了，了了！”二位头一听，赶紧过来了，到这儿一瞧：这张桌啊，对面坐着这一个人。这可俩人对脸坐着。这边坐着这个人哪，就这样：看着这桌子，桌子上好些个芝麻。旁边呢，有俩人：一个呀，端着一屉包子，一个端着一笸箩烧饼。

例(78)中，用横线标示的都是语篇中的非话题成分，都使用了"一量名"短语来首现。其中，"张桌""点儿点心""壶茶"都是省略了"一"的简化形式，尤其是"张桌"，连"桌子"的"子"都省略了，使用的是极简形式，与轻量级的选择偏好相符。而以完整的"一量名"短语形式首现的"一屉包子"和"一笸箩烧饼"则由于无法省略"一"，不能替换为简化形式。

非话题实体首现偏好使用轻量级短语与叙事的交际需求有关。一方面，非话题实体不是叙事的主干部分，并不是交际目的所在，不需要凸显；另一方面，非话题实体通常有可识别线索，属于激活实体，不需要信息量大的形式来明确。如例(78)中，"点心""茶""包子""烧饼"都不是叙事的主干，且都能被"茶楼"激活，所以，轻量级的光杆普通名词或短语的省略形式适用于这类非话题实体的首现。

3.3.3 实体首现的语篇功能对表述形式概念倾向的选择偏好

这里的概念倾向指的是名词性成分表示内涵和外延的功能。每个名词性成分所表达的概念都具有内涵和外延两个方面。比如，名词"警察"的内涵就是指具有武装性质的国家治安行政人员，包括户籍警察、司法警察、交通警察等；其外延则包括警察的数量，如一个警察、两个警察、警察们等。不同的名词性成分在这两个方面的表达功能是不同的。据此，我们将名词性成分分为"内涵倾向型词语"与"外延倾向型词语"。

3.3.3.1 内涵倾向型词语与外延倾向型词语

王灿龙(2010)指出："语言中有一类概念，它们的内涵稳定性较强，既不随着外延的改变而改变，也不因人们认知操作的不同而不同。"比如"警察"这个概念，它的内涵具有稳定性，但是外延却有某种程度的不确定性。当我们听到或看到"警察"这个词的时候，首先想到的是其内涵——具有武装性质的国家治安行政人员，这便与其他职业如教师、学生、工人等区别开来。然后，我们才有可能想到警察的外延——是一个还是几个警察。这说明，我们对“警察”概念的理解倾向于优先选择它的内涵。这类词语我们称之为内涵倾向型词语。

“还有一类概念的外延集合通常只有一个成员，而且对于它的内涵属性的认识会言人人殊，人们常常根据自己的需要或价值观作出不同的概括。”(王灿龙，2010)“警察们”就属于这一类概念。它的内涵属性是不确定的，因不同语境而异，在马路上可能是指“交通警察”，在派出所是指“民警”。但是，“警察们”的外延集合却是相对固定的。我们说“警察们”时，往往指的就是特定的那些警察。听到或看到这个词语时，人们首先想到的也是“这些警察”，而不是“其他警察”。也就是说，人们对“警察们”概念的理解倾向于优先选择它的外延。这类词语我们称之为外延倾向型词语。

3.3.3.2　实体首现的语篇功能对概念倾向的选择偏好

Ⅰ.全局话题和局部话题实体首现偏好选择外延倾向型词语

全局话题和局部话题实体首现有凸显、明确的交际需求，其外延通常必须是确定的、唯一的，所以偏好选择外延确定的外延倾向型词语。例如：

(79)上个月，<u>陈奇</u>咬咬牙买了一辆小赛鸥。零首付，每月还款一千多，这个陈奇还是能承受得了的。现在他每天上下班都开着小车，别提有多惬意了。

(80)从前，有个村庄里住着<u>一个老农夫</u>，无儿无女，过着孤苦伶仃的生活。老农夫很喜欢喝酒，酒是他最大的安慰和快乐。

例(79)中，专有名词“陈奇”的外延是确定的、唯一的，所指称的人物是整个叙事语篇的全局话题人物。例(80)中，“一量名”结构的“一个老农夫”是凸显了数量的外延倾向型短语，同样适用于语篇的全局话题实体首现。再来看看语篇局部话题的选择偏好，例如：

(81)我到柜台上换了些零钱，走到外面<u>一个投币式自动电话</u>

亭打电话。拨了两遍没拨通，没了耐心，看到外面一个姑娘很焦急，便让给她打。自己走出来。一辆无轨电车驶过来，我跑两步挤上去。车到站我又突然觉得什么人都不想见了，继续往前乘，一直到总站才下来，溜溜达达瞎逛。这条街有很浓密的洋槐，乘凉的人很多。

这个语篇的开头、中间和结尾处都有不同的局部话题。开头的部分，“一个投币式自动电话亭”和“一个姑娘”是局部话题，都使用了通过数量个体化来凸显外延的“一量名”短语。中间部分，“一辆无轨电车”是局部话题，同样使用了外延倾向型的“一量名”短语。结尾部分，“这条街”是场景话题，使用了凸显外延的“指量名”短语。

Ⅱ.非话题实体首现偏好选择内涵倾向型词语

非话题实体在语篇中属于偶现信息，不具有话题连续性。受话人往往认为听话人不需要将偶现实体与其他实体明确区别开来，只需要识别其内涵就可以了，所以非话题实体通常不需要有确定的外延，偏好选择内涵倾向型词语来首现。例如：

(82)一天晚饭后，马兰在灶房刷了锅碗，又去了趟厕所，转身回堂屋一看，不见了丈夫的影子。

(83)脸上的浓妆被眼泪、鼻涕和口水弄得一塌糊涂。

例(82)(83)中，用横线标示的词语都是内涵确定、外延不确定的内涵倾向型名词，所指称的实体都是语篇中的非话题实体。可以看出，偶现的非话题实体本身的交际需求就是凸显内涵，为叙事主干成分作说明或铺垫，这与内涵倾向型词语的表意功能相符合。

Ⅲ.激活实体首现偏好选择内涵倾向型词语

除了实体的不同话题功能对表述形式的概念倾向有不同选择以外，我们发现，激活实体在对概念倾向的选择上有比较明显的偏好，即偏好选择内涵倾向型词语。请看下例：

(84)她有一张苍白的脸。额头、鼻子、嘴唇和下颚的线条过于分明，甚至可以说是尖削。

(85)这家酒吧我来过不下十次。……桌椅、地面、墙、门，随时有人不停擦拭，故任何时候都干干净净、闪闪发光。

(86)恰在这时，哈如琼的手机响了，她一听就对我说，交警队叫公司马上去人……我急问方佳儿在交警队？哈如琼回答：警察电话里没说。

例(84)(85)(86)中，用单横线标示的成分就是被激活的实体，用波浪线标示的成分是激活它们的线索。无论是人，还是无生命物，或人的局部，这些激活实体都选择了内涵倾向型的光杆普通名词来首现。

3.4　实体首现表述形式倾向性规律的成因分析

在导言中，我们详细介绍了几种关于语篇中指称形式的研究理论和方法，主要可分为三类。第一类是从语篇结构的角度进行研究的，如：Givón(1983)的“话题连续模式”和Fox(1987)的“语篇层级模式”等。第二类是从语用的角度进行研究的，如：Levinson(1987，1991)的“新格赖斯语用模式”、Huang(1991)在此基础上进行补充的“话语指称修正观”和Matsui(2000)的“语境认知关联”视角等。第三类是从认知的角度进行研究的，如：Ariel(1990)的“可及性分布模式”、Gundel et al.(1993)的“已知状态等级序列”、Langacker(1990，1993)的“概念参照观”等。这些理论都从各自的角度解释了语篇指称的一些规律，具有一定的适用性和参考价值。但在汉语中，却广泛存在着这几类理论所无法解释的“例外”情况。一方面，是由于汉语本身的独特性和复杂性；另一方面，是由于这些理论在某些方面有一定的局限性。

我们认为，在汉语叙事语篇中，实体首现的表述形式是语篇和句法的互动性在发话人的主观作用下的产物。首现形式的选用与语篇、句法和认知三个层面都有密切关系，所以单独从某一个层面来看势必会存在研究盲区。我们认为语篇和句法属于语言内部因素，而认知属于语言外部因素。外因通过内因起作用。语言学的研究应该以语言内部因素为出发点和落脚点，以外部因素为参照点，充分认识三个层面的交融互动性，尽可能全面深入地对汉语问题作出解释。

叙事语篇中，不同的实体首现具有不同的语篇功能，因而对表述形式有不同的选择。首现形式是发话人先根据交际需求对实体首现的语篇功能作出预判，然后对表述形式进行选择的结果。从某种程度上来说，实体首现表述形式的倾向性实际上是语篇功能对表述形式选择偏好的体现。

从 3.3 的研究中我们可以发现，实体首现对表述形式的选择有几个方面的偏好：实体首现的信息功能对指称性质的偏好、实体首现的话题功能对词语量级的偏好、实体首现的语篇功能对词语概念倾向的偏好。这三个方面的因素综合制约着实体首现对表述形式的选择。实体首现的语篇功能对表述形式的选择偏好不是表述形式存在的唯一动因，但肯定是主要动因。

3.4.1 为什么光杆普通名词是最常见的实体首现形式？

第一，从指称性质来看，光杆普通名词属于中性形式，具有有定和无定双重语义特征，随着句法位置和语言环境的不同而获得有定或无定的特征（陈平，1987c）。

光杆普通名词的这一特性使其不受实体首现的信息功能对指称的要求和限制，可以在不同的语境下表示各类信息功能的实体首现，因此其既适用于表述定指的起蒂实体和完全激活实体，也可用于表述不定指的部分激活实体和全新实体，适用范围最广。

第二，从词语量级来看，光杆普通名词属于轻量级形式，适用于非话题实体首现。而在叙事语篇中，通常需要出现大量非话题实体。这一类传达偶现信息的首现实体在叙事中占据了主体。究其原因，叙事语篇叙述的是一个故事，除了主干实体之外，还需要其他枝叶的填充使故事丰满生动。因此，除了必需的、具有话题连续性的信息外，偶现信息也是必要的，它具有扩充故事容量，补充故事内容，放缓故事情节速度，使之不显得干瘪单调的作用。

第三，从概念倾向来看，光杆普通名词属于内涵倾向性词语，上文论述过，非话题实体和激活实体首现都需要凸显内涵，所以大量使用光杆普通名词来首现。

综合来看，光杆普通名词用于表示实体首现的能力最强。一方面，在话题功能类别中，光杆普通名词适用于数量最多的非话题实体首现；另一方面，在信息功能类别中，光杆普通名词适用于所有信息类别的实体首现，其中，表示激活实体首现的能力最强。因此，光杆普通名词常常用于被激活的、不充当话题的实体的首现。

在叙事语篇中，非话题的激活实体大部分都是生命度较低或完整性较弱的实体，其中最典型的就是完整性最弱的实体的局部/部分，在我们调查的语料中，实体的局部/部分使用光杆普通名词的形式首现的比例接近50%。所以，首现实体的生命度或完整性与对光杆普通名词的选择倾向呈逆相关状态。

3.4.2　为什么首现实体的生命度或完整性与对“一量名”短语的选择倾向呈正相关？

第一，从指称性质来看，“一量名”短语属于强式、典型、极端的无定形式(陈平，1987c)。根据前文总结的实体首现的信息功能对指称性质的选择偏好，“一量名”短语适用于全新实体和部分激活实体的首现。

第二，从词语量级来看，“一量名”短语的简单形式属于中量级，复杂形式属于重量级，分别适用于局部话题实体首现和全局话题实体首现。

第三，从概念倾向来看，“一量名”短语属于外延倾向性词语。现代汉语中的数量词具有计数功能、分类功能和个体化功能(古川裕,2001)。在不同的语境条件下,数量词会突出某一类功能的作用。用于实体首现的“一量名”短语的主要功能是分类功能或个体化功能。这两类功能都凸显了外延概念,所以“一量名”短语适用于全局话题和局部话题实体首现。这与对词语量级的选择偏好是一致的。

综合来看,“一量名”短语的简单形式最适用于局部话题的全新或部分激活实体首现,而复杂形式最适用于全局话题的全新实体首现。所以,全新的话题实体首现是“一量名”短语出现的典型语境。

起蒂实体和激活实体一般不能用“一量名”短语来表述。除了极个别的情况,例如:

(87)我们去未来城购物中心逛了下,一层有很多很多家卖吃的的店。

(88)母亲抬起一只手,似乎想接住水瓢,但那只手在空中抡了一下就落下了。

例(87)中的“一层”和例(88)中的“一只手”都属于激活实体,“一层”是指原语篇上文出现过的“未来城购物中心”的第一层,由部分—整体的关系激活,是定指的;“一只手”前文专门论述过,由于不能确定所指的是哪一只手,所以是不定指的。

孙朝奋(1988)对无定成分的语篇功能进行了考察,发现一个主题上比较重要的名词性短语倾向于由数量结构引进为话题,而且由数量结构引进的话题在随后的话语中再现率很高。

在叙事语篇中,全局话题和局部话题大部分都是生命度高和完整性强的实体,其中最典型的就是人物,最排斥的就是实体的局部/部分。所以,实体的生命度或完整性与实体首现对“一量名”短语的选择倾向呈正相关状态。

3.4.3　为什么实体的生命度或完整性与实体首现对“限定性定语+名词”短语的选择倾向呈逆相关?

第一,从指称性质来看,“限定性定语+名词”短语属于强式、典型、极端的有定形式(陈平,1987c)。根据前文总结的实体首现的信息功能对指称性质的选择偏好,“限定性定语+名词”短语适用于起蒂实体和完全激活实体的首现。

第二,从词语量级来看,“限定性定语+名词”短语的简单形式属于中量级,复杂形式属于重量级,分别适用于局部话题实体首现和全局话题实体首现。在我们统计的范围内,其简单形式较为常见,所以“限定性定语+名词”短语主要适用于局部话题实体首现。

第三,从概念倾向来看,“限定性定语+名词”短语属于外延倾向性词语,适用于全局话题和局部话题实体首现。这与对词语量级的选择偏好一致。

综合来看,因为起蒂实体往往不是话题,所以可以总结为:“限定性定语+名词”短语适用于非话题的起蒂实体首现或话题的完全激活实体首现。“限定性定语+名词”短语中的限定性成分,是为了让受话人快速准确地识别出首现实体,并将其与其他同类实体区别开来。限定性定语与中心语之间一般存在所属关系,这类短语较常用于首现激活实体,一般情况下都是定指的,如:“胡大爷家”“去年冬天”“我爸”等。

在叙事语篇中,起蒂实体大部分都是无生命物,激活实体大部分是生命度低和完整性较弱的实体。所以,首现实体的生命度或完整性与对“限定性定语+名词”短语的选择倾向呈逆相关状态。

3.4.4　为什么人物首现对专有名词和代词的选择倾向明显高于其他实体?

第一,从指称性质来看,专有名词和代词属于强式、典型、极端的有定形式(陈平,1987c)。根据前文研究可以推导出,专有名词和代词适用于起蒂实体和完全激活实体的首现。

第二,从词语量级来看,专有名词和代词都属于重量级,适用于话题实体首现。

第三,从概念倾向来看,专有名词和代词属于外延倾向性词语,适用于全局话题和局部话题实体首现。这与对词语量级的选择偏好一致。

根据对实际语料的观察分析,专有名词和代词出现的典型语境是全局话题或局部话题人物的首现。所以,人物首现对专有名词和代词的选择倾向明显高于其他实体。

3.5 首现形式在不同类型叙事语篇中的分布规律及其成因

在 2.1.2 中,我们从交际媒介、话语方式和交际需求三个方面对叙事语篇进行了分类,并对每个类别的区别性特征作了详细描述。我们搜集了九类不同的叙事语篇,分别是回忆录(含自传)叙事、小说(短、中、长篇)叙事、故事叙事、新闻叙事、笑话叙事、小说对话叙事、相声叙事、影视剧对话叙事和生活对话叙事。

实体首现的表述形式在不同类型的叙事语篇中的分布情况各有不同。我们通过统计和比较,总结出首现形式在不同叙事语篇中的分布规律,并结合语篇的特征和交际需求对规律的成因作出了解释。

3.5.1 实体首现形式在不同叙事语篇中的分布规律

封闭性叙事是指叙事语篇由发话人预先组织好,然后通过某种媒介将其传递给受话人,交际双方不在同一时空,没有发生听说接触,包括回忆录、小说、故事、新闻和笑话叙事。互动性叙事是指交际双方在同一时空,通过单向或双向接触的方式进行的叙事,包括小说对话、相声、影视剧对话和生活对话叙事。

实体首现形式在这两类不同的叙事语篇中的分布情况如下表所示。

表 3.4　实体首现形式在封闭性/互动性叙事中的分布比例数据表

首现形式 \ 语篇类别		封闭性叙事		互动性叙事	
		数量(个)	比例	数量(个)	比例
词	可数名词	1461	29.79%	823	26.53%
	不可数名词	94	1.92%	191	6.16%
	集合名词	89	1.81%	44	1.42%
	专有名词	209	4.26%	144	4.64%
	代词	71	1.45%	126	4.06%
	数词	0	0	6	0.19%
名词性短语	"一量名"短语	807	16.46%	544	17.54%
	"数量名"短语	282	5.75%	176	5.67%
	"形＋名"短语	390	7.95%	147	4.74%
	"动＋名"短语	183	3.73%	76	2.45%
	"名＋名"短语	765	15.60%	284	9.16%
	"代＋名"短语	260	5.30%	465	14.99%
	同位短语	127	2.59%	43	1.39%
	名词联合短语	154	3.14%	6	0.19%
	"的"字短语	12	0.24%	27	0.87%
合计		4904	99.99%	3102	100%

比较封闭性叙事语篇和互动性叙事语篇，不同实体首现形式的分布规律主要有以下几条。

第一，代词和"代＋名"短语在封闭性叙事语篇中的分布比例明显低于互动性叙事语篇。代词在封闭性叙事的首现形式中所占比例为 1.45%，而在互动性叙事的首现形式中所占比例为 4.06%；"代＋名"短语在封闭性叙事的首现形式中所占比例为 5.30%，而在互动性叙事的首现形式中所占比例为 14.99%。

第二，"修饰性定语＋名词"短语在封闭性叙事语篇中的分布比例明显高于互动性叙事语篇。“修饰性定语＋名词”短语在封闭性叙事的首现形式中所占比例为 11.68%，而在互动性叙事的首现形式中所占比例为 7.19%。

第三，“名词性定语＋名词”短语在封闭性叙事语篇中的分布比例明显高于互动性叙事语篇。“名词性定语＋名词”短语在封闭性叙事的首现形式中所占比例为 15.60%，而在互动性叙事的首现形式中所占比例为 9.16%。

3.5.2 实体首现形式在不同叙事语篇中分布规律的成因分析

在 2.1.2 中，我们比较分析了不同叙事语篇在交际媒介、话语方式和交际需求方面的不同特征。这些特征制约着叙事语篇对实体首现形式的选择。也就是说，不同叙事语篇中实体首现形式的分布规律是由交际媒介、话语方式和交际需求等方面决定的。

3.5.2.1 为什么代词和“代＋名”短语在封闭性叙事语篇中的分布比例明显低于互动性叙事语篇？

封闭性叙事语篇和互动性叙事语篇有一个明显的区别，就是时空方式和接触方式不同。封闭性叙事语篇的交际双方处于不同的时空，没有直接接触，而互动性叙事语篇的交际双方处于同一时空，可以进行单向或双向的接触。互动性叙事语篇中的交际双方共享着相同的时空参照点，辅以互动性接触，易于构建从认知概念到现场实体的直接指示关系，为代词成分提供了表达和理解的现实基础。而封闭性叙事语篇的交际双方不在同一时空，没有共同的时空参照点，难以构建指示关系。请看下面的例子：

(89)“说说这幅画。”梅纹坚持着。

“那是小七子。小七子念了三个初三，最后不等他毕业，就被学校开除了。这是他在使坏，他尿尿尿得很高。”细米指了指天空，“他站在男厕所里，能把尿尿到墙那边的女厕所里。这个人特别讨厌，这是他在男厕所里，正往那边的女厕所尿尿呢……”

细米指着那个男孩说:"他是朱银根,那天,他到我家中来玩,正玩着,就听到了院门外有人在跑,有人在叫,不知发生了什么事,朱银根起身就要往外跑,翘翘不让他走,要他再玩一会儿,就一口咬住了他的裤子……就这个样子……"他自己看着看着也笑了。

例(89)是小说对话中的叙事,属于互动性叙事,交际双方在同一个时空场景里,所以有大量的代词成分出现:"这幅画""那""那边的女厕所""这""他"等。这些代词成分的表达和理解都强烈依赖于共同的时空场景和互动性的直接接触。用波浪线标示的"细米指了指天空"和"细米指着那个男孩"说明了场景和肢体动作对叙事语言的辅助作用,如果听说双方不在同一时空,看不见对方的肢体动作,那么就无法正确识别出代词成分的具体所指。所以,代词和"代＋名"短语在封闭性叙事语篇中的分布比例明显低于互动性叙事语篇。

另外,新闻中"代＋名"短语的首现形式最少,这是因为"代＋名"短语大多适用于激活实体的首现,新闻叙事要求客观、明确,且篇幅较短,所以多用明确性较高的"动＋名"短语和"名＋名"短语来指称首现实体。而生活对话等叙事语篇互动性高,出于经济性原则和叙事的急迫性需要,多使用"代＋名"短语来首现激活实体,因为双方面对面即时交流,所以即使听话人有时不太明确指称对象,也可以通过即时提问或说话人的修正来弥补。值得注意的是,在对话中,有些人会习惯性地使用"这""那"等话语标记,它们和首现实体搭配起来,也会形成非典型的"代＋名"结构。

3.5.2.2 为什么"修饰性定语＋名词"短语在封闭性叙事语篇中的分布比例明显高于互动性叙事语篇?

除了笑话叙事,大多数封闭性叙事语篇都没有特别要求叙事的紧迫性,而互动性叙事语篇则都要求叙事的紧迫性。"修饰性定语＋名词"短语信息量较大,适用于有准确性需求的叙事语篇,而有叙事紧迫性需求的叙事语篇则需要使用尽量经济的表述成分,所以排斥"羡余"的修饰性成分。

笑话叙事虽然是封闭性叙事语篇，但由于其有叙事紧迫性需求，所以使用“修饰性定语＋名词”短语首现的比例非常低，仅有7.37%，而同为封闭性叙事语篇的小说叙事中，则有16.38%的实体首现形式为“修饰性定语＋名词”短语。

出于紧迫性需求，笑话偏好使用大量的光杆普通名词和“一/数量名”短语的简单形式来表述首现实体，这两类表述形式在笑话的实体首现形式中分别占40.07%和27.50%。

可以说，叙事紧迫性的交际需求决定了“修饰性定语＋名词”短语在叙事语篇实体首现中的使用频率。

3.5.2.3 为什么“名词性定语＋名词”短语在封闭性叙事语篇中的分布比例明显高于互动性叙事语篇？

这条规律的原因与上一条类似，不过侧重点不同。上一条规律主要是由叙事紧迫性的交际需求决定的，而这一条主要是由叙事准确性的交际需求决定的。

名词性定语属于限定性定语，对中心名词有限定作用，可以提高表述的准确度。例如：

(90)11月5日下午，浙江中成有限责任公司德令哈分公司办公室主任宣明洋和朋友陈国强步行至德令哈循环经济工业园区内的茫崖西路，眼尖的宣明洋第一个看到一名小女孩在路边的水渠中拼命挣扎。没有迟疑，更没有犹豫，宣明洋迅速跳入刺骨的渠水中，用胳膊夹着小女孩与急促的水流殊死搏斗。

例(90)是一则新闻报道，为了保证信息的准确性，提高事件的真实性，语篇选择了信息量非常丰富的“名词性定语＋名词”短语来首现实体，第一个短语用多重限定成分明确传递了人物“宣明洋”的身份信息，“朋友陈国强”则明确了人物之间的关系信息，“德令哈循环经济工业园区内的茫崖西路”准确有效地传递了详细的处所信息。这几个首现形式的选用都是出于新闻对叙事准确性的交际需求。而在不要求叙事准确性的笑话中就很少出现这种首现形式。“名词性定语+名词”短语在笑话的首现形式中只占4.20%。

3.6 叙事语篇中实体首现的信息功能与指称性质的错配效应

在3.3.1中,我们详细论述了实体首现的信息功能与指称性质之间存在的匹配规律,即起蒂实体首现传递共知信息,完全激活实体首现传递给定信息,二者倾向于使用定指形式;而部分激活实体首现传递可推信息,全新实体首现传递未给定信息,二者倾向于使用不定指形式。如果遵循这套规律,则有利于受话人顺利理解首现形式的意义;反之,如果信息功能与指称性质发生了错配,那么受话人就有可能无法正确理解首现形式的意义。然而我们发现,在叙事语篇中,某些看似违反常规的首现形式其实隐含着深层次的动因和合理化的存在理据,并具有独特的语篇功能,甚至可以产生有价值的交际效应,值得进行深入细致的研究。

3.6.1 实体首现的信息功能与指称性质的错配类别

Schiffrin(2006)提出非常规的指称有“提前指称”和“错误指称”两种类别。提前指称是指发话人可能根据需要将某个新信息作为旧信息陈述,并指望听话人给予它旧信息的地位。这种情况有两个原因:一是说话人为了追求某种表达效果;二是说话人不顾及听话人,犯了“自我中心错误(egocentric errors)”。错误指称是指说话人产生表述错误,然后进行修正,如指代三个人时用“他”,然后修正为“他们”。

Schiffrin的观点很有启发性,但用在汉语中还不够全面。首先,与信息错配的指称(下面简称“错配指称”)除了“提前指称”以外,还有另一种情况,即发话人将某个旧信息作为新信息陈述,我们称之为“模糊指称”。其次,Schiffrin所指的“提前指称”是发话人根据需要有意为之的,但实际上,无论是“提前指称”还是“模糊指称”,都存在发话人有意和无意两种情况。

有意是指发话人根据交际需求有意使用错配指称，并希望受话人接受这个指称；无意是指发话人没有考虑受话人，无意中使用了错配指称。最后，Schiffrin 所提出的“错误指称”实际上是由说话人的口误造成的，并且能即时进行修正，是偶然性现象。所以，我们暂不考虑这一类情况。

根据上述观点，我们将实体首现形式的指称与信息错配情况首先分为两个大类：提前指称和模糊指称，然后再分为四个小类：有意提前指称、无意提前指称、有意模糊指称和无意模糊指称。图示如下：

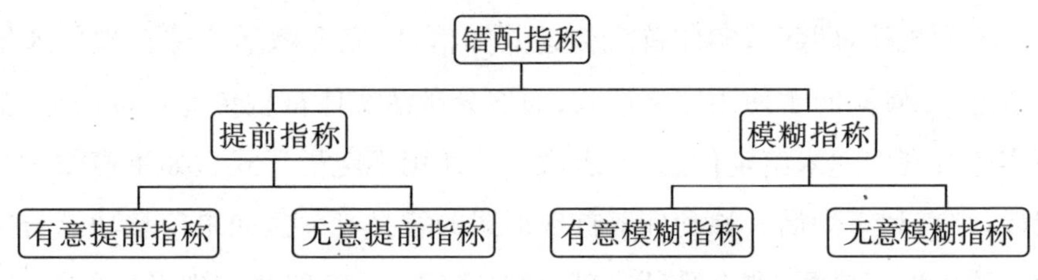

图 3.7　实体首现形式的指称与信息错配类别示意图

3.6.1.1　有意提前指称

有意提前指称是指发话人出于某种交际需要，有意使用定指的形式来指称部分激活实体或全新实体，将可推信息或未给定信息当作共知信息或给定信息来表述。最典型的情形是在小说或故事中使用专有名词或人称代词来指称受话人不能识别的首现人物。例如：

(91)深秋，山风渐渐凛冽了，天也黑得越来越早。但香雪和她的姐妹们对于七点钟的火车，是照等不误的。她们可以穿起花棉袄了，凤娇头上别起了淡粉色的有机玻璃发卡，有些姑娘的辫梢还缠上了夹丝橡皮筋。那是她们用鸡蛋、核桃从火车上换来的。她们仿照火车上那些城里姑娘的样子把自己武装起来，整齐地排列在铁路旁，像是等待欢迎远方的贵宾，又像是准备着接受检阅。

有意提前指称的首现人物既可能是全新实体，如“香雪”；也可能是部分激活实体，如被“她的姐妹们”和“她们”部分激活的“凤娇”。“香雪”和“凤娇”分别是未给定信息和可推信息，都属于受话人不能识别的信息，但其表述形式却都是表示定指的专有名词。

3.6.1.2　有意模糊指称

与有意提前指称相对，有意模糊指称是指有时候发话人出于某种交际需要，有意使用不定指的形式来指称起蒂实体或完全激活实体，将共知信息或给定信息当作可推信息或未给定信息来表述。最典型的情形是使用“一＋量＋有定名词性成分”结构来指称双方都可识别的人物。例如：

(92)那时候，队里呀，有几个推荐工农兵大学生的名额。你老爸我是第一人选。可谁知半路杀出个田淑云呢？

(93)我就剩一妈了，我爸和我姐都没了。

例(92)中，“(一)＋个＋田淑云”指称的是交际双方共知的起蒂实体，属于共知信息。发话人在专有名词“田淑云”的前面加上表示不定指的“一量”成分，有意将有定成分无定化，目的是借用“半路杀出个程咬金”的固定格式来强调人物出现的突然性。

例(93)中，“一＋(个)＋妈”指称的是受话人可以通过上文的“我”来识别的完全激活实体，属于给定信息。发话人有意在称谓语“妈”的前面加上表示不定指的“一量”成分，目的是强调所剩亲人的数量只有一个。

上述两种情形都是发话人出于某种表达需要而有意为之。还有两种错配指称是发话人并无特别的表达需要，而是由于犯了主观性错误，没有考虑受话人或考虑错误而无意造成的，常常出现在较为随意的生活对话中，我们称之为“无意提前指称”和“无意模糊指称”。

3.6.1.3　无意提前指称

无意提前指称是指发话人由于犯了主观性错误，没有考虑受话人或考虑错误，而使用定指形式来指称受话人不明确或不能识别的实体。例如：

(94)甲：我昨天感冒了，还蛮严重的，烧到38度多。幸好赵春晖帮我买了一盒退烧药，吃了后睡了一觉，好多了。

乙：赵什么？谁呀？你同学吗？

甲：嗯，是啊，是我同寝室的一个同学，叫赵春晖。

例(94)中，“赵春晖”对于受话人乙来说是全新实体，应该使用甲后面所用的指称形式“我同寝室的一个同学”来首现。甲在刚开始的叙事中，因为没有考虑到乙对首现人物的可识别度，错误使用了定指的专有名词来指称全新实体。这种情形下的指称错配就是无意提前指称。

3.6.1.4 无意模糊指称

无意模糊指称是指发话人由于没有考虑受话人或考虑错误，而使用不定指形式来指称受话人明确知晓的实体。例如：

(95)甲：告诉你啊，我养了一只小狗，好可爱的。

乙：你又养了一只狗？之前那只呢？

甲：你知道我养了狗啊？我还以为你不知道呢。

例(95)中，乙本来明确知道甲养了一只狗，但甲错误地以为乙不知道，所以使用了不定指的形式，造成乙理解错误，以为甲说的是他不知道的另一只狗。这就是无意模糊指称的情况。

3.6.2 实体首现的信息功能与指称性质错配的语篇功能和交际效应

叙事语篇中，在某些特定的语境支持下，首现形式的指称与信息错配会具有特定的语篇功能和交际效应，主要表现在有意提前指称上。常见的有以下三种情况：一是在小说、故事和笑话中，叙事起始句中的有意提前指称往往具有“起帯预设功能”，可以触发作为背景的起帯信息，使错配合理化，在不影响话语理解之余还能满足语言经济性需求，产生“开门见山”的文学效果；二是在小说、故事和笑话中，对人物的有意提前指称往往具有

"主角标记功能",叙事者期望通过提前指称的方式来让读者快速明确地识别出故事的主人公,并将关注点聚焦在主人公身上;三是在生活对话中,发话人的有意提前指称往往是因为急于证明其表述的真实性,而忽略了指称的正确性,从而导致"信息过剩",可能引发两种交际效应:要么发话人成功达到增加表述可信度的目的,要么受话人依此而降低对发话人表述的信任度。

3.6.2.1　错配指称的"起蒂预设功能"

这类错配指称存在于小说或故事的开头,表现为在叙事语篇的起始句使用定指形式引进全新实体。如故事开头的第一句话就是"刘辉是晚报记者",其中,"刘辉"是首现的全新人物,却以定指形式处于全文的起始语位置上。这不仅是在指称和信息之间发生了错配,而且没有任何背景信息提供支持,似乎同时违反了常规的指称规律和叙事模式。但这种理论上"非法"的句法形式却并没有影响读者对故事的接受和理解。相反,这种开头方式由于具有独特的语篇功能和文学艺术,受到很多现当代作家的偏爱,因而在小说和故事中被广泛使用。

Ⅰ.叙事语篇的开头模式

首先,我们来总结一下叙事语篇的三种开头模式。

模式一:"背景(定指)——前景(不定指)"

这种模式遵循"旧—新"信息结构,叙事语篇一般是由背景信息开头,然后用不定指的形式引入新的实体或事件等前景信息,再逐步推进叙事。例如故事《亲密伙伴》的开头:

(96)故事发生在伦敦,当时,第二次世界大战刚刚结束。

这天上午,市中心的金帝王饭店里客人络绎不绝。这时,从电动门外踱进来一个老人,他穿着体面,头发灰白,最引人注目的是他戴着一副墨镜,左手牵一只狗,右手握一根探路用的竹竿。

这个故事虽然篇幅很短，但开篇的背景信息比较丰富全面，既有宏观的空间、时间背景："伦敦""第二次世界大战刚刚结束"，又有具体的时间、空间和情景信息："这天上午""市中心的金帝王饭店""客人络绎不绝""这时"，这些都为故事的主人公"从电动门外踱进来一个老人"的出现明确定位了时间、空间和情景，而且主人公的首现形式是与未给定信息相匹配的不定指形式。这符合句法和信息结构的叙事开头模式。

还有两类开头模式是在始发句中用定指形式引入全新信息，属于有意提前指称的错配类型。

模式二："背景(定指)——前景(定指)"

这种模式是指在起始句首有背景成分，能为全新实体的首现提供时空等背景。例如故事《遭遇袭击》的开头：

(97)这天傍晚，大富翁奥尔洛和他最小的儿子吉特正在花园里散步，突然飞来一群蝴蝶，先是在他们头顶盘旋，随后就扑下来咬他们裸露的手臂。

语篇开头首先用"这天傍晚"提供了时间背景，接着使用定指形式"大富翁奥尔洛"和"他最小的儿子吉特"引入两个全新实体。这种开头模式是通过叙述一个动态性的事件来作为语篇的开端，始发句往往是事件性的，需要定位于具体的时空，所以依赖于时空背景信息。

模式三："无背景——前景(定指)"

这种模式没有背景信息，始发语是指称全新实体的定指形式。例如故事《香水的味道》的开头：

(98)李萌的鼻子从小就有炎症，一直不怎么通气，二十多年都没有治好。可是这天上午，她在公交车上突然打了一个喷嚏之后，立刻就闻出了身边一个女人身上的香水味道，是那种桂花、茉莉和百合的混合味。

这类以定指形式开头、没有背景信息的始发句往往不是动态事件性的，而是静态状态性的。如“李萌的鼻子从小就有炎症，一直不怎么通气，二十多年都没有治好”，这个起始句所叙述的不是一个动态性事件，而是主人公患有多年鼻炎这个静态性的状态，属于非现实句①，本身就不具有时空性，所以不需要时空背景来定位。实际上，这类开头模式中的整个始发句是作为全文的背景出现的。

Ⅱ.什么是“起蒂预设”？

我们对某本《故事会》②中共计35篇故事进行了统计，发现使用模式一开头的仅有5篇，使用模式二开头的有13篇，使用模式三开头的有17篇；使用模式二和模式三开头的语篇共计30篇，占总语篇的85.71%。这种看似“不合理”的错配指称和非常规信息结构，为什么会在小说和故事的起始句中获得强大的生命力呢？我们认为是因为这类错配指称用于小说和故事的开头时，被语篇赋予了“起蒂预设”的功能，预设了叙事起蒂，使错配合理化，并起到“开门见山”的文学效果。

不论是否有背景信息，在小说、故事和笑话中，以定指形式的全新实体始发都具有“起蒂预设”的功能。在2.3中我们解释了叙事起蒂的概念，即如果叙事者预料听话人知道某个实体的具体所指，并且这个实体第一次以

①魏红、储泽祥(2007)将句子分为两类：一类是现实句，句子所表示的活动进入了现实世界的时间流程和具体空间位置，并以说话时间为参照；另一类是非现实句，句子所表示的活动没有进入现实世界的时间流程或具体空间位置，不以说话时间为参照。

②《悬疑故事》，载何承伟主编《故事会5元精品系列》，上海锦绣文章出版社·上海故事会文化传媒有限公司，2011年。

语言形式出现在叙事语篇中，为别的实体或事件的出现和理解提供背景，那么它就是“叙事起蒂”。从广义上来讲，预设(presupposition)是发话者预先设定的共知信息，即语用预设，是以句子意义和结构为基础，结合语境推导出来的。预设是一种具有语篇功能的语用现象。

“起蒂预设”是指发话者预先设定的叙事起蒂，没有明确的语言形式，但可以结合语境通过预设触发语推导出来，属于语用预设的一种。朱永生、苗兴伟(2000)指出：“从信息结构的角度看，语用预设是语篇信息流的起点。”我们发现，“起蒂预设”在语篇中正是起到了这一作用。

小说或者故事的交际目的都是为了向读者讲述一个虚构的故事，故事是由虚构的人物和虚构的事件组成的。这一点是交际双方都明确的共知信息。在以定指形式的全新实体始发的语篇中，发话者将这一共知信息预设为叙事起蒂，即“有一个故事，故事里有个主人公”，而起蒂预设在语篇中没有语言形式，所以语篇的开头就直接出现了主人公。我们将在3.6.2.2中详细论述定指形式和全新信息的错配所产生的“主角标记功能”。位于语篇起始句的定指成分通常都是故事的主人公，并且由于起蒂预设的人物信息就是故事的主人公，所以这里的定指成分也只能是故事的主角，否则会影响对预设的推导。请看故事《照相机里有鬼》的开头：

(99)a. 赵彬是个天生胆小谨慎的人，可偏偏好奇心特别重。

这个起始句中，预设触发语是“赵彬”，起蒂预设是“有一个故事，故事里有个主人公，名叫赵彬”。这种起蒂预设不仅可以结合语境推导出来，而且还能以语言形式在语篇中还原出来，即可将开头替换为：

(99)b. 有一个故事，故事里有个主人公，名叫赵彬。赵彬是个天生胆小谨慎的人，可偏偏好奇心特别重。

这样的开头不仅符合了由旧到新的叙事信息结构，而且全新实体的指称和信息也能够相互匹配了。全新实体“赵彬”的首现形式是不定指的“(一)量名”结构——“(一)个主人公”,与其未给定信息的身份相匹配。由此可见,在受话人的认知中,主人公是在起蒂预设中首现的,在预设触发语中是再现,属于推定信息,与定指形式相匹配。这样就可以解释为什么指称和信息上的错配并没有影响受话人对语句的理解:因为语篇中的起蒂预设功能对实体首现产生了烘托作用。

而在现实语料中,确实有用语言形式将这类起蒂预设表示出来的。比如故事《不该漏扫的墓》的开头:

(100)a. 有一个故事,说的是清明节给老人上坟的事,故事里的主人公叫石老板。不过石老板本来不姓石,是因为这几年做石材生意发了,那里的人就都这么叫他。

“有一个故事,说的是清明节给老人上坟的事,故事里的主人公”是有语言形式的叙事起蒂。如果删掉这部分,将有形的叙事起蒂替换成无形的起蒂预设,那么这个开头也是可以成立的:

(100)b. 石老板本来不姓石,是因为这几年做石材生意发了,那里的人就都这么叫他。

起蒂预设除了可以是人物信息,还可以是处所或时间信息。例如:

(101)吉祥镇依山傍水,景色秀丽,是个旅游观光的好去处,自打古庙圣泉寺修复开光以来,更是游人如云。(史可鸿《保密工程》)

预设触发语:吉祥镇。
起蒂预设:有一个故事,故事发生在吉祥镇(处所信息)。

表示处所的起蒂预设也可以用语言形式表示出来，如例(96)中的“故事发生在伦敦，当时，第二次世界大战刚刚结束”。

再如：

(102)这天，口技演员南云家里来了一位姓张的先生，说愿意出钱买他一声鸟叫。(聂牛生《千金一叫》)

这个例子中有两个预设触发语，分别预设了时间信息和人物信息。

预设触发语：这天，口技演员南云。

起蒂预设：有一个故事，故事发生在某一天(时间信息)，故事的主人公是口技演员南云(人物信息)。

如前所述，有语言形式的叙事起蒂在实际用例中非常少，多数故事和小说都是使用没有语言形式的起蒂预设。并且，不止故事、短篇小说中广泛使用这样的开头模式，长篇小说中也有很多例子，如《白鹿原》的开头：“白嘉轩后来引以为豪壮的是一生里娶过七房女人。”①再如《高老庄》的开头：“子路决定了回高老庄，高老庄北五里地的稷甲岭发生了崖崩。”②这说明起蒂预设在语篇中具有独特而有价值的作用，主要体现为以下两点：一是开门见山，直奔主题；二是叙事简洁经济。起蒂预设的信息是交际双方的共知信息，若省略了不仅不会影响故事的表达和理解，反而显得简洁经济。比较例(99a)和例(99b)发现，省略了起蒂的背景信息后，语篇以开门见山的方式开头，形式上简洁明了，意义上直奔主题，可以吸引读者迅速进入故事情节。从语言学角度看，这符合经济性原则；从文学角度看，开门见山让人产生突兀感，能调动读者继续阅读的欲望，夸大一点说，具有“奇句夺目，一见而惊”③的艺术效果。

①陈忠实：《白鹿原》，北京十月文艺出版社，2008年，第1页。

②贾平凹：《高老庄》，春风文艺出版社，2006年，第1页。

③引自清朝戏曲理论家李渔：“开卷之初，当以奇句夺目，使之一见而惊，不敢弃去。”(《闲情偶寄·词曲部·大收煞》，江苏凤凰文艺出版社，2019年，第64页)

起带预设功能是特定的语篇所赋予的，依赖于小说、故事或笑话特殊的语体特征。离开了这种语体环境，这类错配指称的起带预设功能也随之丧失。比如，在生活对话中，如果发话人在叙事开头就使用一个指称全新实体的有定形式，比如“陈兰昨天去北京了”，而这个“陈兰”是受话人完全不认识的人，那么受话人肯定是无法正确接受其信息的。这也从一个侧面体现了语体动因对句法的塑造。

应该强调的是，如果语篇开头引进的第一个实体是公众人物，那么这种情况并不属于指称与信息的错配，因为公众人物大家都知道，属于共知信息，对于听话人来说，公众人物的身份是旧信息，与有定的专有名词是相互匹配的。

3.6.2.2　错配指称的“主角标记功能”

在影视剧中，表现故事的主角往往用的是特写的聚焦镜头，而表现配角则是用失焦镜头。在有多个人物共现的场景中，即使这些人物都是在影片中第一次出现，没有任何其他的信息提示，观影者也可以凭借表现人物的不同方式，在一群人中分辨出谁是主角，谁是配角。也就是说，影片中的聚焦镜头有标记主角的功能。同样的，在叙事语篇，主要是小说或故事中，使用定指成分来指称首现的全新人物，往往就是为了让读者知道这个人是故事的主角，这就是定指与未给定信息的错配所产生的“主角标记功能”。

下面是从张爱玲的小说《封锁》中节选的一个语篇，里面有几个人物都是在语篇中第一次出现，但使用的指称形式却有所不同。

(103)靠近门口的几个公事房里回来的人继续谈讲下去。一个人撒喇一声抖开了扇子，下了结论道：“总而言之，他别的毛病没有，就吃亏在不会做人。”另一个鼻子里哼了一声，冷笑道：“说他不会做人，他把上头敷衍得挺好的呢！”

一对长得颇像兄妹的中年夫妇把手吊在皮圈上，双双站在电车的正中，她突然叫道：“当心别把裤子弄脏了！”他吃了一惊，抬起他的手，手里拎着一包熏鱼。他小心翼翼使那油汪汪的纸口袋与他的西装裤子维持二寸远的距离。他太太兀自絮叨道："现在干洗是什么价钱？做一条裤子是什么价钱？"

坐在角落里的吕宗桢，华茂银行的会计师，看见了那熏鱼，就联想到他夫人托他在银行附近一家面食摊子上买的菠菜包子。女人就是这样！弯弯扭扭最难找的小胡同里买来的包子必定是价廉物美的！

…………

只有吕宗桢对面坐着的一个老头子，手心里骨碌碌骨碌碌搓着两只油光水滑的核桃，有板有眼的小动作代替了思想。他剃着光头，红黄皮色，满脸浮油，打着皱，整个的头像一个核桃。他的脑子就像核桃仁，甜的，滋润的，可是没有多大意思。

老头子右首坐着吴翠远，看上去像一个教会派的少奶奶，但是还没有结婚。她穿着一件白洋纱旗袍，滚一道窄窄的蓝边——深蓝与白，很有点讣闻的风味。她携着一把蓝白格子小遮阳伞。头发梳成千篇一律的式样，唯恐唤起公众的注意。

这个语篇中先后出现了七个表示首现人物的成分："几个公事房里回来的人""一个人""另一个""一对长得颇像兄妹的中年夫妇""坐在角落里的吕宗桢""吕宗桢对面坐着的一个老头子""吴翠远"。虽然这些人物都是在语篇中第一次出现的全新实体，属于未给定信息，但是，有两个人物却使用了与未给定信息错配的定指形式来指称——专有名词"吕宗桢"和"吴翠远"，其他人物则都用了符合常规的不定指形式来表述。

定指成分所指称的人物就像是聚焦镜头中的角色一样，清晰而明确；不定指成分所指称的人物就像是失焦镜头中的角色一样，模糊而朦胧。虽然二者都是在相同语境中首现的全新实体，但通过指称形式的不同，读者可以很明显地看出，使用定指形式引入的"吕宗桢"和"吴翠远"就是这篇小说的两个主人公，属于全局话题实体首现；使用不定指形式引入的其他人物则都是配角，属于局部话题或非话题实体首现。可见，发话人用定指的形式来表示全新实体，就像影片的聚焦镜头一样，将语篇的全局话题实体明确标记出来，并和非全局话题实体进行区分，以达到吸引受话人关注重视的交际目的。

3.6.2.3　错配指称的"信息过剩效应"

这类效应主要产生于口语体特别是生活对话中。发话人在讲述某个事件时，通常会使用无定形式来指称首现的全新实体。但某些时候，发话人在表述虚假事件时，出于证明表述真实性的目的，急于使提供的信息更加明确化、细致化，忽略了受话人对信息的需求，从而违反常规，使用有定形式来指称首现的全新实体，造成"信息过剩"。从受话人的角度来看，"信息过剩"势必会造成理解上的障碍，引起受话人的额外关注。受话人要么因为表述的高明确度而增加对发话人的信任度，使发话人成功达到交际目的；要么有可能通过指称的非常规性而识别出表述是虚假的，使发话人无法达到预期的交际目的。

这里引用江苏卫视《非常了得》①节目中的两个实际例子来进行说明。

在 2011 年 6 月 15 日播出的节目中，5 号嘉宾的身份描述为"我是乡村兽医"，在对其提问环节，选手、嘉宾和主持人有这样一段对话：

(104)选手：你们那边是一个什么？医务所吗？

嘉宾：门诊吧。

选手：有几个人？

嘉宾：我、我爸、<u>徐宏福</u>，算是仨。

选手：什么？

嘉宾：算是仨。

孟非：他和他爸，还有谁？

---

①《非常了得》节目由孟非和郭德纲主持。节目规则是场上的 8 位嘉宾各自描述自己的身份，参赛者通过询问嘉宾问题而判断其身份描述是否属实。同时，现场还有特邀嘉宾——中国政法大学微反应专家姜振宇，他可以提供参考意见，帮助参赛者判断真伪。

嘉宾：他叫徐宏福，算是仨。

郭德纲：另一个医生，三个人。

嘉宾在提到自己同事时，使用了专有名词“徐宏福”，但这个人在其表述中是首现的全新实体，对于受话人来说是未给定信息。指称和信息的错配造成选手和主持人都产生了理解上的障碍，并明确表示了不理解和疑问：“什么？”（选手）和“还有谁？”（主持人）。这说明这里出现的指称“徐宏福”是不合理的，正确的指称形式应该是主持人所说的“另一个医生”。嘉宾本意是想用真实的姓名来获取选手的信任，但没想到弄巧成拙，让提前指称暴露了其虚构的身份。

还有一个类似的例子，是在2014年3月19日播出的节目中出现的。嘉宾的身份描述为“我在睡眠中心工作”，提问环节的对话摘录如下：

(105)郭德纲：在这个过程当中，有没有特别好玩的案例啊？

嘉宾：有啊。然后我还想借着这个节目跟大家说一声，就是我们会有一些失眠的患者，然后他们会有一些梦游的症状。就有一天，我们那个张大爷，然后开门就出来了。我在瞅他干吗，然后他就是这个动作（比画炒菜的样子）。我说，然后我出来了，我说张大爷，你干吗？然后他没有理我，然后他那种眼神是迷离的。然后因为那个，我是这个行业，比较了解。我看他这个时候，他不会理我的状态就是在梦游。

嘉宾在讲述梦游事件时，用定指的形式——“代词＋称谓语”来指称一个全新的实体，这个错配的指称暴露了其表述的漏洞。专家也正是凭借这一点判定嘉宾的身份是假的。他认为：“所有表述都没有问题，唯独‘张大爷’是最大疑点，因为这个姓不该在这个时候出来。”真实正确的表述应该是使用不定指的形式“我们那儿一个大爷”，一“姓”之差使不定指成了定指，显示出表述的不合理，从而暴露了谎言。

当然，判断表述的真假应该综合很多因素，单凭一个指称来判断有可能会造成失误，但它可以作为一个重要的判断标准。

3.7　本章小结

从本章的研究可以看出，实体首现的语篇功能和交际需求在一定程度上决定了表述形式的选用，反过来，表述形式也在一定程度上反映了实体首现的语篇功能和交际需求。这是句法和语篇互动性的一个体现。

3.7.1　实体的信息性质和话题功能影响对首现形式的选择

从信息性质来看，起带实体传递共知信息，倾向于选择定指形式来首现；完全激活实体传递给定信息，倾向于选择定指形式来首现；部分激活实体传递可推信息，倾向于选择不定指形式来首现；全新实体传递未给定信息，倾向于选择不定指形式来首现。

从话题功能来看，全局话题成分倾向于使用外延倾向型的轻量级或重量级词语来首现，如专有名词或复杂短语；局部话题成分倾向于使用外延倾向型的中量级词语来首现，如简单形式的“数量名”短语；非话题成分倾向于使用内涵倾向型的轻量级词语来首现，如光杆普通名词。

从总体上来看，叙事语篇中实体首现最常使用的表述形式是光杆普通名词，这与叙事中需要出现大量的非话题成分有关，也与光杆普通名词在指称上的“中性”表现有关。其次是“一量名”短语，其典型的不定指特性使其最适合用来表示全新实体首现。

3.7.2　语体因素对实体首现表述形式的选用有一定的影响

互动性强的叙事语篇中，交际双方处于同一时空内，共享时空参照点，辅以互动性接触，易于构建从认知概念到现场实体的直接指示关系，为代词成分提供了表达和理解的现实基础。所以，相对于封闭性叙事语篇而言，表示实体首现的代词和“代＋名”短语倾向于在互动性强的叙事语篇中出现。

在对叙事紧迫性要求较高的叙事语篇中，较少使用带有修饰性成分的名词性短语来表示实体首现，比如笑话。这与篇幅的限制和尽快引爆笑点的交际需求有关。

在对叙事准确性要求较高的叙事语篇中，较常使用带有修饰限定性成分的名词性短语来表示实体首现，比如新闻和小说等。这是因为语篇的准确性需求对经济性原则产生了压制作用。

3.7.3 某些指称与信息的错配能产生独特的功能和价值

我们将指称与信息错配的情况分为有意提前指称、无意提前指称、有意模糊指称和无意模糊指称四类。一般来说，无意错配指称是发话人犯了以自我为中心的错误而造成的，对交际效果会产生消极影响。而有意错配指称则是发话人为了达到某种表达效果而有意为之的，使用得当的话，不仅不会影响受话人的理解，而且还能产生独特的功能和价值，主要表现为以下几个方面。

现当代小说或故事在开头引进主人公时，偏好使用专有名词或代词等定指形式。这类与新信息错配的定指形式具有“起蒂预设功能”，可以触发“有一个故事，故事里有个主人公，名叫……”之类的起蒂信息，虽然从语言形式上来看，主人公是首现的，但在受话人的认知中，主人公其实是预设的起蒂信息，在阅读小说之前，受话人就知道会有主人公出现。所以用定指的形式指称受话人认知中的起蒂信息其实是匹配的，不仅不会影响受话人的理解，反而符合语言表达的经济性原则，在文学上具有开门见山的艺术效果。

小说和故事中，除了开头，在中间也会出现使用专有名词指称全新人物的情形。这类错配指称具有“主角标记功能”。和影视剧一样，定指形式就像聚焦镜头，所指称的人物形象清晰明确；不定指形式就像虚焦镜头，所指称的人物形象模糊不清。读者只需通过指称形式就能迅速分辨出谁是主角。

现实对话中，发话人在描述虚构事件时，有时急于让受话人相信其表述，会使用过于明确、信息量过大的定指形式来指称全新实体，从而产生“信息过剩效应”。从受话人的角度来看，“信息过剩”势必会造成理解上的障碍，引起其额外关注。这种情况会产生两种交际效应：一种是受话人因为表述的高明确度而增加对表述的信任，使发话人成功达到交际目的；另一种是受话人通过指称错配的异常情况而识别出表述是假的，使发话人无法达到预期的交际目的。

第4章 叙事语篇中实体首现的句法成分位置及其基本规律

4.1 实体首现在句法成分位置上的多样性表现

4.1.1 实体首现的句法成分位置类别

在我们统计的语料中，实体首现所在的句法成分位置主要有四个：主语、宾语、状语和定语。下面将分别举例说明。

4.1.1.1 主语位置上的实体首现

请看下例：

(1)他们仨从小一起长大，还有一个叫卢杰的，后来不知怎么的，朵朵嫁给了卢杰。

(2)李东是贪污100万在逃的通缉犯，他隐姓埋名在本市的一家电脑公司打工，为了逃避法律的惩罚，他选中了你。

(3)他初次化缘的那天，脚被磨破了，流着血。正当他拖着疲惫的步伐回寺院的时候，一位正在公园扫地的大婶走近他，往他的钵里放进了100日元，然后说："师父一定很累了吧，路上买个面包吃吧。"

例(1)中的"他们仨"、例(2)中的"李东"和例(3)中的"一位正在公园扫地的大婶"都是在主语位置出现的实体首现成分。

4.1.1.2 宾语位置上的实体首现

请看下例：

(4)电车里，一位医科学生拿出一本图画簿，孜孜修改一张人体骨骼的简图。

(5)隔壁坐着个奶奶，怀里躺着小孩，孩子的脚底心紧紧抵在翠远的腿上。小小的老虎头红鞋包着柔软而坚硬的脚……这至少是真的。

(6)一次大伙一起吃饭，一个哥儿们喝的有些高，但看起来还算清醒，大伙就没理他。饭局散场的时候，这哥儿们忽然冲到马路中央，伸手拦住了一辆正在巡逻的 110 警车，然后拉开车门，冲坐在里面。

(7)张员外有三个女儿，均已出嫁。大女婿是唱戏的，二女婿是写小说的，三女婿是茶馆跑堂的。

例(4)中的“一本图画簿”和“一张人体骨骼的简图”、例(5)中的“个奶妈”和“小孩”、例(6)中的“一辆正在巡逻的 110 警车”和例(7)中的“三个女儿”都是在宾语位置出现的实体首现成分。

4.1.1.3　状语位置上的实体首现

请看下例：

(8)许多年前，在一个偏远的农村里刚刚通电，家家户户都用上了电灯泡。一个上了年纪的老太太不知道怎么关灯，就像吹煤油灯似的对着电灯泡吹了半天，仍没熄灭。她自言自语道：“这新玩意真好，还防风哩。”

(9)那些鬼子和人动手绝不纠缠，一出手就是杀招儿，一下要了你的命。战俘营里边有三个人，练手用短刀和一个鬼子过招儿，结果不到一分钟全都死了。俺看得来，那三个人练过功夫。

(10)这番话让我想起 1994 年准备赴美留学的我。在北京的美国大使馆排了两个多小时队后，我从一个小窗口递上所有的资料，心怦怦直跳，生怕被面试官拒签，因为我前面的那个小伙子好像根本没轮到回答问题就被拒了。

(11)下午5时31分31秒，一位捡垃圾的阿姨拖着编织袋经过，她发现了悦悦，立刻走过去试图扶起悦悦，但悦悦上半身瘫软。阿姨只好把悦悦从路中间挪到了安全点的路边，然后向四周呼救。

例(8)中的“一个偏远的农村”、例(9)中的“短刀”、例(10)中的“一个小窗口”和例(11)中的“编织袋”都是在状语位置出现的实体首现成分。

4.1.1.4 定语位置上的实体首现

请看下例：

(12)深夜，有个小偷挖开一个人家的墙壁，进屋偷东西。不料找不到值得偷的东西，小偷气得打开屋门就走。

(13)坐在角落里的吕宗桢，华茂银行的会计师，看见了那熏鱼，就联想到他夫人托他在银行附近一家面食摊子上买的菠菜包子。

(14)回到家，接到一家我很尊重的南方报纸记者的电话，问我关于“自杀”的新闻，我在电话里只说了两句话：“不太清楚；对不起，我不接受电话采访。”

(15)昨天下午在图书馆，一个男生的手机铃声响了，为了不打扰大家，他以八十迈的速度冲出去，然而，手机铃声没有停，这家伙又快速跑回来，来了一句，忘带手机了。

例(12)中的“一个人家”、例(13)中的“华茂银行”、例(14)中的“一家我很尊重的南方报纸”和例(15)中的“一个男生”都是在定语位置出现的实体首现成分。

4.1.2　不同实体首现的句法成分位置类别

4.1.2.1　人物首现的句法成分位置

人物首现可以出现在主语、宾语、定语和状语的位置，以主语位置为常，宾语位置次之。

Ⅰ.主语位置

请看下例：

(16)章永贤去省城的女儿那里住了几天，回来后就像捡了个元宝似的，整天乐呵呵的。

例(16)中的“章永贤”在语篇中是第一次出现，选择了主语位置，是在主语位置首现的人物。

Ⅱ.宾语位置

请看下例：

(17)从前，有一个人很怕老婆。有一天，他趁老婆不在家的时候偷吃了一盒年糕。晚上被老婆发现了，把他狠狠骂了一通，又罚跪三更才准许睡觉。

例(17)中的“老婆”在语篇中是第一次出现，选择了宾语位置，是在宾语位置首现的人物。

Ⅲ.状语位置

请看下例：

(18)根据阿会交代，他们为了能够吸到毒品，为一个叫冯亮的人贩毒运毒，开始是几克几克的走，后来冯亮要他们一人运五百克，两人都知道这是玩命的事儿，就洗手不干了，于是冯亮就杀人灭口，小云死在绿云宾馆，阿会逃跑了。

例(18)中，"一个叫冯亮的人"在语篇中第一次出现，选择了状语位置，是在状语位置首现的人物。

Ⅳ. 定语位置

请看下例：

(19)菜饭刚做好。燕华的父亲回来了。老师傅白发白眉，老寿星模样。

(20)一个男孩的女朋友生气，说要咬男孩子一口，男孩子就把手伸出去给她咬，很痛，都有血印出来了。

例(19)中的"燕华"和例(20)中的"一个男孩"在语篇中都是第一次出现，都处于定语位置，所以都是在定语位置首现的人物。

4.1.2.2 动物首现的句法成分位置

动物首现可以出现在主语、宾语、定语和状语的位置，以宾语位置为常，主语位置次之。

Ⅰ. 主语位置

请看下例：

(21)一只名叫笨笨的狗，看见了虞硕果，便来到窗前，掀起后腿，朝一棵遮阴树的树干反复撒尿。

(22)他看到秃头男人正在店堂里洗脸，一只母猫站在墙角堆积的药包中伸着懒腰；在它的身下，几只毛绒绒的小猫还在酣睡。

例(21)中的"一只名叫笨笨的狗"、例(22)中的"一只母猫"和"几只毛绒绒的小猫"在语篇中都是第一次出现，都处于主语位置，所以都是在主语位置首现的动物。

Ⅱ.宾语位置

请看下例：

(23)小时候啊，我们家有个鱼缸，这么大个(用手比划开来，季洁这时侧转过来)，玻璃的。我常到郊区那河沟里，去摸点小鱼啊，在那鱼缸里头养着。

例(23)中的“小鱼”在语篇中是第一次出现，选择了宾语位置，是在宾语位置首现的动物。

Ⅲ.状语位置

请看下例：

(24)我在上山砍柴时，和一匹狼遇上。

例(24)中的“一匹狼”在语篇中是第一次出现，选择了状语位置，是在状语位置首现的动物。

Ⅳ.定语位置

请看下例：

(25)在黑黢黢的针叶间，有两点儿火星闪烁，那是猫头鹰的眼睛。它发出一声严肃的鸣叫，华羽翻动，无声地滑翔出去，降落在流金溢彩的麦田里。

例(25)中的“猫头鹰”在语篇中是第一次出现，选择了定语位置，是在定语位置首现的动物。

4.1.2.3 植物首现的句法成分位置

植物首现可以出现在主语、宾语、定语和状语的位置，以宾语位置为常，主语位置次之。

Ⅰ.主语位置

请看下例：

(26)昨天跑去买了个小车子，给家里的老人孩子骑着玩。今天我就靠在上面晒太阳，手里还捧着一杯茶。院子里的石榴树发芽了，过不了多久又叶茂枝长了。

例(26)中的“院子里的石榴树”在语篇中是第一次出现，选择了主语位置，是在主语位置首现的植物。

Ⅱ.宾语位置

请看下例：

(27)你想，那河里鱼，在玻璃鱼缸里养，它哪能养得活啊。后来就不养了，把那鱼缸就扔在我们家墙根儿，窗户底下了。冬天呢，放点土，我在里面种点青蒜儿，小绿苗，长得不错，长长了，剪下来，吃面的时候还能当菜码。

例(27)中的“青蒜儿”在语篇中是第一次出现，选择了宾语位置，是在宾语位置首现的植物。

Ⅲ.状语位置

请看下例：

(28)我虽然只住了半个多月，但心里却十分地愉快，而且对于他们所种的菜蔬，更是欢喜吃。

例(28)中的“他们所种的菜蔬”在语篇中是第一次出现，选择了状语位置，是在状语位置首现的植物。

Ⅳ. 定语位置

请看下例：

(29)乡通讯员小杨拿着一把砍柴刀和一个蛇皮袋带领我们进山，不出乡政府二百米，就在山腰看到了芒果树上的蚁巢，在紫胶树、橡胶树的树枝上，也都挂着无数的蚁巢。

例(29)中的“芒果树”和“紫胶树、橡胶树”在语篇中都是第一次出现，都选择了定语位置，所以都是在定语位置首现的植物。

4.1.2.4　无生命物首现的句法成分位置

无生命物首现可以出现在主语、宾语、定语和状语的位置，以宾语位置为常，主语位置次之。

Ⅰ. 主语位置

请看下例：

(30)云南省外事办公室 9 日晚证实，10 月 5 日上午，“华平号”和“玉兴 8 号”两艘搭载 13 名中国船员的商船在湄公河金三角水域遭遇枪击事件，致使 12 人遇难，1 人失踪。

(31)他们在平整的晒场上挖出两个深坑，然后，水泥就出现了——不，水泥这种东西在修电站时就已然出现了。

例(30)中的“‘华平号’和‘玉兴 8 号’两艘搭载 13 名中国船员的商船”和例(31)中的“水泥”在语篇中都是第一次出现，都处于主语位置，所以都是在主语位置首现的无生命物。

Ⅱ. 宾语位置

请看下例：

(32)弗林德夫人执意要请一位画家为她画一幅半身肖像。

(33)深秋，山风渐渐凛冽了，天也黑得越来越早。但香雪和她的姐妹们对于七点钟的火车，是照等不误的。她们可以穿起花棉袄了，凤娇头上别起了淡粉色的有机玻璃发卡，有些姑娘的辫梢还缠上了夹丝橡皮筋。

例(32)中的“一幅半身肖像”、例(33)中的“淡粉色的有机玻璃发卡”和“夹丝橡皮筋”在语篇中都是第一次出现，都处于宾语位置，所以都是在宾语位置首现的无生命物。

Ⅲ.状语位置

请看下例：

(34)那天下午，我回到家以后，就把早已经准备好的引爆装置，用晚报装好，藏在身上。为了避免嫌疑，我又买了一份北京晚报。

例(34)中的“早已经准备好的引爆装置”和“晚报”在语篇中都是第一次出现，都处于状语位置，所以都是在状语位置首现的无生命物。

Ⅳ.定语位置

请看下例：

(35)爆炸波及范围大约有一个标准 400 米跑道的足球场大小，发生爆炸的收费站房屋基本只剩下框架结构。沿街很多房屋的窗户不锈钢被震坏，玻璃破碎，而爆炸中心的贵州省储备粮管理总公司福泉直属库直接被夷为平地。

例(35)中的“沿街很多房屋”和“贵州省储备粮管理总公司”在语篇中都是第一次出现，都处于定语位置，所以都是在定语位置首现的无生命物。

4.1.2.5　实体的局部/部分首现的句法成分位置

实体的局部/部分首现可以出现在主语、宾语、定语和状语的位置，以主语位置和宾语位置为常。

Ⅰ. 主语位置

请看下例：

(36)一个中年妇女过来了，一手端着一只茶杯，另一只手捏着一只小钱包，手腕上缠着一条擦汗的毛巾，这也是一副打麻将的行头。

例(36)中的“一手”和“另一只手”在语篇中都是第一次出现，都处于主语位置，所以都是在主语位置首现的实体的局部/部分。

Ⅱ. 宾语位置

请看下例：

(37)有一次，哈瓦接到老婆的来信，便匆匆来到朋友家。朋友大声地念着哈瓦老婆的来信，哈瓦则在他的后边用双手捂住了他的两耳。

例(37)中的“他的两耳”在语篇中是第一次出现，处于宾语位置，是在宾语位置首现的实体的局部/部分。

Ⅲ. 状语位置

请看下例：

(38)临近黎明时，阿义被母亲的呕吐声惊醒。借着窗棂间射进来的月光，他看到母亲用枕头顶着腹部跪在炕沿上，双手撑着席，脑袋探出去，好像一只鹅。从她的嘴巴里，吐出一些绿油油的、散发着腥臭气味的东西。

例(38)中的“她的嘴巴”在语篇中是第一次出现，处于状语位置，是在状语位置首现的实体的局部/部分。

Ⅳ.定语位置

请看下例：

(39)一个脑袋半秃的男人探出半截身体，出手如钳，将那两瓶牛奶提了进去。

例(39)中的“脑袋”在语篇中是第一次出现，处于定语位置，是在定语位置首现的实体的局部/部分。

4.2 实体首现对句法成分位置选择的倾向性规律

从总体出现频率、首现形式的选择、首现实体的选择来看，实体首现在句法位置上的分布都是很不均匀的，具有很明显的倾向性特征。

4.2.1 实体首现在句法成分位置上的总体分布情况

表4.1 实体首现的句法成分位置总体分布比例数据表

句法位置	首现次数	所占比例
主语	2600	32.48%
宾语	3563	44.50%
状语	1055	13.18%
定语	788	9.84%
总计	8006	100%

根据表4.1可知，实体首现对句法成分位置选择的优先序列如下：

宾语＞主语＞状语＞定语

从句法上看,汉语主语以旧信息为常,宾语以新信息为常。在首现实体中,传递新信息的实体占大多数,所以宾语位置符合首现实体的信息安排需要。后文会有更进一步的分析。

4.2.2　不同实体首现对句法成分位置的选择倾向

表 4.2　首现实体的语义类别与句法位置匹配情况数据表

句法位置 / 首现实体	主语		宾语		状语		定语	
	数量(个)	比例	数量(个)	比例	数量(个)	比例	数量(个)	比例
人物	1358	54.28%	652	26.06%	251	10.03%	241	9.63%
动物	56	38.36%	64	43.84%	15	10.27%	11	7.53%
植物	14	20.29%	38	55.07%	11	15.94%	6	8.70%
无生命物	730	17.48%	2358	56.47%	653	15.64%	435	10.42%
实体的局部/部分	442	39.71%	451	40.52%	125	11.23%	95	8.54%

根据表 4.2,可以推导出不同实体首现对句法成分位置选择的五个优先序列:

序列一(人物首现):主语＞宾语＞状语＞定语

序列二(动物首现):宾语＞主语＞状语＞定语

序列三(植物首现):宾语＞主语＞状语＞定语

序列四(无生命物首现):宾语＞主语＞状语＞定语

序列五(实体的局部/部分首现):宾语＞主语＞状语＞定语

同时,根据表 4.2 还可以推导出句法成分位置对不同实体首现选择的优先序列:

序列一(主语):人物＞实体的局部/部分＞动物＞植物＞无生命物

序列二(宾语)：无生命物＞植物＞动物＞实体的局部/部分＞人物

序列三(状语)：无生命物＞植物＞实体的局部/部分＞动物＞人物

序列四(定语)：无生命物＞人物＞植物＞实体的局部/部分＞动物

上述优先序列呈现出这样的总体规律：一方面，主语和宾语是实体首现的主要句法位置。另一方面，生命度越高的实体，越倾向于在主语位置上首现；生命度越低的实体，越倾向于在宾语位置上首现。

4.2.3 实体首现形式对句法成分位置的选择倾向

表 4.3 首现形式对句法成分位置的选择比例数据表

句法位置 / 首现形式		主语		宾语		状语		定语	
		数量(个)	比例	数量(个)	比例	数量(个)	比例	数量(个)	比例
词	普通名词	1011	37.42%	1215	44.97%	343	12.69%	133	4.92%
	专有名词	196	55.52%	55	15.58%	45	12.75%	57	16.15%
	代词	148	75.13%	25	12.69%	8	4.06%	16	8.12%
	数词	0	0	6	100%	0	0	0	0
名词性短语	“一量名”短语	338	25.02%	838	62.03%	143	10.58%	32	2.37%
	“数量名”短语	118	25.76%	222	48.47%	81	17.69%	37	8.08%
	“形＋名”短语	172	32.03%	248	46.18%	66	12.29%	51	9.50%
	“动＋名”短语	71	27.41%	68	26.25%	113	43.63%	7	2.70%
	“名＋名”短语	251	23.93%	285	27.17%	399	38.04%	114	10.87%
	“代＋名”短语	389	53.66%	163	22.48%	96	13.24%	77	10.62%
	同位短语	102	60%	38	22.35%	0	0	30	17.65%
	名词联合短语	78	48.75%	67	41.88%	7	4.38%	8	5%
	“的”字短语	9	23.08%	26	66.67%	4	10.26%	0	0

首现形式对句法位置的选择情况较为复杂。为了便于分析，我们首先根据表 4.3 中的统计数据，排列出每类首现形式对句法位置选择的优先序列，将序列相同或相似的分为一组，共计五组；然后分两个步骤对首现形式的句法位置选择比例进行对比分析：第一步是在同组的首现形式之间进行相互对比，第二步是对不同的组别进行整体上的对比，最后总结出首现形式对句法位置选择的倾向性规律。

4.2.3.1　第一组首现形式：普通名词和“形＋名”短语

这组首现形式对句法位置选择的优先序列为：宾语＞主语＞状语＞定语。我们可以将其选择规律总结为：第一组首现形式的主要句法位置是宾语和主语，且较倾向于选择宾语位置。

对比普通名词和“形＋名”短语对句法位置的选择情况，我们发现，两类首现形式对主语、宾语和状语的选择比例都非常接近，只有在对定语的选择比例上存在较大差别，“形＋名”短语对定语的选择比例接近 10%，而普通名词则不到 5%。

4.2.3.2　第二组首现形式：“一量名”短语、“数量名”短语、“的”字短语和数词

这组首现形式对句法位置选择的优先序列为：宾语＞主语＞状语＞定语。虽然优先序列和第一组相同，但是这一组首现形式对宾语和主语的选择比例差距较大，宾语所占比例是主语的一倍甚至几倍，其中数词更是只能在宾语位置上首现。严格来说，数词对句法位置选择的优先序列应该为：宾语＞主语、状语、定语。所以，我们将其选择规律总结为：第二组首现形式强烈倾向于选择宾语位置。

第二组中四类首现形式对句法位置选择的优先序列虽然相似，但是对各个句法位置选择的具体比例存在一些差别，主要表现为：

第一，“数量名”短语对宾语的选择比例明显低于其他三类首现形式。“数量名”短语对宾语的选择比例不到 50%，但“一量名”短语、“的”字短语和数词对宾语的选择比例都超过了 60%，特别是数词，只在宾语位置上

首现。

第二，“数量名”短语对状语的选择比例明显高于其他三类首现形式。“数量名”短语对状语的选择比例接近20%，但“一量名”短语、“的”字短语对状语的选择比例都在10%左右，数词则没有在状语位置上首现的情况。

第三，“数量名”短语对定语的选择比例明显高于其他三类首现形式。“数量名”短语对定语的选择比例接近10%，但“一量名”短语只有2%左右，“的”字短语和数词则没有在定语位置上首现的情况。这是因为“的”字短语没有修饰功能，后面不能再接新的内容，与具备修饰功能的定语相矛盾；而数词如果出现在定语位置会形成“数量名”结构，也就不再是数词了。

综上，这组首现形式中，“数量名”短语在对宾语、状语和定语的选择上都与其他三类差别较大，是这组中比较特殊的一类首现形式。

4.2.3.3 第三组首现形式：专有名词、代词、“代＋名”短语和同位短语

这组首现形式对句法位置选择的优先序列为：主语＞宾语＞定语＞状语。其中，主语和宾语的选择比例差距较大。所以，我们将其选择规律总结为：第三组首现形式强烈倾向于选择主语位置。

虽然这组首现形式对句法位置选择的优先序列是一样的，但在对每个句法位置的具体选择比例上存在明显差异，主要表现为：

第一，代词对主语的选择比例明显高于专有名词、“代＋名”短语和同位短语。代词对主语的选择比例超过了70%，但专有名词、“代＋名”短语和同位短语都在60%及以下。

第二，“代＋名”短语和同位短语对宾语的选择比例高于专有名词和代词。“代＋名”短语和同位短语对宾语的选择比例都超过了20%，专有名词和代词则都在20%以下。

第三，专有名词和“代＋名”短语对状语的选择比例明显高于代词和同位短语。专有名词和“代＋名”短语对状语的选择比例都超过了10%，而代词不到5%，同位短语则没有在状语位置出现的情况。

第四，代词和“代＋名”短语对定语的选择比例明显低于专有名词和同

位短语。代词和“代＋名”短语对定语的选择比例都在10%左右，而专有名词和同位短语都在16%以上。

4.2.3.4　第四组首现形式：名词联合短语

这组首现形式只有一个，它对句法位置选择的优先序列和第三组一样：主语＞宾语＞定语＞状语，但对主语和宾语的选择比例差距较小。所以我们将其选择规律总结为：第四组首现形式的主要句法位置是主语和宾语，且较倾向于选择主语位置。

根据表4.3中的数据来看，名词联合短语主要集中分布在主语和宾语两个句法位置上，且主语和宾语的分布比例非常接近，都在40%以上；在状语和定语位置上的分布比例则比较低，在5%及以下。

4.2.3.5　第五组首现形式：“动＋名”短语和“名＋名”短语

这组首现形式对句法位置选择的优先序列总体上类似，但略有不同。“动＋名”短语的选择序列为：状语＞主语＞宾语＞定语；“名＋名”短语的选择序列为：状语＞宾语＞主语＞定语。

虽然在对主语和宾语的选择比例上略有不同，但这两类首现形式有一个共同的选择倾向，即对状语的选择比例都明显高于对其他句法位置的选择比例。所以，我们将其选择规律总结为：第五组首现形式强烈倾向于选择状语位置。

这组首现形式虽然对主语和宾语的选择序列有所不同，但“动＋名”短语和“名＋名”短语对句法位置选择的主要差别并不在主语和宾语上，而在定语上。“动＋名”短语对定语的选择比例不到3%，而“名＋名”短语对定语的选择比例超过了10%。也就是说，“动＋名”短语对定语的选择比例明显低于“名＋名”短语。

4.2.3.6　五组首现形式之间的倾向性差异比较

根据上面的对比分析，我们可以将这五组首现形式对句法位置的选择倾向类型归纳如下。

Ⅰ.主/宾倾向型

主/宾倾向型是指倾向于选择主语位置和宾语位置，且对主语和宾语的选择比例没有明显差别，包括第一组和第四组首现形式，即普通名词、“形＋名”短语和名词联合短语。

Ⅱ.主语倾向型

主语倾向型是指对主语的选择比例明显高于其他句法位置，强烈倾向于选择主语位置，包括第三组所有首现形式：专有名词、代词、“代＋名”短语和同位短语。

Ⅲ.宾语倾向型

宾语倾向型是指对宾语的选择比例明显高于其他句法位置，强烈倾向于选择宾语位置，包括第二组所有首现形式：“一量名”短语、“数量名”短语、“的”字短语和数词。

Ⅳ.状语倾向型

状语倾向型是指对状语的选择比例明显高于其他句法位置，强烈倾向于选择状语位置，包括第五组首现形式：“动＋名”短语和“名＋名”短语。

那么，在所有首现形式中，这四种倾向类型哪一种所占比例最高，哪一种所占比例最低呢？我们对首现形式进行了统计，将每种倾向类型的出现数量和所占比例罗列如下：

表 4.4　首现形式的句法位置选择倾向类型比例数据表

句法位置选择倾向	出现数量(个)	所占比例
主/宾倾向型	3399	42.46%
主语倾向型	1445	18.05%
宾语倾向型	1854	23.16%
状语倾向型	1308	16.34%

根据表 4.4 可以看出，主/宾倾向型的首现形式最多，其次是宾语倾向型，再次是主语倾向型，状语倾向型最少。

4.3　影响实体首现对句法位置选择的语篇因素

上文从形式语义等方面对实体首现选择的句法位置进行了多角度考察，并总结出实体首现对句法位置选择的倾向性规律。那么，是哪些因素影响了实体首现的句法位置？实体首现对句法位置选择的倾向性规律又是如何形成的呢？van Dijk(1997)指出，句子中词语的顺序和句法形式会受到语篇中前后句子的影响。我们也认为，句法位置的安排不是任意的、孤立的，而是在语篇环境的影响下形成的。叙事语篇中，影响实体首现对句法位置选择的语篇因素主要有三个：语篇信息结构、主位推进模式和语篇的衔接。

4.3.1　语篇信息结构对实体首现句法位置选择的影响

4.3.1.1　语篇的信息结构模式

信息结构原本是句法层面的概念，被看作句子的语法成分，形式域限于句子或小句。以 Halliday 为代表的功能语言学者将这个概念引入语篇研究，突破句子的限域，将其放在语篇的层面进行研究。语篇的信息结构是指在语篇所传递的信息流中，由各个信息单位(information unit)所组织形成的结构。

信息一般可分为旧信息(已知信息)和新信息(未知信息)两大类。温锁林(1999)、沈家煊(1999)、方梅(2005)等都认为信息结构包括新信息和已知信息两个部分，其中新信息是必须出现的，而已知信息则可以不出现，且已知信息通常出现在新信息之前。所以，最为常见的信息结构为：

已知信息(可选)→新信息(必选)

但在具体的语篇中，信息结构的情况比较复杂，在语篇环境的支持下，可能会出现新信息在已知信息前面出现的情况，也可能出现只有已知信息，没有新信息的情况。例如：

(40)电视新闻播音员正在播报新闻。这时，一张纸条送到他面前，他拿起纸条习惯性地说：下面是本台刚刚收到的消息……

(41)我是你的亲生女儿呀，你就不能对我好一点吗？

例(40)中，“一张纸条送到他面前”中的“一张纸条”是新信息，“他”是已知信息。因此，在上下文语境充足的情况下，新信息可以在已知信息之前出现。例(41)中，“我是你的亲生女儿”传达的都是已知信息，没有新信息。所以，在特定后续小句的支持下，没有新信息的信息结构也是成立的。

在2.4.2中，我们结合指称形式，将新、旧信息分为五类：共知信息、给定信息、可推信息、未给定信息和未知信息。其中，未知信息是双方均不能明确识别的，通常使用无指形式，所以实体首现没有这类信息情况。共知信息是交际双方在交际之前就共同知晓的信息。给定信息是可以被上文已经出现的或发话人预料受话人可以识别的信息激活的信息。可推信息与给定信息有相似之处，不同的是给定信息是发话人预料受话人可以通过推导明确识别的信息，一般用定指形式，但可推信息是发话人预料受话人不能通过推导明确识别的信息，所以一般使用不定指形式。未给定信息是发话人预料受话人不能识别且没有可推导线索的信息。

在我们统计的叙事语篇中，最常见的有以下三种信息结构模式。

Ⅰ.共知信息领前模式

模式一：共知信息＋未给定信息

(42)美国弗吉尼亚州有一处没有名称的工业园，园内有一处不起眼的砖砌建筑，那里，是中央情报局监控海外网络舆情的大本营“开放源中心”。

(43)昨天，湖南、甘肃两省发生安全事故，共导致53人遇难。

例(42)中,“美国弗吉尼亚州”是共知信息,“一处没有名称的工业园”是未给定信息。例(43)中,“湖南”“甘肃”是共知信息,“安全事故”是未给定信息。

模式二:共知信息+可推信息

(44)昨日,孟津县城关镇长华村98岁老人王荣华吃过午饭后,穿上干净的花棉袄去街口的老邻居家串门。

例(44)中,“孟津县城关镇长华村”是共知信息,“街口的老邻居”是可推信息。

Ⅱ.给定信息领前模式

模式一:给定信息+未给定信息

(45)王小全转过头一看,身边站着一高一矮两个大汉,两人一脸横肉目露凶光。

(46)花园里砌了一只巨大的花坛,花坛四周全部都是金盏菊。

例(45)中,“王小全”是给定信息,“一高一矮两个大汉”是未给定信息。例(46)中,“花园”是给定信息,“一只巨大的花坛”是未给定信息。

模式二:给定信息+给定信息

(47)王小全睁眼一看,眼前正是那两个大汉。

(48)因为腹中空空,大中乌龟很快将自己的那份蛋糕吃完了。

例(47)中,“王小全”和“那两个大汉”都是给定信息。例(48)中,“大中乌龟”和“自己的那份蛋糕”都是给定信息。

模式三:给定信息+可推信息

(49)阿义站住。“你过来!”他听到石供桌上的人喊叫,并且看到那个人高抬着一只手。

(50)蚂蚁在森林里走,突然遇到一只大象,蚂蚁连忙把一只腿伸出去。

例(49)中,“他”是给定信息,“石供桌上的人”是可推信息。例(50)中,“蚂蚁”是给定信息,“一只腿”是可推信息。

Ⅲ.未给定信息领前模式

模式一:未给定信息+未给定信息

(51)不一会儿,一名女子拎着东西走出超市,并走进路旁一辆奔驰车内。

(52)一个小偷来到一个居民区,他看到一个小孩坐在房子门口,脖子上还挂着一串钥匙。

例(51)中,“一名女子”和“一辆奔驰车”都是未给定信息。例(52)中,“一个小偷”和“一个居民区”都是未给定信息。

模式二:未给定信息+给定信息

(53)一位中年女乘务员走过来拉开了香雪。

例(53)中,“一位中年女乘务员”是未给定信息,“香雪”是给定信息。

这三种模式中最为常见的是给定信息领前模式,特别是其中的模式一:给定信息+未给定信息。值得注意的是,未给定信息领前模式也是较为常见的一种信息结构,这和普遍认为的已知信息先于新信息的原则相反,这种信息结构对语篇的依赖性较强,可以说,只有在语篇中,这种信息结构才能大量合理地存在。我们将在第 6 章中对这种现象进行详细讨论。

4.3.1.2　信息结构与实体首现句法位置的对应关系

Halliday(2004)指出，信息单位和小句语法单位并不是一一对应的。也就是说，一个信息单位可能由两个或多个小句构成；同时，一个小句也可能由两个或多个信息单位构成。我们认为这是信息单位和小句语法单位的差别之一。还有一个值得注意的方面，句首状语往往被排除在小句句法成分之外，但信息结构包括语篇中的所有信息，自然也包括了句首状语。并且，我们发现，句首状语在语篇的信息结构中起着非常重要的作用，具有不可忽视的语篇价值。

信息单位和小句虽然不是一一对应的关系，但信息结构位置和句法成分位置有一定的对应规律。我们结合实际语料将信息结构的前后两个位置和句法成分的不同位置进行了匹配，在总体上将谓语中心词之前的句法位置(包括句首状语)对应信息结构的前部位置，谓语中心词及其之后的句法位置对应信息结构的后部位置。例如：

(54)他蹑手蹑脚，连呼吸都屏住，生怕惊动了那两条凶猛的狼犬。
　　前部信息　　　　　　　　后部信息

(55)蚂蚁和大象结婚了。
　　前部信息　后部信息

(56)三岁半时母亲就把我送进了幼稚园，园长是前面提过的那位母亲的老同学。
　　前部信息　　　　后部信息　前部信息　　后部信息

(57)10 月 20 日上午 10 时半，正在店口海事所传达室工作的周老汉突然听到门外江岸边传来“有人落水了，快救人啊”的尖叫声。
　　前部信息　　　　后部信息

实体首现的句法位置有主语、宾语、状语和定语四种，与信息结构对应的规律为：状语、主语和定语有可能与信息结构的前部位置相对应，定语和宾语有可能与信息结构的后部位置相对应。结合上文总结的信息结构模式，我们将句法位置与信息结构之间的对应关系排列如下：

首现实体：	起蒂实体		全新实体/部分激活实体
	完全激活实体		全新实体/完全或部分激活实体
	全新实体		全新实体/完全激活实体
	↕		↕
信息结构：	共知信息	＋	未给定信息/可推信息
	给定信息	＋	未给定信息/给定信息/可推信息
	未给定信息	＋	未给定信息/给定信息
	↕		↕
首现句法位置：	句首状语、状语、定语、主语		定语、宾语

由此，我们可以推导出实体首现的句法位置和信息结构的基本对应关系。

第一，起蒂实体、完全激活实体和全新实体分别传递共知信息、给定信息和未给定信息，可能在句首状语、状语、定语、主语位置首现。其中最为常见的情况是起蒂实体在句首状语或状语位置首现，完全激活实体和全新实体在主语或定语位置首现。

第二，全新实体、完全/部分激活实体分别传递未给定信息、给定信息或可推信息，可能出现在谓语部分的定语或宾语位置。

第三，实体首现的句法位置和信息结构的对应关系体现出一定的倾向性规律，表现如下（箭头表示“倾向于”）：

主语→给定信息

宾语→未给定信息

状语→共知信息

定语→给定信息

4.3.2　主位推进模式对实体首现句法位置选择的影响

语篇是由话题的延续、转换和逐步推进形成的。话题的推进主要体现为话题在主位、述位上的位置变化，也就是主位推进模式。主位推进模式关系到语篇的信息流动(information flow)，对实体首现句法位置的选择具有一定影响。

4.3.2.1　主位推进模式的类型

van Dijk(1977)、徐盛桓(1985)、唐青叶(2009)等都关注主位推进模式的研究，提出了不同的模式类型，这些类型有相似的地方。主要的基本模式可以概括为四种：①放射型，也称主位同一型，即语篇中连续几个句子的主位是相同的，而述位不同。②聚合型，也称述位同一型，即语篇中连续几个句子的述位相同，而主位不同。③阶梯型，又称延续型，即语篇中连续的几个句子中，后一个句子的主位是前一个句子的述位。④交叉型，即语篇中连续的几个句子中，后一个句子的主位和述位与前一个句子的主位和述位相互交叉或部分交叉。

上述四种类型考虑的都是几个句子的主位或述位相同的情况，但我们从实体首现的角度考察发现，在汉语叙事语篇中，主/述位除了相同的关系以外，还广泛存在着另外一种可以推进话题的关系，就是主/述位之间存在的所属或同属关系。所属关系指的是主/述位有“整体—部分”或领属关系(包括亲属关系、社会关系等)。同属关系指的是主/述位属于同一个整体的不同部分，或与同一个实体有不同的领属关系。请看下面的例子：

(58)今年真不是周志厚的好日子。三叔周有洋急病辞世，女友姜成珊与他分手，本来拥有运动员身段的他因整日发呆，疏于练习，一日在镜子里看见自己，发觉双臂肌肉少了一圈，肩膀垮垮，一脸于思，忽然像个怨怼的书生。朋友很替他担心，尤其是公司伙伴罗承坚。

这个语篇中，“周志厚”是中心话题，所有句子都是围绕这个人物展开的。为了保持话题的连贯性，句子的主位或述位基本上都存在所属或同属关系。如：主位上的“三叔周有洋”“女友姜成珊”“朋友”和述位上的“公司伙伴罗承坚”都与“本来拥有运动员身段的他”存在所属关系。也就是说，这个语篇的话题是由存在所属和同属关系的主/述位推进的。

从 4.3.1 中我们总结的信息结构模式来看，给定信息在信息结构中是很常见的，很多句子的主位或述位上都是传递给定信息的激活实体。这些激活信息之间往往存在着所属或同属的关系，在主/述位上交替出现，推进了话题的延续。

在我们观察到的语料中，这种话题延续方式是大量存在的，甚至可以说是一种主要的话题延续方式。因此，我们将所属和同属的关系加入主位推进模式，合并到主/述位同一的情况中，并在学者们已有研究的基础上对四种基本的主位推进模式进行了重新定义。

Ⅰ. 放射型主位推进模式：语篇中连续几个句子的主位相同或存在所属/同属的关系，而述位不同。

图示如下：

（T 表示主位，R 表示述位，T′表示存在所属或同属关系的主位，R′表示存在所属或同属关系的述位，下同）

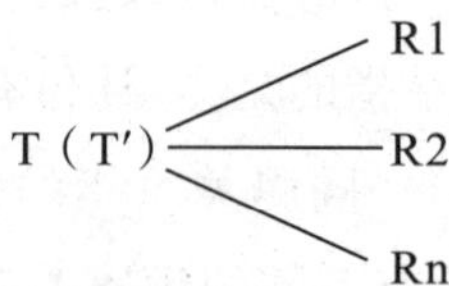

图 4.1　放射型主位推进模式

Ⅱ. 聚合型主位推进模式：语篇中连续几个句子的述位相同或存在所属/同属的关系，而主位不同。

图示如下：

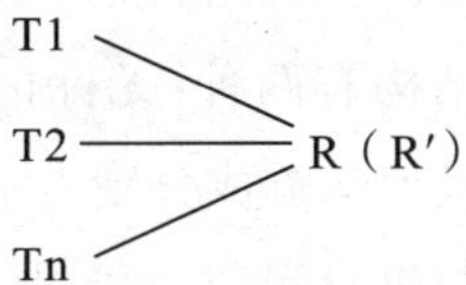

图 4.2　聚合型主位推进模式

Ⅲ.阶梯型主位推进模式:语篇中连续的几个句子中,后一个句子的主位与前一个句子的述位相同或存在所属/同属的关系。

图示如下：

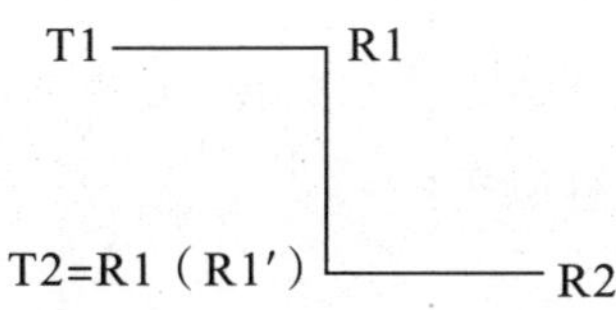

图 4.3　阶梯型主位推进模式

Ⅳ.交叉型主位推进模式:语篇中连续的几个句子中,后一个句子的主位和述位与前一个句子的主位和述位相互交叉或部分交叉,存在相同或所属/同属的关系。

图示如下：

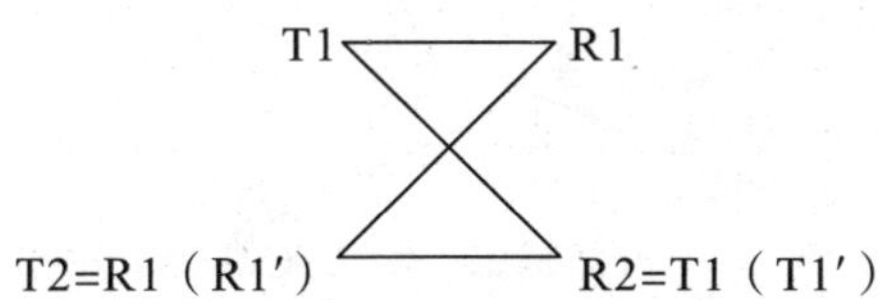

图 4.4　交叉型主位推进模式

在叙事语篇中,这几种类型的主位推进模式往往会交替出现。其中,最常使用的是放射型主位推进模式,其次是阶梯型,聚合型和交叉型则相对较少。这是因为放射型主位推进模式有利于对实体的行为状态和事件的发展过程进行集中叙述,符合叙事语篇的特点和要求;阶梯型推进模式可以使信息连贯地流动,使话题平稳地转换、过渡,环环相扣,达到逐步推进叙事情节的目的。

4.3.2.2 主位推进模式与实体首现句法位置之间的关系

汉语叙事语篇中，主位结构有两种：无标记主位和有标记主位。句子中的主语构成无标记主位，其他句首成分则表示有标记主位。有标记主位基本上都是句首状语，主要提供时间、空间等背景信息。例如：

(59)<u>2011年夏天</u>，马联科身体不适，连续3天都呕吐，也吃不下饭。但他每天仍强忍着出去买菜，给岳母做一日三餐，看她吃完才放心。

(60)<u>教堂里</u>，一个小男孩在祈祷：上帝呀，我只有一个小小的心愿，请把首都移到纽约吧！

句首状语"2011年夏天"是例(59)的有标记主位，传递的是时间背景信息。"教堂里"是例(60)的有标记主位，传递的是空间背景信息。

在我们观察到的语料中，无标记主位的出现比例非常高，占95.8%；有标记主位只占4.2%，且仅在新闻和笑话中出现得较多。由此，我们推导出主位、述位与实体首现句法成分位置的基本对应关系。图示如下：

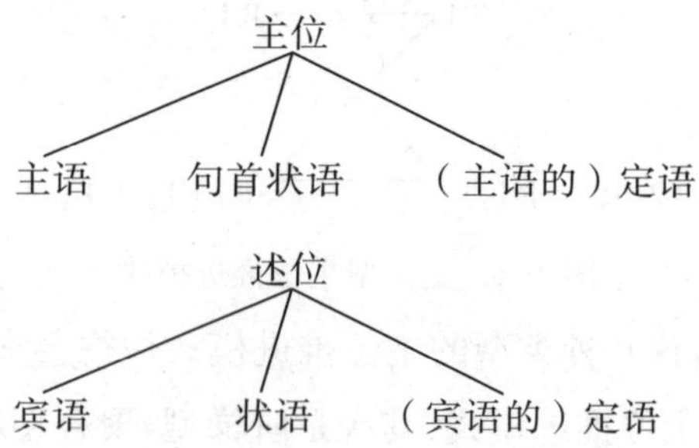

图4.5 主位、述位与实体首现句法成分位置的对应关系图

4.3.3 语篇的衔接对实体首现句法位置选择的影响

Halliday(2004)认为语篇的衔接手段有两种：语法衔接(grammatical cohesion)和词汇衔接(lexical cohesion)。对实体首现句法位置有影响作用的主要是词汇衔接中的上下义/局部—整体关系(hyponymy/meronymy)

手段。具体表现为，激活实体首现往往能够在语篇中起到衔接作用。

激活实体主要有两种情况，一种是被上下义关系激活，也就是抽象、概括和具体的关系；一种是被整体—部分关系激活。这两种激活实体的首现都能衔接上下语句，使语篇更加连贯。请看下面的例子：

(61)乘凉的人很多。男人们在路灯下打扑克，小孩子坐在马路沿上吃西瓜，老太太则搬着小板凳扎成堆，东家长，西家短地聊闲篇。

例(61)中，“乘凉的人”包含“男人们”“小孩子”“老太太”，所以，“乘凉的人”可以通过上下义的关系激活“男人们”“小孩子”“老太太”。激活关系图示如下：

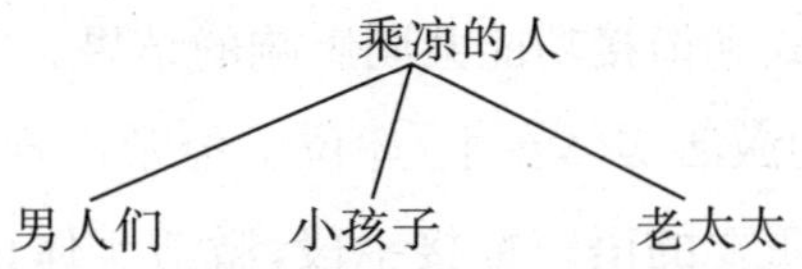

图 4.6　首现实体的上下义激活关系图

例(61)先用上义词“乘凉的人”进行概述，然后再用下义词“男人们”“小孩子”“老太太”分别描述各种乘凉的人不同的动作状态，使得语句之间关系紧密，叙事通畅连贯。并且，从抽象到具体的描述具有丰富的叙事层次，可以把人们乘凉的场景逐步全面地展示出来，提高真实感和画面感。

再来看看整体—部分关系激活的例子：

(62)虞硕果哭得红了眼睛，红了眉毛，红了脸蛋，红了脖子，四肢却苍白冰凉。

例(62)中，“虞硕果”和“眼睛”“眉毛”“脸蛋”“脖子”“四肢”之间是整体和部分的关系。“虞硕果”可以通过整体—部分的关系激活“眼睛”“眉毛”“脸蛋”“脖子”“四肢”。激活关系图示如下：

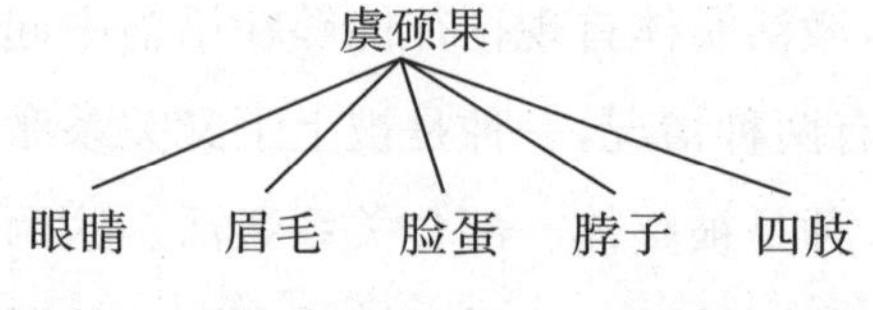

图 4.7 首现实体的整体—部分激活关系图

例(62)围绕“虞硕果”展开了一系列描述，从“眼睛”“眉毛”“脸蛋”“脖子”到“四肢”，都是“虞硕果”的局部部位，这种整体—局部的关系将不同角度的描述衔接在一起，使语篇紧密连贯，并通过对局部的描写，深入细致地刻画了“虞硕果”哭的样子。

从这两个例子可以看出，激活实体首现是一种重要的语篇衔接手段，可以使语篇中不同的语句紧密联系起来，使话题逐步推进，场景逐步具体清晰，有利于增强语篇的生动性和层次性。

从我们统计的语篇来看，激活实体首现大部分出现在主语和宾语的位置，这是主位推进模式和衔接功能共同影响的结果。因为主位推进模式中有所属或同属关系的激活实体在主/述位上经常出现，起到推进话题延续的作用，而作为一种重要的语篇衔接手段，激活实体也经常选择主语和宾语的位置首现，起到衔接上下文、增强语篇连贯性的作用。

4.4 实体首现对句法成分位置选择倾向的成因分析

上文讨论的几个语篇因素对句法结构都有选择和制约的作用，但这种作用并不是绝对的，而是具有一定的倾向性和灵活性。同一类句法形式可以与多种不同的语篇功能相对应，而同一种语篇功能也可以对应于不同的句法形式，这构成了句法形式的多样性特征。但同时，语篇功能和句法形式之间存在一定的规约性关系，语篇因素对句法形式的塑造和制约构成了句法形式的倾向性特征。所以，实体首现对句法成分位置的选择倾向也是在上述语篇因素的综合影响下形成的。下面我们将结合语篇因素对 4.2 中总结的倾向性规律的成因进行逐一分析。

4.4.1　为什么实体首现倾向于选择主语和宾语位置？

首先，从总体分布上来看，宾语位置是实体首现最常选择的句法位置，主语位置次之，状语和定语位置较少出现首现实体。从语义角度看，信息焦点指的是发话者认为比较重要、需要引起受话者注意的信息；从句法层面看，信息焦点是由负载较大信息强度的成分体现。信息焦点在语句线性序列中的位置存在一定的规律——末尾焦点原则。末尾焦点原则是语言学家 Quirk et al. 提出来的，Quirk et al. 认为，制约句子内部安排的因素之一就是末尾焦点原则，人们在说话时，倾向于把新信息放在末尾。何善芬等认为句子的信息编排往往遵循从已知到未知的原则，即越靠近句子尾部，信息内容就越新，信息焦点一般由位于信息单位尾部、承载新信息的句法成分体现。这是因为新信息的传递需要一定的已知信息作依托，不然就会给听话者造成理解上的困难（玄玥，2002）。在汉语中，位于句末的往往是汉语动词宾语。汉语动词宾语的位置一般是最主要的新信息位置、焦点位置，由此导致人们把具有典型新信息价值的首现实体放在句尾，以突出其焦点价值。

其次，在 4.3 中我们总结的三个语篇因素也影响了实体首现对句法位置的选择。从语篇信息结构来看，主语最主要的功能是传递给定信息，宾语最主要的功能是传递未给定信息，状语最主要的功能是传递共知信息，定语最主要的功能是传递给定信息。而实体首现中，传递未给定信息的全新实体数量是最多的，所以宾语位置就成了实体首现最偏好选择的句法位置。

从主位推进模式来看，叙事语篇最常用的是放射型主位推进模式，也就是多个小句的主位相同或存在所属/同属关系，而述位不同。这就使语篇中大部分句子的宾语都会有新的实体出现，从而使宾语位置成为首现实体的主要句法位置。同时，很多句子的主位都是相同的，这使得出现在主位上的首现实体较少，而再现实体较多。还有一部分句子的主位之间是所属/同属的关系，这样就有一些激活实体会在主语位置首现，使主语位置成为仅次于宾语位置的实体首现常用句法位置。

从语篇的衔接手段来看，上文讨论过，激活实体首现是一种重要的词汇衔接手段。而很多激活实体都是在主语和宾语位置上首现的。所以，由于语篇衔接的需要，会出现大量的激活实体选择在主语和宾语位置首现的情况。

4.4.2 为什么生命度越高的实体越倾向于选择在主语位置首现，而生命度越低的实体越倾向于在宾语位置首现？

Bock and Warren（1985）提出概念易解度（conceptual accessibility），即词汇从记忆中被激活和提取的容易度。较高概念易解度的词汇通常是有生命的或是具体形象的（imageable），或是充当句子主语或位于句子前端位置的。陆丙甫（2005）提出“可别度领前”原理，即语言中可别度高的成分倾向于前置，可别度低的成分倾向于后置。可别度高的成分在人类的认知活动中更容易被识别，生命度高的成分比生命度低的成分可别度高。汉语倾向把可别度高的成分安排在主语位置。所以，首现实体位于主语位置时，为了进一步提高概念易解度或可别度，会倾向于选择生命度较高的实体。这一点在无定主语句中体现得尤为明显，我们将在 6.3.3.2 中进行详细论述。

4.4.3 为什么普通名词、“形＋名”短语和名词联合短语是主/宾倾向型首现形式？

我们在前文中论述了首现实体对首现形式的选择倾向。普通名词、“形＋名”短语和名词联合短语都倾向于表示完全激活实体或部分激活实体首现。这三类首现形式在指称上都具有两面性：用于完全激活实体首现时表示定指，用于部分激活实体首现时表示不定指。所以，从所首现的实体类别和指称性质来看，这三类首现形式对主语和宾语位置的选择是比较自由的。

从语篇信息结构来看，完全激活实体首现传递的是给定信息，部分激活实体首现传递的是可推信息。在前文中我们总结了叙事语篇的信息结构类型,给定信息倾向于在主语位置出现,可推信息倾向于在宾语位置出现。所以,普通名词、"形+名"短语和名词联合短语通常出现在主语和宾语位置,且对这两个句法位置没有明显的选择倾向差异。

从主位推进模式来看,存在所属/同属关系的完全或部分激活实体是主位推进模式中的重要环节。在放射型主位推进模式中,同属的完全激活实体可能出现在连续几个句子的主语位置,起到推进叙事的作用;在聚合型和阶梯型主位推进模式中,同属的部分激活实体会出现在连续几个句子的宾语位置;在交叉型主位推进模式中,则有两种情况:完全激活实体出现在主语位置,部分激活实体出现在宾语位置。所以,在各个类型的主位推进模式中,普通名词、"形+名"短语和名词联合短语都倾向于出现在主语和宾语位置。

从语篇的衔接手段来看,激活实体首现是一种重要的词汇形式的衔接手段,能在语篇中起到衔接上下文的作用。而衔接需要环环相扣,所以作为衔接手段的激活实体首现主要出现在主语或宾语这两个一前一后的位置上。这就使得主语和宾语位置成了普通名词、"形+名"短语、"代+名"短语和名词联合短语在作为衔接手段时的主要句法位置。

4.4.4 为什么专有名词、代词、"代+名"短语和同位短语是主语倾向型首现形式?

专有名词、代词、"代+名"短语和同位短语一般都是表示定指的形式,常用于起蒂实体或完全激活实体首现,并且大都是语篇的全局话题或局部话题。因此,从所首现的实体类别、指称性质和话题功能来看,这三类首现形式都适合出现在主语位置。

从信息结构来看,起蒂实体和完全激活实体首现传递的分别是共知信息和给定信息,都靠近已知信息。在我们总结的几种信息结构类型中,共知信息和给定信息都倾向于被安排在主语位置。所以,专有名词、代词、"代+名"短语和同位短语这四类首现形式通常出现在信息结构前端的主语位置。

从主位推进模式来看，放射型和交叉型主位推进模式中可能会使用有同属关系的完全激活实体在连续几个句子的主语位置相继出现的方式来推进语篇。所以，在表示同属的完全激活实体首现时，专有名词、代词、“代＋名”短语和同位短语通常出现在主语位置。

从语篇的衔接手段来看，作为衔接手段的完全激活实体一般都出现在主语位置上。这也使得主语位置成了专有名词、代词、“代＋名”短语和同位短语在表示完全激活实体首现时的主要句法位置。

4.4.5 为什么“一量名”短语、“数量名”短语、“的”字短语和数词是宾语倾向型首现形式？

“一量名”短语、“数量名”短语、“的”字短语和数词通常表示不定指，主要用于全新实体或部分激活实体首现。在话题功能上，“一量名”短语和“数量名”短语指称的首现实体往往是语篇的全局话题，“的”字短语和数词所指称的通常是非话题实体。无论是全新实体首现还是部分激活实体首现，无论是全局话题实体首现还是非话题实体首现，都偏好在主语位置出现。所以，“一量名”短语、“数量名”短语、“的”字短语和数词的指称性质和所首现的实体类别都偏好选择主语位置。

从信息结构来看，全新实体首现或部分激活实体首现传递的分别是未给定信息和可推信息，都接近新信息。在前文中我们讨论过，未给定信息和可推信息都倾向于被安排在宾语位置。所以，“一量名”短语、“数量名”短语、“的”字短语和数词用于实体首现时通常出现在作为末端焦点的宾语位置。

从主位推进模式来看，“一量名”短语、“数量名”短语和“的”字短语通常被用于阶梯型或交叉型主位推进模式，最典型的用法是在前一个句子的宾语位置首现一个新实体，然后在后一个句子的主语中再现这个实体，依次推进，环环相扣，形成首尾相连的链状推进模式。所以，在用于主位推进模式时，表示实体首现的“一量名”短语、“数量名”短语和“的”字短语通常出现在主语位置。

从语篇的衔接手段来看,“一量名”短语、“数量名”短语、“的”字短语和数词一般是通过表示部分激活实体首现来起到衔接作用,部分激活实体一般都出现在宾语位置。所以,在语篇衔接的需求下,宾语位置成了“一量名”短语、“数量名”短语、“的”字短语和数词的主要句法位置。

4.4.6　为什么“动+名”短语和“名+名”短语是状语倾向型首现形式?

“动+名”短语和“名+名”短语常用于非话题实体首现,所以倾向于出现在非中心信息的状语位置,为话题提供背景信息。例如:

(63)一天下午,在工商银行行长办公室,一位公安同志突然到访,他出示证件以后问道:“你们单位是不是有个叫苏晓山的人?”

在例(63)中,“工商银行”“行长”“办公室”都是以“名+名”短语形式首现的实体,在语篇中都是非话题实体,为话题实体“一位公安同志”提供背景信息,所以适合出现在状语位置。

从主位推进模式和语篇衔接手段来看,话题推进和语篇衔接这两个语篇功能通常是在主语和宾语位置上起作用的,而非话题实体的话题推进和语篇衔接功能较弱,所以,“动+名”短语和“名+名”短语在用于非话题实体首现时,较少出现在主语和宾语位置上。

4.5　不同互动性叙事语篇中实体首现对句法位置的选择规律

在前文中,我们将叙事语篇从交际媒介、话语方式和交际需求三个方面进行了详细分类,一共分为两个大类、九个小类。在不同类型的叙事语篇中,实体首现对句法位置的选择有所不同,我们对此进行了分类统计。

下面请看具体统计数据：

表 4.5 不同叙事语篇中实体首现对句法位置的选择比例数据表

句法位置 语篇类别		主语		宾语		状语		定语	
		数量(个)	比例	数量(个)	比例	数量(个)	比例	数量(个)	比例
封闭性叙事	回忆录	384	28.59%	646	48.10%	116	8.64%	197	14.67%
	小说	328	32.80%	469	46.90%	100	10%	103	10.30%
	故事	200	27.43%	388	53.22%	85	11.66%	56	7.68%
	新闻	398	40.90%	293	30.11%	187	19.22%	95	9.76%
	笑话	338	39.35%	310	36.09%	148	17.23%	63	7.33%
	合计	1648	33.61%	2106	42.94%	636	12.97%	514	10.48%
句法位置 语篇类别		主语		宾语		状语		定语	
		数量(个)	比例	数量(个)	比例	数量(个)	比例	数量(个)	比例
互动性叙事	小说对话	212	31.09%	258	37.83%	124	18.18%	88	12.90%
	相声	254	29.99%	480	56.67%	67	7.91%	46	5.43%
	影视剧对话	203	26.26%	368	47.61%	131	16.95%	71	9.18%
	生活对话	283	35.38%	351	43.88%	97	12.13%	69	8.63%
	合计	952	30.69%	1457	46.97%	419	13.51%	274	8.83%

通过观察表 4.5 中的数据可以发现，在不同的互动性叙事语篇中，实体首现对句法位置的选择有以下几点主要规律。

第一，封闭性叙事和互动性叙事中，实体首现对句法位置选择的优先序列相同。在封闭性叙事和互动性叙事两种不同类型的叙事语篇中，实体首现对句法位置选择的优先序列在总体上是一样的，都为宾语＞主语＞状语＞定语，并且，在对不同句法位置选择的比例上也没有明显差别。这说明，实体首现对句法位置选择的倾向性规律在不同类型的叙事语篇中具有一定的普遍性。

第二，在新闻和笑话中，实体首现在主语位置的出现频率较高。大部分叙事语篇中，实体首现在宾语位置的出现比例都高于主语位置，只有在新闻和笑话中，实体首现在主语位置的出现比例高于宾语位置。我们对语料进行了对比分析，发现了一个值得注意的特殊现象：在新闻和笑话中，无定主语句的数量特别多。关于新闻和笑话中无定主语句的出现频率较高这一现象，我们会在 6.5 中进行详细的分析和探讨。

前面我们讨论过，一般来说，主语位置与已知信息相匹配。所以，主语位置的实体首现大部分是起蒂实体和完全激活实体，传递共知信息和给定信息。在新闻和笑话中存在大量的无定主语句，这表明主语位置不仅可以用于起蒂实体首现和完全激活实体首现，还可用于全新实体首现。也就是说，新闻和笑话中的句子，其主语位置的实体首现能力要比其他叙事语篇中的句子强。

第三，语篇对叙事准确性的需求会影响实体首现在定语位置上出现的比例。根据表 4.5 可知，除了回忆录和小说，其他的叙事语篇中，实体首现对定语位置的选择比例都是最低的。

在第 2 章中我们对不同叙事语篇的区别性特征进行了探讨，与其他几类叙事语篇相比，回忆录和小说在交际需求上对叙事准确性的要求是最高的，特别是回忆录。这种对准确性的要求使回忆录和小说更重视利用修饰语位置来首现实体。而对叙事紧迫性要求较高的语篇中，会尽量减少修饰语的数量和长度，以最经济的语言来传递最重要的信息，所以，定语位置上实体首现的出现比例相对较低。

4.6　本章小结

语篇的信息结构、主位推进模式和衔接手段影响实体首现对句法位置的选择。

语篇的信息结构往往遵循从旧到新的原则，所以，起蒂实体倾向于在状语位置首现，完全激活实体倾向于在主语位置首现，部分激活实体和全新实体倾向于在宾语位置首现。而实体首现中，传递未给定信息的全新实体数量是最多的，所以宾语位置成了实体首现最偏好选择的句法位置。

从主位推进模式来看，叙事语篇最常用的是放射型主位推进模式，也就是多个小句的主位相同，而述位不同。因此，语篇中大部分的句子在宾语位置都会有不同的首现实体，从而使宾语位置成为首现实体的主要句法位置。而很多句子的主位都是相同的，这使出现在主位上的首现实体较少，而再现实体较多，所以，主语位置成为仅次于宾语位置的实体首现句法位置。

从语篇的衔接手段来看，存在所属/同属关系的激活实体首现是一种重要的词汇衔接手段。由于句子之间首尾衔接的需要，会出现大量的激活实体在主语和宾语位置首现的情况。

实体首现对句法位置选择的倾向性规律在不同类型的叙事语篇中具有一定的普遍性。在新闻和笑话中，实体首现在主语位置的出现比例高于宾语位置。我们发现，这两类语体中，无定主语句的数量相对较多。对叙事准确性要求较高的语体，如回忆录和小说等，更重视利用修饰语位置来首现实体。而对叙事紧迫性要求较高的语篇中，会尽量减少修饰语的数量和长度，以最经济的语言来传递最重要的信息，所以，定语位置上实体首现的出现比例相对较低。

第 5 章　叙事语篇中实体首现句的句型及其基本规律

5.1　叙事语篇中实体首现句的句型句式类别

通过对约 23 万字叙事语料的考察，我们发现实体首现所在的句子在句型句式上呈现出多样性的特征：既有主谓句，也有非主谓句；既有动词谓语句，也有形容词谓语句；还有一些代表字句型，如“把”字句、“被”字句、“是”字句等。参考邢福义（1996）和李临定（2011）对现代汉语句型的分类标准，我们将实体首现句的句型类别首先分为主谓句和非主谓句，然后再细分为五个大类、十二个小类。用于实体首现的主谓句主要有动词性谓语句、形容词性谓语句和主谓谓语句，用于实体首现的非主谓句主要有名词性非主谓句和动词性非主谓句。由于“把”字句、“被”字句等句式对于实体首现的研究具有特殊价值，所以我们在句型分类时将其单列为一类。下面将一一举例说明。

5.1.1　动词性谓语句

动词性谓语句是最为常见的一种实体首现句型，主要句法特征为句子的中心谓词是动词，通常用于叙述，包括动词句、动宾句、存现句、连动句、兼语句、“是”字句、“把”字句、“被”字句八个小类。

5.1.1.1　动词句

这类实体首现句的谓语部分只有谓语动词，没有宾语，其句法结构为“主语＋谓语动词”，句中的谓语动词往往不具备带宾语的能力。

动词句可用于起蒂实体首现，例如：

(1)这天傍晚，大富翁奥尔洛和他最小的儿子吉特正在花园里散步，突然飞来一群蝴蝶，先是在他们头顶盘旋，随后就扑下来咬他们裸露的手臂。

(2)由俄罗斯、欧洲和中国三方面共同参与的模拟探索火星实验项目“火星-500”于北京时间11月4日18时圆满结束。

例句中用单横线标示的是含有实体首现成分的动词句，用着重号标示的是实体首现成分(下同)。例(1)中的“大富翁奥尔洛和他最小的儿子吉特”和例(2)中的“由俄罗斯、欧洲和中国三方面共同参与的模拟探索火星实验项目‘火星-500’”都表示起蒂实体首现，所在的句子均为动词句。

动词句也可用于全新实体首现，例如：

(3)丹妮卡·卡马乔在媒体聚光灯的环绕下，于31日零点左右在菲律宾首都马尼拉一家医院降生。

(4)一位顾客正在一家百货公司购物。他走到一名女营业员面前，问道：“小姐，我想给我弟弟买一份生日礼物。可他很有钱，什么都不缺。买什么送给他比较合适呢？你有什么好的提议吗？”那名女营业员提议道：“我的电话号码给他如何？”

例(3)中的“菲律宾首都马尼拉一家医院”和例(4)中的“一位顾客”“一家百货公司”都表示全新实体首现，所在的句子均为动词句。

动词句还能用于完全或部分激活实体首现，例如：

(5)电车里，一部分的乘客下去了。剩下的一群中，零零落落也有人说句把话。靠近门口的几个公事房里回来的人继续谈讲下去。

(6)她习惯地朝阳台下往东数第八棵馒头柳那里望去。她等待着，她知道，再过五六分钟，丈夫的身影将在那颗馒头柳下出现。

例(5)中的“一部分的乘客”和“靠近门口的几个公事房里回来的人”表示部分激活实体首现，例(6)中的“阳台下往东数第八棵馒头柳”表示完全激活实体首现。

实体首现的动词句可归纳为两种句法结构式：

一是“名$_{施}$＋动”结构式，如例(2)和例(5)；

二是“名$_{施}$＋介＋名$_{受}$＋动”结构式，如例(1)、例(3)、例(4)和例(6)。

5.1.1.2 动宾句

动宾句是指谓语部分是动词带宾语的动词性谓语句，其句法结构为“主语＋谓语动词＋宾语”。其中，宾语部分可分为单个宾语、双宾语和小句宾语三种类型。

Ⅰ.单宾语句

这类实体首现句的谓语部分只有一个宾语成分，例如：

(7)这个魏军会开车，郝荣经常就把这车钥匙交给魏军，让他帮她把自己的车停到车库里，魏军就此偷偷配了一把郝荣的车钥匙，18号那天深夜，魏军躲到她的车后座，等郝荣开车出了小区之后，趁机把她掐死。

(8)我讲个故事，你再决定。十几年前，界岭小学只有两个民办教师。

例(7)和例(8)中的实体首现句都只有一个宾语成分，分别是“一把郝荣的车钥匙”和“两个民办教师”。

单宾语句中的实体首现一般在宾语位置，如例(7)中的“一把郝荣的车钥匙”和例(8)中的“两个民办教师”；主语位置的实体则通常是再现的，如例(8)中的“界岭小学”。但也有主语和宾语位置甚至是状语位置都有实体首现的例子，例如：

(9)3月28日，江西省南昌铁路局景德镇站发生惊心一幕：售票厅前，一名青年男子在追杀一名女子，而他的身后，一名年轻女子躺在血泊中。值班民警陈谊听到呼救后，奋力追捕歹徒，虽被刺伤仍将其抓获。

例(9)中，主语位置上的"一名青年男子"和宾语位置上的"一名女子"所表示的都是在语篇中第一次出现的人物，均为实体首现成分。

Ⅱ.双宾语句

这类实体首现句的谓语部分有两个宾语成分，例如：

(10)一姑娘小学三年级，妈妈送了她一个新铅笔盒，过两天发现铅笔盒没了，就问她哪儿去了。女儿很淡定地回答：给我男友当分手费了。

例(10)中，用波浪线标示的"她"和"一个新铅笔盒"是这个双宾语句的两个宾语成分，用着重号标示的"妈妈"和"一个新铅笔盒"是分别在双宾语句的主语和宾语位置出现的实体首现形式。

Ⅲ.小句宾语句

这类实体首现句的宾语成分由小句组成，例如：

(11)12月26日，一名记者实名爆料称，一90后女孩在郑州有11套经适房，其为郑州市房管局某官员的直系亲属。

例(11)中，"一90后女孩在郑州有11套经适房"和"其为郑州市房管局某官员的直系亲属"两个小句都是整个实体首现句的宾语。

由例(7)到例(11)可以看出，动宾句既可以用于起蒂实体首现，如例

(8)中的“界岭小学”和例(11)中的“郑州”;也可以用于全新实体首现,如例(7)至例(11)中的“一把郝荣的车钥匙”“两个民办教师”“一名青年男子”“一名女子”“一个新铅笔盒”“一名记者”“一 90 后女孩”“11 套经适房”;还可以用于激活实体首现,如例(10)中的“妈妈”。并且,如前所述,实体首现在双宾语句中出现的句法位置也具有多样性,可以在主语、宾语、状语等多个句法位置出现。

5.1.1.3　存现句

存现句是现代汉语单句句型中具有显著特征的一种动词性谓语句,表述实体的存在、出现或消失。从语义上来说,存现句可分为存在句和隐现句,这也是目前语法研究最主要的分类。存在句表示某个处所存在某个实体,描述的是一种状态;隐现句表示某个处所有某种实体出现或消失过。存在句着眼于实体还存在于某个地方,隐现句着眼于实体曾经存在或将要存在于某个地方。存现句除了在意义上表示存在、出现、消失外,还具有特殊的句式结构,由“A 段(处所词)+B 段(中介动词)+C 段(存在主体)”构成。在一些特殊的情况下,如果上下文支持,A 段、B 段可省略,构成非典型的存现句:A+C 式、B+C 式和 C 式,但 C 段作为信息主体是不能省略的。

我们将用于实体首现的存现句按句式结构分为五类:单纯句、状态句、判断句、完成句和过程句。举例如下:

Ⅰ.单纯句:A+动词“有”+C

例句中用单横线标示的是实体首现句,用着重号标示的是实体首现形式(下同)。

(12)广场上有于老师一个塑像。有很多的观众和粉丝喜欢于老师,给于老师弄了一尊塑像,比真人还大,梳一背头穿一西装,手背在这儿,跟观众打招呼。

(13)车站上有个茶水供应地方。

例(12)中，位于A段的“广场上”表示处所，位于B段的中介动词是“有”，位于C段的“于老师一个塑像”表示存在主体，也是实体首现成分。例(13)中，位于A段的“车站上”表示处所，位于B段的中介动词是“有”，位于C段的“个茶水供应地方”表示存在主体，也是实体首现成分。

Ⅱ.状态句：A+V着+C

(14)我抬头一看，不远前头趴着一只大老虎，吓得我声音都变啦，唉……哟，妈呀！

(15)第三排呀，坐着一个人。这个人听戏，这样：搭着腿儿，直眉瞪眼看着台上，手上也有动作，脑袋还晃悠，就这个劲儿。两边儿的人都看他，都不看戏啦！

例(14)中，位于A段的“不远前头”表示处所，位于B段的中介动词性成分是“趴着”，位于C段的“一只大老虎”表示存在主体，也是实体首现成分。例(15)中，位于A段的“第三排”表示处所，位于B段的中介动词性成分是“坐着”，位于C段的“一个人”表示存在主体，也是实体首现成分。

Ⅲ.判断句：A+动词“是”+C

(16)这旅行包里尽是一袋一袋的零食。

(17)大铁箱子掉我身边，摔开了，里面都是一打一打的钱呐。

例(16)中，位于A段的“这旅行包里”表示处所，位于B段的中介动词是“是”，位于C段的“一袋一袋的零食”表示存在主体，也是实体首现成分。例(17)中，位于A段的“里面”表示处所，位于B段的中介动词是“是”，位于C段的“一打一打的钱”表示存在主体，也是实体首现成分。

Ⅳ.完成句：A+V了+C

(18)他的邮箱里堆满了来不及处理的信件。

(19)那天,他们正跟街上练着呢,真来了一辆运钞车,出了一帮劫匪,两边打起来了,车也翻了。

例(18)中,位于A段的"他的邮箱里"表示处所,位于B段的中介动词性成分是"堆满了",位于C段的"来不及处理的信件"表示存在主体,也是实体首现成分。例(19)中,存现句"真来了一辆运钞车"和"出了一帮劫匪"都是省略了A段处所的B+C式,只有中介动词性成分"来了"和"出了",以及表示实体首现的存在主体"一辆运钞车"和"一帮劫匪"。

Ⅴ.过程句:A+V来+C

(20)他正摇头晃脑呢,好!这么工夫,打外边进来一个小孩子,这小孩儿就到这个人眼前:"爸爸,爸爸,你赶紧家走吧,咱们家里着火啦!"

(21)就在这时,担架底下钻过来一位老太太,冲我就喊上了:"我儿媳疼的没法挨,你堵着走廊不应该!现在全都是火葬,你为什么还往家里抬棺材!"

例(20)中,位于A段的"外边"表示处所,位于B段的中介动词性成分是"进来",位于C段的"一个小孩子"表示存在主体,也是实体首现成分。例(21)中,位于A段的"担架底下"表示处所,位于B段的中介动词性成分是"钻过来",位于C段的"一位老太太"表示存在主体,也是实体首现成分。

从上面几个例子可以看出,不论在哪一种结构的存现句中,实体首现成分一般都出现在C段,也就是宾语位置;并且,存现句通常只能用于全新实体首现,这是由其句法语义特征所决定的。

5.1.1.4　连动句

这类实体首现句的谓语部分由连动短语构成,例如:

(22)一位医科学生拿出一本图画簿,孜孜修改一张人体骨骼的简图。

(23)一群同学去郊区同学家玩。我们买了几个西瓜放在厨房。一个同学去拿刀切，好久不见回来，正疑惑间，他手里捧着个切开的瓜来了，惊慌地说："我把南瓜给切了。"

(24)在这种情况下，武汉交警提取了伤者受伤处的相关组织等请相关部门进行了微量元素鉴定、摩擦痕迹鉴定等四项痕迹鉴定，综合视频监控资料的比对结果，得出结论：小张不是肇事者。

连动句既可以用于全新实体首现，如例(22)和(23)中的"一位医科学生""一本图画簿""一张人体骨骼的简图""一群同学""几个西瓜""一个同学"；也可以用于起蒂实体首现，如例(24)中的"武汉交警"；还可以用于激活实体首现，如例(23)中的"郊区同学家""厨房""刀"和例(24)中的"伤者受伤处的相关组织""相关部门"。实体首现的句法位置一般为主语或宾语位置。

5.1.1.5 兼语句

这类实体首现句的谓语部分由兼语短语构成，例如：

(25)车上，旅客们曾劝她在西山口住上一夜再回台儿沟。热情的"北京话"还告诉她，他爱人有个亲戚就住在站上。

(26)她从书架上取下一本装帧精美的书递给我看。

兼语句通常用于全新实体首现，且全新实体首现一般都出现在兼语位置，如例(25)中的"个亲戚"、例(26)中的"一本装帧精美的书"，都是在兼语位置上的全新实体首现成分，其中，例(26)在兼语句中套用了连动短语。

5.1.1.6 "是"字句

这类实体首现句的中心谓词为"是"，且主语和宾语同指。"是"字句一般用于激活实体首现，且因为主语和宾语同指，所以实体首现通常只能出

现在"是"字句的主语位置上,例如:

(27)这是咱家的祖传宝物,叫龙凤呈祥,由一只金龙和一只金凤组成,现在你把这只金龙随身带着,一是保佑你一路平安,二是遇到危难时也好救个急!

(28)我们俩是发小,一起长大的好兄弟,他在海南的这些年,家里都是我照顾的。

(29)当时我们学校的校长,就是铁军的父亲。

例(27)中的"这"、例(28)中的"我们俩"和例(29)中的"我们学校的校长"都是在"是"字句主语位置上出现的实体首现成分。

5.1.1.7 "把"字句

"把"字句是动词谓语句中的一种特殊句式。之所以将其独立出来与其他句型并列,是因为"把"字句与实体首现之间存在一定的特殊关联。这一点将在第7章中进行详细论述。

请看下面的例子:

(30)武汉交警把最后的调查结果通知了小张和伤者宋女士。

(31)男人把他的另一只手腕也捉住,往前用力一拽,阿义的鼻子就碰在了粗糙的树皮上。

(32)从电梯那儿出来吧,我就把办公室的门开了,这时候我突然想上厕所,厕所就在那边,我就去了,也就两三分钟,我回来一看,哎,保险柜门怎么开着?

(33)"我要找院长",大爷一边擦着额头上的汗水,一边把一个纸卷放在桌子上。

"把"字句有时用于激活实体首现,如例(30)中的"最后的调查结果"、例(31)中的"他的另一只手腕"、例(32)中的"办公室的门";有时用于全新实体首现，如例(33)中的“一个纸卷”。再看下面的例子：

(34)我们一前辈，一进银行就把枪掏出来了——打劫！后边40多人把枪全拿出来了。

(35)离别时，大仲马把一只碟子递给一位朋友，碟子里放着两只李子，朋友挑了一只。

(36)当这个年仅十七岁的“小抗联”披着麻包片哆里哆嗦地出现在将军面前时，杨靖宇将军眼圈都红了，除给他从老乡那里要来一身旧棉衣穿上外，将军又把一件战利品——日本钢盔扣在了他的光葫芦头上。

(37)女子把一本绿色封面的小书摔在石供桌上，拍拍屁股，不声不响地走进麦田。

“把”字句中的实体首现通常出现在状语部分中“把”字的宾语位置上，如例(34)中的“枪”、例(35)中的“一只碟子”、例(36)中的“一件战利品”和例(37)中的“一本绿色封面的小书”；也有少数出现在主语位置的情况，如例(34)中的“我们一前辈”“后边40多人”；还有出现在动词宾语位置的情况，如例(35)中的“一位朋友”。

5.1.1.8 “被”字句

和“把”字句一样，“被”字句也是动词谓语句中一种特殊的句式。“被”字句可以用于起蒂实体首现，例如：

(38)1842年，按照塞纳省法院的判决，基督山城堡被拍卖了，大仲马不得不告别自己的家园。

(39)我十七岁那年，通过全国统一高考之后，被广屏师专体育系抢先接受。

例(38)中的“基督山城堡”是在“被”字句的主语位置首现的起蒂实体，

属于共知信息。例(39)中的“广屏师专体育系”是在“被”字句中“被”字的宾语位置首现的起带实体。

“被”字句也可以用于全新实体首现，例如：

(40)奔驰女车主王女士在超市购物出来时，被人抢走手提包。她开车去追对方所乘的摩托车，并将对方撞倒。

(41)10月16日下午，武汉民权路。一位女士走在路上，突然被一辆电动车撞倒。

例(40)中的“奔驰女车主王女士”和例(41)中的“一位女士”是在“被”字句的主语位置首现的全新实体。例(40)中的“人”和例(41)中的“一辆电动车”是在“被”字句中“被”字的宾语位置首现的全新实体。例(40)中的“手提包”是在“被”字句的宾语位置首现的全新实体。

我们发现，“被”字句和“把”字句中，在“被”或“把”的宾语位置上出现的首现实体通常是语篇的非话题成分，在主语位置上出现的首现实体则往往是语篇的话题所在。

5.1.2 形容词性谓语句

形容词性谓语句的主要句法特征为句子的中心谓词是形容词，通常用于描写性状。相对于动词性谓语句来说，在叙事语篇中，形容词性谓语句用于实体首现的情况较少，通常出现在叙事语篇的评述句中，且小句一般不自足，需要上下文语境的支持，例如：

(42)女人在这面屋子全听到了男人们说的话，脸红红的，却爱听。

(43)甲：我们两人坐在公园大长椅上，我仔细参观了一下她，大约有一米四左右。

乙：倒是般配。

甲：小脸蛋，紫吧唧的。

乙：紫了？

甲：长了一脸雀斑，我怀疑是不是给LV代言的。

(44)你不是问这井吗？噢！是这么回事，他家那篱笆墙太老了，风吹日晒的，底下糟了，离着这井也就二尺来远。

从例(42)至(44)可以看出，用于实体首现的形容词性谓语句多数都不自足，需要上下文的支持，所以大部分都只能用于与上文有所属或同属关系的激活实体首现，且一般只能出现在主语位置。如例(42)中的“脸”、例(43)中的“小脸蛋”和例(44)中的“篱笆墙”都分别与各自上文的“女人”“她”“他家”存在部分—整体的关系，属于激活实体首现。

5.1.3 主谓谓语句

主谓谓语句的谓语部分由主谓短语构成，可用于激活或全新实体首现，例如：

(45)有天晚上一位客人来买烫粉吃，在等的过程中，这位老兄嗓子突然觉得不舒服，咳了几下一口浓痰就吐了出来。

(46)桌子我放了一些旧书在上面。

例(45)中，“嗓子”是激活实体首现。例(46)中，“一些旧书”是全新实体首现。

5.1.4 名词性非主谓句

在叙事语篇中，名词性非主谓句非常少见，用于实体首现的情况更少，且一般只出现在对话中，例如：

(47)甲：我翻箱倒柜找出一包耗子药来。

乙：要服毒。

甲：吃，半斤多都吃了。躺床上等死。等了半天，怎么这么饿呀。

乙：饿？

甲：起来一看，酵母片。

乙：嘿！看准了哦！

(48)甲：我说你走吧。我不走，你给我青春损失费！

乙：这话说得。

甲：我说这一天，你能损失到哪儿去，你开个价吧。一千块！

乙：不多。

(49)甲：家里吃干吗？家里有什么呀？外头吃去！

乙：哪儿吃呢？

甲：便宜坊！

乙：哦，鲜鱼口儿里头。

甲：对，对，对，我们一块儿去了，上楼一看哪，不行！

名词性非主谓句用于实体首现时，对语境的依赖性较强，通常为在对话中的答语，常常用于全新实体首现。如例(47)中的“酵母片”、例(48)中的“一千块”和例(49)中的“便宜坊”，都表示全新实体首现。

5.1.5　动词性非主谓句

动词性非主谓句中也有一类句式值得注意，就是以“有”字开头的句子。用于实体首现的动词性非主谓句中，这类句式比较常见，所以我们将“有”字句单列为一个小类，其他动词性非主谓句列为另一类。

5.1.5.1　“有”字句

和存现句里的单纯句不同，这里的“有”字句是指没有主语的“有＋宾语”结构的动词性非主谓句，而存现句中的单纯句是“主语＋有＋宾语”结构的动词性谓语句。例如：

(50)有一位到城里打工的青年给远在农村的父母写信，告知自己在城里度日如年。

(51)可马上就有一拨造假币的人盯上了他，听罗亮说，这帮人比他在海南的那帮还凶，属于要钱不要命的主儿。我们俩以防万一，就把盘藏在坟地里了。

(52)看报，有一则广告，说情人节玫瑰会涨到50块一支，如果提前订的话，就按原价5块一支。

(53)有一天，有个小偷潜入鹦鹉家中，在漆黑中听到："我看到你了，圣人也看到你了……我看到你了，圣人也看到你了……"

由上可知，"有"字句通常用于全新实体首现，并且，实体首现通常选择在"有"字的宾语位置出现。如例(50)中的"一位到城里打工的青年"、例(51)中的"一拨造假币的人"、例(52)中的"一则广告"和例(53)中的"个小偷"，都是在宾语位置出现的全新实体首现成分。

5.1.5.2 其他动词性非主谓句

动词性非主谓句没有主语，它和主谓句省略主语的情形在形式上很相似，但实质不同。请看下面的例子：

(54)乙：人家动物园为了保持老虎的野性……

甲：啊？

乙：经常往老虎洞子里扔活鸡活兔。

甲：扔活鸡活兔干吗？

乙：训练老虎捕捉活食啊。

(55)甲：跳楼我很喜欢。我研究过，2楼的跟20楼的跳下来效果不一样。

乙：有什么区别啊？

甲：2楼的跳下去是"啪—啊！"。

乙：20楼呢？

甲:20 楼是"啊——啪!"。

乙:就这个啊,好嘛,你这什么研究成果啊?

甲:我住在8楼,我是先啪,还是先啊?

乙:您什么声儿?

甲:我是"嘭——"!

乙:怎么这声儿啊?

甲:撞到防护网上了。

上述两例中,用波浪线标示的句子是承前文省略主语的主谓句,其实主语在上文都已出现,受对话的互动性和叙事急迫性影响,主语被省略了。例(54)中用单横线标示的"训练老虎捕捉活食啊"是动词性非主谓句。叙事语篇中,动词性非主谓句通常用于非话题实体首现,且大多出现在宾语位置上,如"活食"。

5.2 叙事语篇中实体首现句句型的倾向性规律

叙事语篇中,实体首现句在句型上的倾向性规律主要体现在两个方面:一是对句型类别的选择倾向;二是不同句型中,实体首现在句法位置上的分布倾向。

5.2.1 实体首现句对句型类别选择的倾向性规律

虽然多种不同类别的句型都可以用于实体首现,但在使用比例上有着明显的倾向性。我们考察了约23万字叙事语料中8006个实体首现所在的句子,统计出实体首现句各句型类别的使用数量和使用比例。统计数据如下表所示。

表 5.1 实体首现句的句型分布比例数据表

<table>
<tr><th colspan="3">句型类别</th><th>使用数量(个)</th><th>使用比例</th></tr>
<tr><td rowspan="10">主谓句</td><td rowspan="8">动词性谓语句</td><td>动词句</td><td>1069</td><td>13.35%</td></tr>
<tr><td>动宾句</td><td>4123</td><td>51.50%</td></tr>
<tr><td>存现句</td><td>426</td><td>5.32%</td></tr>
<tr><td>连动句</td><td>970</td><td>12.12%</td></tr>
<tr><td>兼语句</td><td>253</td><td>3.16%</td></tr>
<tr><td>“是”字句</td><td>246</td><td>3.07%</td></tr>
<tr><td>“把”字句</td><td>298</td><td>3.72%</td></tr>
<tr><td>“被”字句</td><td>258</td><td>3.22%</td></tr>
<tr><td colspan="2">形容词性谓语句</td><td>68</td><td>0.85%</td></tr>
<tr><td colspan="2">主谓谓语句</td><td>35</td><td>0.44%</td></tr>
<tr><td rowspan="2">非主谓句</td><td colspan="2">名词性非主谓句</td><td>55</td><td>0.69%</td></tr>
<tr><td colspan="2">动词性非主谓句</td><td>205</td><td>2.56%</td></tr>
<tr><td colspan="3">合计</td><td>8006</td><td>100%</td></tr>
</table>

根据表 5.1 中的统计数据，我们总结出实体首现句句型类别的主要选择规律表现为具有强烈的动宾倾向性，具体体现在以下三个方面。

5.2.1.1 实体首现强烈倾向于选择主谓句

实体首现在主谓句中出现的比例为 96.75%，在非主谓句中出现的比例为 3.25%，实体首现在主谓句中的出现比例远远超过了非主谓句。因此，可以得出实体首现对主谓句和非主谓句选择的优先序列为：

主谓句＞非主谓句

5.2.1.2 实体首现强烈倾向于选择动词性谓语句

在动词性谓语句、形容词性谓语句、主谓谓语句、名词性非主谓句和动词性非主谓句这五个大类的句型中，实体首现句的选择优先序列为：

动词性谓语句＞动词性非主谓句＞形容词性谓语句＞名词性非主谓句＞主谓谓语句

5.2.1.3　实体首现强烈倾向于选择动宾句

在 5.1 所列举的十二个小类句型中，实体首现句的选择优先序列为：

动宾句＞动词句＞连动句＞存现句＞“把”字句＞“被”字句＞兼语句＞“是”字句＞动词性非主谓句＞形容词性谓语句＞名词性非主谓句＞主谓谓语句

实体首现句的句型类别在使用比例上呈金字塔形的梯队状，同一梯队的句型使用比例相近，而不同梯队的句型使用比例差距较大。位于金字塔最高层的梯队使用比例最高，往下依次递减，如下图所示：

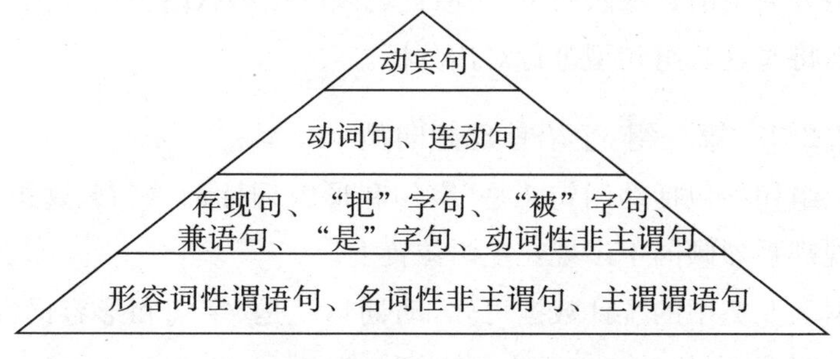

图 5.1　实体首现句对句型类别的选择倾向金字塔图

5.2.2　不同句型中实体首现所在句法位置的倾向性规律

结合实体首现所在的句法位置，可以更深入地了解实体首现句的特点。我们将每一类句型中实体首现出现的句法位置分布情况进行了统计，通过对照比较，可以找出不同类别的实体首现句在句法位置上的不同分布倾向。请看下表。

表 5.2 不同句型中实体首现的句法位置选择比例数据表

句型类别			主语	宾语	状语	定语
主谓句	动词性谓语句	动词句	69.78%	0	20.30%	9.92%
		动宾句	25.08%	54.91%	10.22%	9.79%
		存现句	5.40%	75.82%	8.22%	10.56%
		连动句	19.28%	63.71%	8.66%	8.35%
		兼语句	18.58%	71.94%	5.93%	3.56%
		“是”字句	92.62%	0	2.46%	4.92%
		“把”字句	22.23%	12.14%	55.82%	9.81%
		“被”字句	25.34%	11.28%	55.86%	7.52%
	形容词性谓语句		93.75%	0	0	6.25%
	主谓谓语句		21.95%	65.85%	2.44%	9.76%
非主谓句	名词性非主谓句		94.29%①	0	0	5.71%
	动词性非主谓句		0	72.20%	14.63%	13.17%

表 5.2 中的数据显示，每一类实体首现句在句法位置分布上都表现出很明显的倾向性。我们根据实体首现在句法位置上的选择倾向，将实体首现句句型分为主语首现倾向型、宾语首现倾向型和状语首现倾向型三组句型。下面将对这三组句型进行对比分析。

5.2.2.1 第一组：主语首现倾向型

第一组句型包括动词句、“是”字句和形容词性谓语句。这组句型中，实体首现都强烈倾向于出现在主语位置上。

根据表 5.2 中的统计数据可知，动词句、“是”字句和形容词性谓语句中，绝大部分的实体首现都分布在主语位置上，一小部分的实体首现分布在状语和定语位置上，而宾语位置上没有实体首现出现。

动词句中主语首现比例明显比其他两个句型低一些，这是因为动词句中的实体首现有一部分出现在状语和定语位置上，而其他两类句型几乎没有或极少有实体首现出现在状语和定语位置上的情况。

5.2.2.2 第二组：宾语首现倾向型

第二组句型包括动宾句、存现句、连动句、兼语句、主谓谓语句和动词

①名词性非主谓句的主语位置一栏应该是中心语位置，表中不便注明，在此特别说明。

性非主谓句。这组句型都强烈倾向于在宾语位置上表示实体首现。

表 5.2 中的数据表明,动宾句、存现句、连动句、兼语句、主谓谓语句和动词性非主谓句中,绝大部分的实体首现都分布在宾语位置上,其次是主语位置,状语和定语位置实体首现的出现比例最少。

存现句主语位置上的首现比例明显比其他几个句型低一些,而宾语位置上的首现比例则相对较高。主谓谓语句状语位置上的首现比例明显比其他几个句型低一些。兼语句定语位置上的首现比例明显比其他几个句型低一些。动词性非主谓句没有主语,所以没有实体首现在主语位置出现的情况。

5.2.2.3　第三组:状语首现倾向型

第三组句型包括"把"字句和"被"字句。这两类句型都强烈倾向于在状语位置表示实体首现。

从表 5.2 中的数据可以看出,"把"字句和"被"字句中,大部分的实体首现都分布在状语位置上,其次是主语位置,再次是宾语和定语位置。

相比之下,"把"字句和"被"字句的各个句法位置上的实体首现比例都没有很大差别,特别是状语位置上的实体首现比例几乎是相同的。稍有不同的是,"被"字句在主语位置的实体首现比例略高于"把"字句,而"把"字句在宾语和定语位置上的实体首现比例略高于"被"字句。

除了上面三组句型之外,还有一类比较特殊的句型,即名词性非主谓句。这类句型成分比较简单,一般由一个名词性成分构成,所以实体首现主要在名词性成分的中心语位置出现。

5.3　叙事语篇中实体首现句句型倾向性规律的成因分析

叙事语篇中,实体首现所选择的句型类别主要受两个方面的影响:一是句型中是否有或有多少个实体首现所偏好的句法位置,二是叙事语篇的结构对句型表意功能的需求。这两个因素共同影响了实体首现句句型的倾向性规律的形成。

5.3.1 实体首现选择句法位置的偏好对句型类别倾向的影响

在 4.2 中，我们讨论了实体首现对句法成分位置选择的倾向性规律。从总体上看，实体首现最常出现在句子的宾语位置上，其次是主语位置，再次是状语位置，最少出现在定语位置。实体首现对句法成分位置选择的优先序列为：

宾语＞主语＞状语＞定语

因此，在某类句型的典型结构中，如果有多个实体首现所偏好的句法位置，那么，该句型就是实体首现句的优选句型，如具备宾语和主语位置的动宾句。反之，如果某类句型的典型结构中没有或很少有实体首现所偏好的句法位置，那么该句型就是实体首现句的排斥句型或非典型句型，如名词性非主谓句、形容词性谓语句等。这可以用于解释下面几个倾向性规律。

Ⅰ.为什么实体首现强烈倾向于选择主谓句？

从句法结构来看，主谓句通常有两个或两个以上主要句法成分，而非主谓句则往往只有一个主要句法成分。单从实体首现需要的句法成分的数量上来看，主谓句就占了很大优势。再加上相对于非主谓句而言，主谓句本来就是汉语中的优选句型，使用数量多，适用范围广。这就可以解释为什么 96.75％的实体首现都出现在主谓句中。

Ⅱ.为什么实体首现强烈倾向于选择动词性谓语句？

在动词性谓语句、形容词性谓语句、主谓谓语句、名词性非主谓句和动词性非主谓句这五个大类的句型中，实体首现句的选择优先序列为：

动词性谓语句＞动词性非主谓句＞形容词性谓语句＞名词性非主谓句＞主谓谓语句

可以看出，在主谓句中，动词性谓语句是优选句型；在非主谓句中，动词性非主谓句是优选句型。这是因为这两种句型都至少有一个实体首现偏好的句法位置——宾语或主语位置。也就是说，句型结构若具备宾语或主语成分位置，就可以给实体首现提供理想的句法环境。所以，动词性谓语句是最符合实体首现对句法位置的需求的句型。而相对于结构单一的名词性非主谓句来说，具备宾语位置的动词性非主谓句显然更适合用于实体首现。

Ⅲ.为什么实体首现强烈倾向于选择动宾句？

动宾句既有主语，也有宾语，这两个句法位置都是实体首现所偏好选择的。与之相比，动词句只有主语，没有宾语，所以在实体首现句句型的选择优先序列中排在动宾句之后。

5.3.2　叙事语篇结构模式对不同句型的选择倾向

在 2.1 中，我们论述了叙事语篇的结构模式。典型的叙事语篇是一个有界的话语单位，开头、中间、结尾在句法形式和叙事功能方面都有明显不同。

典型的叙事语篇的结构模式为：

> 概述句（可选）→定位句→行为句（数量最多）→评价句（可选，且位置不固定）→结束句（可选）

一个完整的叙事语篇往往由概述句开始，概述一段经历，或呈现一个将由叙事展开的观点、看法或梗概。这个概述句之后就有一个或多个定位小句，定位小句描述时间、地点或人物身份等背景信息。接着是叙事的主干部分，由多个行为小句构成，每个行为小句叙述一个时空有界的小事件。评价性的语句伴随着整个叙事，穿插在整段叙事语篇中。最后是结束小句。

出于叙述的表达需要，行为句是叙事语篇中必备且数量最多的句子，概述句、评价句和结束句都可以不出现。

行为句用于叙述事件，其谓语中心词自然是以表示动作行为的动词为主，也就是说，大部分行为句都由动词性谓语句来充当。行为句是叙事语篇结构模式中最核心最重要的部分，在语篇中占绝大部分。所以，适用于行为句的动词性谓语句就成了实体首现最常选择的句型。而形容词性谓语句则主要出现在评述句中，多是对上文出现的实体或事件进行描写评价，所以评述句中实体再现的情况比较多，首现的也往往是激活实体，例如：

(56)领导亲切地客气地接待她，沏茶，端座，已经是一副尊师的礼仪。她仍是那样，脸上不悲不喜，坐椅子只坐一点边，那杯茶根本不碰。

例(56)中，"脸上不悲不喜"是语篇中的评述句，描写上文出现过的"她"的神情。首现的"脸"可被"她"激活，属于激活实体首现。

评价句在叙事语篇的结构中是可选的，一些叙事语篇中没有评价句，所以形容词性谓语句在叙事语篇中的出现比例非常低，用于实体首现的情况就更少了。

5.4 实体首现句句型在不同类型的叙事语篇中的分布规律及成因分析

我们在统计数据中发现，实体首现句句型在不同类型的叙事语篇中的分布倾向大体一致，但在少数句型的分布比例上略有不同。这表明，语体因素对实体首现句句型的选择也有一定影响。

5.4.1 叙事准确性需求越高，实体首现选择动宾句的比例越高

在 2.1.2 中，我们讨论了不同类型叙事语篇的交际需求，一部分叙事

语篇，如回忆录和小说等，对叙事准确性要求较高；而一部分叙事语篇，如笑话、相声和对话等，对叙事紧迫性要求较高；还有的语篇，如新闻，对叙事的准确性和紧迫性都有要求。这种准确性和紧迫性的需求也不是绝对的，而是具有一定的倾向性。

我们发现，在对叙事准确性需求较高的语篇中，实体首现选择动宾句的比例比在对叙事准确性需求较低的语篇中高一些。而与之相对，在对叙事紧迫性需求较高的语篇中，实体首现出现在动词句中的比例较高。

不同类别的叙事语篇中，实体首现对动宾句的选择比例如下：

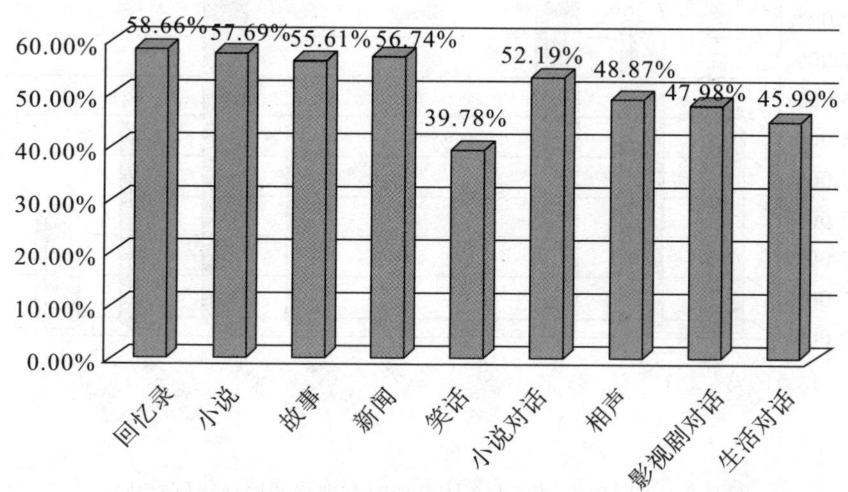

图 5.2　不同叙事语篇中实体首现对动宾句的选择比例对比图

从图 5.2 中可以看到，有叙事准确性要求的回忆录、小说、故事和新闻中，实体首现对动宾句的选择比例都在 55％以上，而对叙事准确性要求相对较低的笑话、小说对话、相声、影视剧对话和生活对话中，实体首现选择动宾句的比例几乎都在 50％以下，特别是有叙事高紧迫性需求的笑话中，实体首现选择动宾句的比例只有 39.78％。

值得注意的是小说对话，小说对话中实体首现选择动宾句的比例为 52.19％，比其他有叙事紧迫性需求的语篇明显高一些，这与小说对话的交际媒介和组织方式有关。与生活对话相比，小说对话虽然是互动性叙事，却是以书面语为媒介的预先组织好的语篇，这就减弱了其叙事的紧迫性需求，使其处于封闭性叙事和互动性叙事的过渡部分，从而在实体首现对动宾句的选择上体现出其过渡性的特征。

5.4.2 在小说、故事和相声中，实体首现选择存现句的比例较高

在统计数据中，我们发现比较特殊的一个现象，即在小说、故事和相声中，实体首现选择存现句的比例比在其他叙事语篇中要高一些。

不同类别的叙事语篇中，实体首现对存现句的选择比例如下：

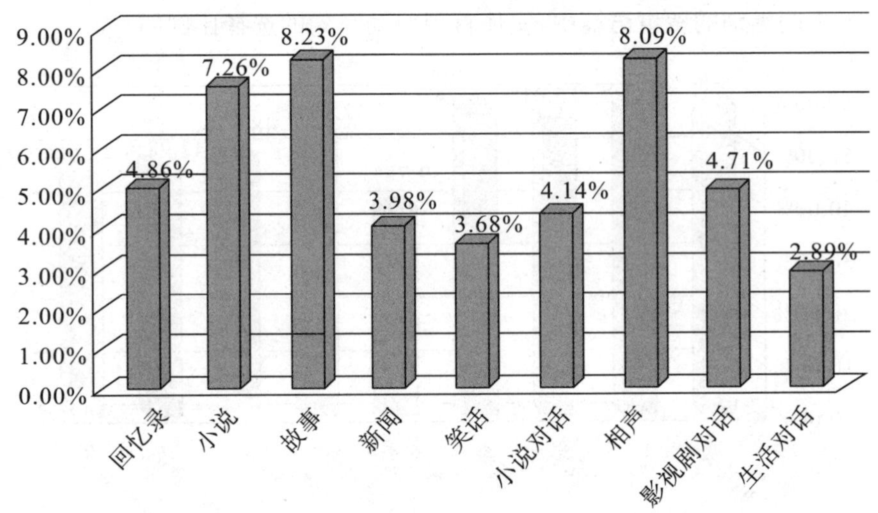

图 5.3 不同叙事语篇中实体首现对存现句的选择比例对比图

图 5.3 中的数据显示，小说、故事和相声中，实体首现选择存现句的比例都在 7%以上，其中，故事和相声超过了 8%。在其他叙事语篇中，实体首现选择存现句的比例都在 5%以下，其中，生活对话只有 2.89%。

我们发现，小说、故事和相声有一个共同的特征，就是演义性。这三类叙事语篇中的实体和事件基本上都是虚构出来的，发话人在将故事讲出来的时候，往往会带有一定的演义色彩。发话人在介绍一些比较重要或关键的实体时，就需要使用特定的句型来引起受话人的注意，让其有隆重出场的意味。存现句正好符合这一要求。

在 5.1.1.3 中，我们论述过存现句的结构，即“A 段(处所词)＋B 段

(中介动词)+C 段(存在主体)”。实体首现在存现句中的 A 段和 C 段都可能出现,但出现在 C 段的频率高于 A 段,因为存现句也符合末尾焦点原则。而且根据信息理论,在 C 段是否出现实体首现以及其传达的信息的新旧与 A 段是否出现实体首现也密切相关,具体关系如下:

A 段	C 段	信息新旧
+实体首现	+实体首现	+
-实体首现	+实体首现	+
-实体首现	-实体首现	-
+实体首现	?-实体首现	?

如果在 A 段出现的不是实体首现,那么在 C 段出现的可能是也可能不是实体首现,但以实体首现概率为大;如果在 A 段出现的是实体首现,那么在 C 段出现的也是实体首现;第四种情况的可能性较小,它不符合传递信息的要求。

出现在 C 段的实体首现多为不定指,以普通名词和“数量名”短语为主。这与不定指可以引出新信息有关,无定的“数量名”短语在表示首现实体时的使用频率也是最高的。另外,“数量名”短语往往表示单指,突出个体意义;普通名词多为通指,表示的是事物中的某一类。

不使用“有”“是”等动词的存现句多可以转变为普通的动词性谓语句,如“手里提着一个装满东西的干干净净的旅行包”也可表述为“一个装满东西的干干净净的旅行包提在手里”。通过前后两种句式的比较,可以发现存现句把实体首现安排在 C 段宾语位置的意义。存现句的一个重要特点就是存在性和存现关系,而语序会影响到人们的认知,前面的处所词作为背景,为后半句的事物提供了存在依据。人们的认知由背景逐渐转移到前景事物上,前景事物作为新信息的主题凸显性更强。如“手里提着一个装满东西的干干净净的旅行包”,读者依靠固有的认知基础和语境，在头脑中会产生一个“手里”的处所认知，再扩展到“一个装满东西的干干净净的旅行包”，C段事物便成了认知背景上的认知焦点。

因此，存现句具有凸显实体首现的功能，符合小说、故事和相声等的演义性特征，适合被用来引入需要引起注意的重要实体。

5.4.3 互动性强的叙事语篇更倾向于使用名词性非主谓句来首现实体

在互动性强的叙事语篇中，实体首现选择名词性非主谓句的比例比在互动性弱的叙事语篇中高一些。

不同类别的叙事语篇中，实体首现对名词性非主谓句的选择比例如下：

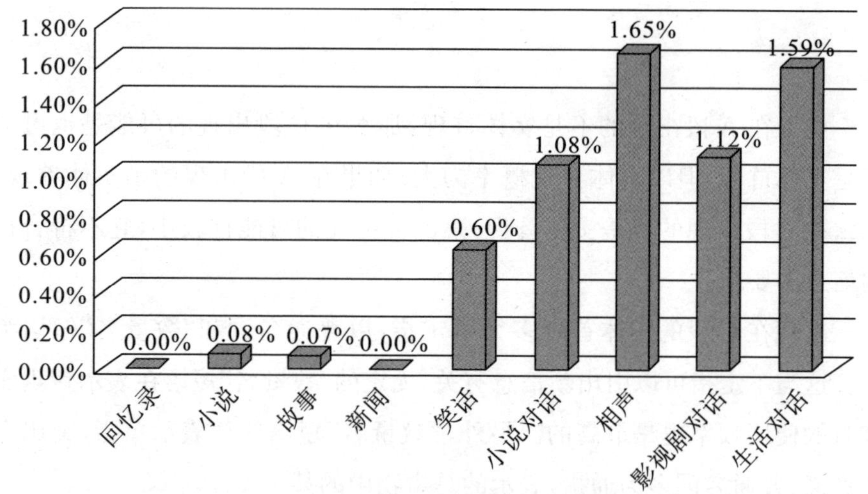

图 5.4　不同叙事语篇中实体首现对名词性非主谓句的选择比例对比图

图 5.4 中的数据显示，小说和故事中，实体首现选择名词性非主谓句的比例都在 0.1%以下；回忆录和新闻中没有出现此种情况；小说对话、相声、影视剧对话和生活对话中，实体首现选择名词性非主谓句的比例都在 1%以上；笑话中此项的比例为 0.60%。这表明，实体首现出现在名词性非主谓句中时，对叙事语篇的互动性要求较高。

5.5　本章小结

实体首现对句法位置的选择偏好和叙事语篇的结构模式共同影响实体首现句对句型的选择。具备实体首现偏好的宾语和主语位置的句型，能给实体首现提供理想的句法环境。所以，在主谓句中，动词性谓语句是优选句型；在非主谓句中，动词性非主谓句是优选句型。动宾句既有主语，也有宾语，这两个句法位置都是实体首现所偏好的，所以动宾句是实体首现最常选择的句型。

一个完整的叙事语篇往往由概述句开始，然后有一个或多个定位小句，接着是叙事的主干部分，由多个行为小句构成，每个行为小句叙述一个时空有界的小事件。评价性的语句伴随着整个叙事，穿插在整段叙事语篇中。最后是结束小句。

出于叙述的表达需要，行为句是叙事语篇中必备且数量最多的句子，概述句、评价句和结束句都可以不出现。

行为句用于叙述事件，其谓语中心词自然是以表示动作行为的动词为主，也就是说，大部分行为句都由动词性谓语句来充当。行为句是叙事语篇结构模式中最核心最重要的部分，在语篇中占绝大部分。所以，适用于行为句的动词性谓语句就成了实体首现最常选择的句型。而形容词性谓语句则主要出现在评述句中，多是对上文出现的实体或事件进行描写评价，所以评述句中实体再现的情况比较多，首现的也往往是激活实体。

语体对实体首现句的句型也有一定影响，主要表现为：第一，存现句具有凸显实体首现的功能，符合小说、故事和相声等的演义性特征，适合被用来引入需要引起注意的重要实体；第二，在互动性强的叙事语篇中，实体首现选择名词性非主谓句的比例比在互动性弱的叙事语篇中高一些。

第6章 实体首现视角下的无定主语句

广义上的无定主语句是指无定的名词性成分作主语的句子。根据全书的研究主题，我们将本章所讨论的无定主语句限定为有指无定的“数量名”结构名词性成分作主语的句子。我们认为，无定主语句的主语所指称的对象虽然是无定的，但这种无定并不是毫无限制，它总是某个特定时间或空间范围内的某个实体，并且这个实体在语篇中是第一次出现。最常见的无定主语是由“一量名”结构充当的。

名词性成分的句法功能与其指称性质之间存在着一定的有倾向性规律的对应关系。其中，主语、宾语和有定、无定之间的对应关系是非常重要且具有研究价值的问题，关涉指称、句法、信息、语篇、语体等多方面的研究。

虽然不考虑语境、语体等条件因素，单从总体数量上来看，无定主语句确实少于有定主语句，但这并不能否认无定主语句的客观存在以及其在汉语中不可替代的独特价值。动态的倾向性是在静态的多样性的基础上进行研究的。所以，要想考察一种语言现象的倾向性规律，必须先详尽描述其多样性表现，然后在不同的语言环境和条件下分类讨论其倾向。这种分情况讨论的研究方法有助于深入细致地反映语言现象的真实面貌，所得出的结论也比较客观全面。

存在即合理。无定主语句这类所谓的“少数现象”既然客观存在于汉语中，就一定具有其特殊的语言价值，应该引起学界更多的关注。从静态的多样性和动态的倾向性角度探讨无定主语句的句法语义特点和所适宜的语言环境，在不同的具体条件下和相关的“多数现象”进行多角度比较。

只有在这个研究基础上，才能真正全面认识这种语言现象，正确看待其在汉语中的地位，了解其不可替代的价值。

为了更全面地观察无定主语句，我们以自建的叙事语料库为统计对象，从句法语义、指称性质和信息结构等方面对表示实体首现的有定/无定主语句进行了考察和统计。通过对统计数据的观察和分析，我们总结出无定主语句在句法、语义、语用上的多样性和倾向性规律、多角度允准条件的决定性强度、对不同语体的依赖程度，以及句首状语对无定主语句的信息作用，并以语篇为视角对无定主语句的成因和规律进行了重新审视和解释。

6.1　汉语无定主语句的主要研究成果

对于现代汉语中主语、宾语与有定、无定的关系，赵元任(1968)阐述了汉语倾向于用主语表示有定、用宾语表示无定的规律，并结合汉语事实论证了这一观点。李英哲(1976)曾提到“说汉语的人通常是一说话就怀有一个有定的施动者的观念”。朱德熙(1982)对这种观点表示认同，认为汉语倾向于“让主语表示已知的确定的事物，而让宾语表示不确定的事物”。刘月华等(1983)也指出汉语的主语一般都是定指的，用来表述已经提到过或已经知道的事情。除了汉语中存在这种规律，国外学者的研究表明，世界上很多其他语言也具有主语表示有定、宾语表示无定这一普遍共性。Camrie(1981)就曾指出，从类型学的角度来看，世界语言存在一个普遍的规律，即主语倾向于有定，而宾语倾向于无定。

但是，后来一些学者通过考察，发现这一规律在汉语中存在“例外”情况。范继淹(1985)发现在汉语实际用例中经常能看到或听到“以无定名词短语作主语的句子”，这一所谓“罕见”的句式实际上在书报、杂志、广播和电视中广泛存在。范先生在研究中发现，无定主语句不仅在多种语体中普遍存在，而且在“某些文体中似乎以用无定 NP 句为宜”。范先生的文章引起了汉语学界对无定主语句的广泛关注。朱晓农(1988)、徐烈炯(1997a)、邓思颖(2003)、沈园(2003)、刘安春(2003)、王灿龙(2003)、黄师哲(2004)、曹秀玲(2005)、唐翠菊(2005)、张伯江(2006)、储泽祥(2007)、熊仲儒(2008)、潘海华(2009)、薛宏武(2014)等一大批学者相继对此展开了多角度的探讨，形成了一系列的研究成果，主要体现在句法形式、语义允准、语用制约和语篇功能四个方面。

6.1.1　从句法语义角度对无定主语句的研究

6.1.1.1　对无定主语的句法语义研究

范继淹(1985)根据无定主语句中 NP 出现的句法位置和构成成分对无定主语进行了分类。图示如下：

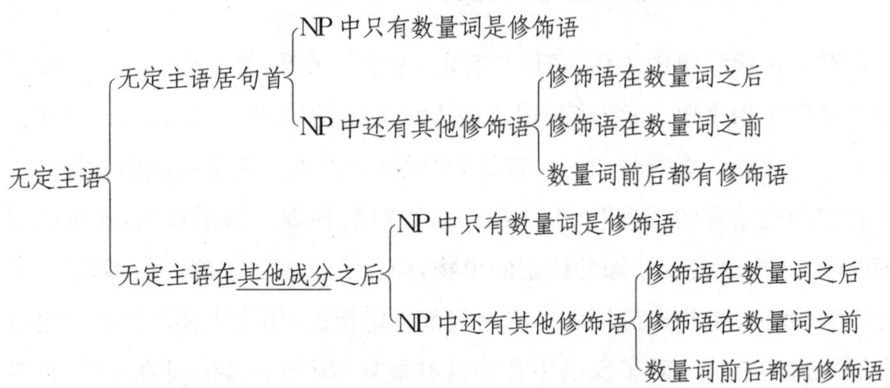

(注："其他成分"包括副词、象声词、时间处所词和分句等)

范先生的这套分类模式十分详尽，涵盖了我们观察到的所有无定主语类型，且分类标准客观周全，为我们对无定主语句的描写解释提供了一个良好的研究基础。

徐烈炯(1997a)认为无定主语的具体化可以增加其信息量，提高所指称实体的可辨认度，从而提高无定主语句的合法性。这种具体化在句法形式上的方式主要有：将无定主语的名词性成分换成一个更加具体的下位词；在数量词和名词中间增加修饰成分等。王灿龙(2003)认为可及度高和个体化程度高的无定名词性成分充当主语的可接受度高，反之，可及度低和个体化程度低的无定名词性成分充当主语的可接受度低。王灿龙列举了下面的例子来说明这一规律：

	是否成立
一个人来了。	—
一个警察来了。	?
一个女警察来了。	+
一个身材高挑的女警察来了。	+
一个年轻漂亮、身材高挑的女警察来了。	+

从无定名词性成分的可辨认度/可及度和个体化程度方面确实可以解释一部分无定主语句的存在理据，即无定主语中除了数量词还有其他修饰语时，无定主语句合理性强。那么，根据上文范继淹先生对无定主语的分类可知，无定主语还存在只有数量词是修饰语的情况，这一类无定主语句的存在还需要寻求其他角度的解释。

6.1.1.2　无定主语句谓语部分的句法语义研究

范继淹(1985)分析了无定主语句可能具有的语法特点，提出关于无定主语句中谓语语法特点的几点“线索和猜想”。

一是“谓语都是动词”。范先生根据语料和语感，分析形容词谓语句为无定主语句的可能性不大。同时，动词谓语句可以是多种句型，以及物动词构成的主动叙事句居多。

二是“不及物动词句，谓语要用复杂形式”，即动词不能单独作谓语，或者只带一个句末助词。

关于“谓语都是动词”的观点，朱晓农(1988)持相同意见，认为无定主语句适合用叙述事件的动词谓语句，而不适合用描写对象的形容词性谓语句，除非在谜语中。讚井唯允(1993)有不同看法，他认为在无定名词性成分有“准前照应用法”解释的时候，无定主语句是可以接受形容词谓语的。刘琼竹(1999,2000)列举了大量的例句来论证形容词谓语是可以出现在数量名主语句中的。

之后学者们将谓语动词进一步细化，着重研究无定主语句倾向于选择哪种类型的谓语动词。蔡维天(2002)认为句中如果存在瞬时性述语时，则无定主语句有可能成立。王灿龙(2003)指出，状态动词比动作动词更容易被无定主语句接受，复杂谓语结构比简单谓语结构更容易被接受。曹秀玲(2005)指出无定主语句只能是叙述事件的句子，而不能是描述事态的句子。唐翠菊(2005)提到汉语中无定主语句谓语部分属于过程时状。熊仲儒(2008)和陆烁、潘海华(2009)都以生成语法的理论为基础，得出阶段层面谓语①可以允准无定主语的存在，而个体层面谓语②不可以的结论。周思佳、陈振宇(2013)对此提出不同意见，认为虽然个体层面谓语的可接受度较低，但在上下文充足的语篇环境中或描写性强的语句中仍然是可以出现的。

魏红、储泽祥(2007)将无定主语句分为两种不同的类型：一种具有特定的现实情境，指所表述的事件进入了现实时间流程和具体空间位置，称为“现实性无定主语句”，如“一个学生正在食堂里吃饭”；另一种则与之相对，没有现实情境性，所表述的事件没有进入现实时间流程或具体空间位置，称为“非现实性无定主语句”，如“一个学生一碗饭”。他们认为，指人的现实性无定主语句的谓语部分的中心动词都是动作动词，并在句中呈动态性。

朱江、黄国营(2004)对范先生的第二个“猜想”提出了不同意见，认为光杆不及物动词也可以作无定主语句的谓语。

6.1.1.3 无定主语句对句类的选择

大多数学者认为，无定主语句都是肯定性的陈述句。内田庆市

---

①阶段层面谓语(stage-level predicate)：表述动态性的事件，如“正在打篮球”(Carlson, 1977)。

②个体层面谓语(individual-level predicate)：表述静态性的状态，如“会打篮球”(同上)。

(1989)，唐翠菊(2005)，魏红、储泽祥(2007)，陆烁、潘海华(2009)都进行过相关研究。魏红、储泽祥(2007)指出，现实性无定主语句的句类选择强烈倾向于陈述句，不能是疑问句、祈使句、感叹句，也不能是否定句，不能用否定副词“不”或“别”来否定；而非现实性无定主语句则没有句类上的限制。陆烁、潘海华(2009)认为无定主语句用肯定式的可接受度高于用否定式，但这一情况并不是绝对的，在某些特定的语境中，否定式的无定主语句也是可以成立的。周思佳、陈振宇(2013)认为无定主语句也可以出现否定，但句子中其他成分或句外成分必须为其提供充足的信息量，如有后续小句、宾语为复杂成分等。

6.1.2　从语篇功能角度对无定主语句的研究

相对于句法语义方面的研究而言，从语篇功能角度研究无定主语句的成果较少。范继淹(1985)提出，在某些语体中似乎以使用无定主语句为常，如新闻语体。孙朝奋(1988)认为“数量名”结构的无定名词性成分在篇章中适合用于引进重要话题，并且再现的频率很高。内田庆市(1989)认为无定主语句是用整个句子来提示一个新信息，多用于报道，或者小说、戏曲的开头部分。王灿龙(2003)对无定主语句的篇章属性进行了考察，认为无定主语句有很强的语境依赖性，在篇章中有后续句和始发句两种用法。刘安春(2003)做了进一步论述，指出后续句是无定主语句在篇章中的常规用法，而始发句只在特殊语体中有限使用，同时指出，无定主语句在叙述性篇章中起到转移情节、引出一个新的参与者和一个新的事件的作用。唐翠菊(2005)认为无定主语句的及物性程度影响其作为背景还是前景出现，及物性高的无定主语句多作为前景出现，及物性低的一般作为背景出现。曹秀玲(2005)论及无定主语句引进新话题的作用，认为有两种情况：一是引进的新话题为偶现性成分，没有再现成分；二是引进的新话题具备话题连续性，会有再现成分出现。

6.1.3 无定主语句与相关句式的比较研究

6.1.3.1 无定主语句与存现句的比较

内田庆市(1987)认为无定主语句是汉语中另一种存现句，但是一般的存现句中往往包含某种“主观色彩”，而无定主语句则是客观直接地陈述真实的事件。刘安春(2003)认为存现句着重于借助空间关系来定位一个新出现的事物，而无定主语句则主要借助时间关系来定位一个新发生的事件。张新华(2007)认为存现句是设置在一个主题句框架里的，而无定主语句则是对一个场景或现象的直接展现，所表述的事态更具突发性、白描性和特写化。张伯江(2009)论证了存现句主要利用空间关系来定位一个新出现的事物，目的是将其与场景中的其他事物区别开来；无定主语句则主要用时间关系来定位一个新发生的事件，标定其与其他事件的次序关系，使其与时间流中的其他事件区别开来。

6.1.3.2 无定主语句与“有”字句的比较

范继淹(1985)认为“有”字句和无定主语句两种句式交替使用可以避免重复，无定主语中数量词的前面还有其他修饰语成分时，无定主语句不能转换为“有”字句。

讃井唯允(1993)分析了“有”字句和无定主语句的差别，认为无定主语句中，叙述者似乎以目击者的身份讲述正在发生的事件，有将读者带入故事现场的作用；“有”字句的叙述者则似乎是在描述过去的事情。刘安春(2003)也总结出类似的观点，认为无定主语句具有即时性和白描性的特点，而“有”字句不要求所述事件的真实性，可以用于描述现实世界不存在的事情，如传说等。黄师哲(2004)认为，“有”字句要求名词主语所指称的对象是之前已经存在的事物，而无定主语句则不受此制约。唐彧(2007)提出和上述学者不同的看法，认为和无定主语句相比，“有”字句才是常用于叙述一个客观事件的。

徐烈炯(1997b)从发话人的交际意图、言外效力和言语效果等角度论述了无定主语句和“有”字句的区别。曹秀玲(2005)发现，当无定主语为外层结构是“数量名”且凸显了数量意义的“数量名”成分时，句子不能转换成“有”字句。魏红、储泽祥(2007)认为，强调人或事物的存在性时倾向于使用“有”字句，而着重叙述事件情节时则倾向于使用无定主语句。当句中有描写性状的词语出现或无定主语已经被确认存在时，一般不能使用“有”字句。张伯江(2009)认为无定主语句中的主语往往是叙述过程中的一个环节，“有”字句里的无定主语作为事件参与者的身份相对较强。薛宏武(2014)将无定主语句看作“有”字句在叙事语篇中的变体，是高度主观化的在线语篇句。

6.2　汉语主语、宾语与有定、无定的匹配情况

6.2.1　如何界定汉语指称系统中的有定和无定?

传统语法研究中，有定、无定常用来指名词前面所搭配冠词的功能。在当前的语言研究中，一般认为这对概念是用于指称名词性成分的句法语义特征的。有定、无定的对立关系有助于研究汉语中的很多语法问题，比如主宾语的对立组配情况、旧—新信息结构的句法表现、无定“把”字句、无定“被”字句等。

Givón(1978)构建了一套指称系统的分类模式，首次提出“definite”和“indefinite”这对概念，徐烈炯(1995)将其分别译为“有定”和“无定”。Li and Thompson(1981)基本沿用了 Givón 的分类模式，但在此基础上删去了对“indefinite”的进一步分类。中国语言学家也逐步从有定、无定的视角来研究汉语问题。吕叔湘先生在《中国文法要略》中首次对汉语中有定、无定的问题进行了专门的系统的讨论，结合大量的语料考察了汉语中有定、无定成分主要由哪些语法形式构成。赵元任先生和朱德熙先生又从句法层面来研究有定和无定这对概念，探讨了主、宾语与其的组配对应关系。1987 年，陈平先生发表了《释汉语中与名词性成分相关的四组概念》，提出了关于指称的四组概念，从功能语法的视角构建了汉语名词性成分指称的

分类系统。随后，徐烈炯（1995）、张伯江（1997）、刘顺（2003）、张谊生（2004）、王红旗（2004）、董秀芳（2010）等对指称问题进行进一步的研究，从不同的研究视角构建起了各自的汉语指称分类系统。

本书以功能语法的观点为研究视角，所以在指称的概念和分类上主要参考功能语法方面的研究成果。我们认为出现在语篇中的名词性成分首先可以分为指称成分和非指称成分，指称成分包括有指成分和无指成分，其中，有指成分又可分为定指和不定指。图示如下：

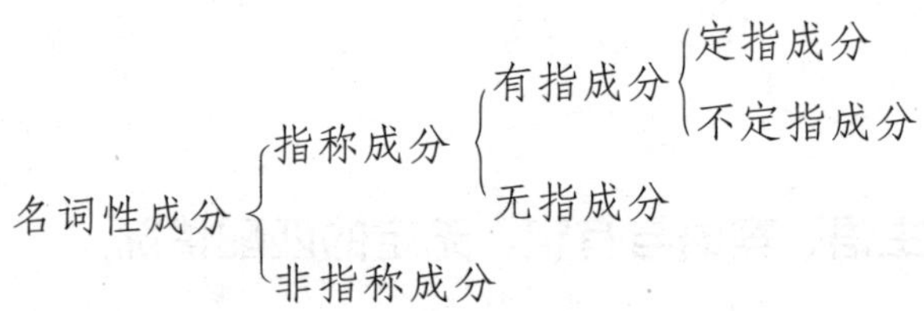

定指、不定指与有定、无定之间有一定的对应关系。有定、无定与发话人的交际目的、交际意图和对听话人理解情况的假设等因素相关。因此，判断有定、无定必须将具体的语境、名词性成分的特点和句法形式等因素综合起来考虑。在实际语境中，如果发话人预料受话人能将某个名词性成分所指对象与其他实体区分开来，确定为已知的特定的实体，那么这个名词性成分就是有定成分；反之，如果发话人预料受话人不能确定该名词的所指物，或者不明确自己所要表述的特定实体，那么，该名词性成分就是无定成分。

汉语中的有定、无定成分往往有一些外部形式特征，如："一/数量名"等形式是无定的，"这/那＋名"、专有名词和代词等形式是有定的。结合本书的研究需要，我们将有定、无定看作一种纯粹的语法形式特征，有定成分指"一/数量名"等不定指形式，无定成分指"这/那＋名"、专有名词和代词等定指形式。

本书所讨论的有定、无定均为有指成分。以下几类无定主语句不在本书讨论的范围之内。

一是无定主语表示泛指，例如：

(1)一个人在遇到危险时更应该沉着冷静。
(2)一头老虎在嗅到猎物的气息时会发出吼叫。

二是无定主语表示遍指，例如：

(3)一大家子人都在等你。
(4)一只鸟也没飞起来。

三是无定主语强调数量义而非指称义，例如：

(5)两个和尚抬水喝。
(6)三个人手牵手才能勉强抱住这棵树。

6.2.2 汉语主语、宾语与有定、无定匹配的类别

我们所讨论的主语和宾语都限于有指的名词性成分。理论上来讲，有指的名词性成分可能是有定的，也可能是无定的，那么由名词性成分所构成的主语和宾语也具有这两种可能性，并且可以任意组配，如有定主语搭配无定宾语，无定主语搭配有定宾语，有定主语搭配有定宾语等。我们详尽考虑了主语、宾语和有定、无定任意匹配的所有情况，组配成八种理论上可能的句子类型，罗列如下：

	主语	宾语	句子类型
可能一	有定	无定	S1(有定主语＋无定宾语)
可能二	有定	有定	S2(有定主语＋有定宾语)
可能三	无定	有定	S3(无定主语＋有定宾语)

	主语	宾语	句子类型
可能四	无定	无定	S4(无定主语+无定宾语)
可能五	有定	—	S5(有定主语+无宾语)
可能六	无定	—	S6(无定主语+无宾语)
可能七	—	有定	S7(无主语+有定宾语)
可能八	—	无定	S8(无主语+无定宾语)

这八种句子类型是否都能成立呢？这需要在具体的汉语事实中求证。我们对大量语料进行观察后发现，这八种情况确实都客观存在于汉语之中。举例如下：

S1：有定主语+无定宾语

(7)学校大门外来了一个收废品的，他的身影一直延续到一个教研室，于是一个老师出来将大捆大捆的书本递给他，他用杆秤称了一下又一下，总共十大捆，收废品的声音很清楚："一共一百二十元钱。"

例(7)中，用单横线标示的是一个S1型的句子，主语"他的身影"是有定的，宾语"一个教研室"是无定的。

S2：有定主语+有定宾语

(8)小偷偷了一只鸡，正在河边给鸡拔毛，这时一个警察走了过来，小偷急忙把鸡扔到了河里。警察问：你在干什么？河里是什么东西？小偷说：那是一只鸡，它要过河去，我在这里帮它看衣服……

例(8)中，用单横线标示的是一个S2型的句子，主语"小偷"和宾语"河里”回指上文出现过的实体，属于实体再现成分，都是有定的。

S3：无定主语＋有定宾语

(9)和几个同学逛商场，一个柜台售货员一直看着我们，还不停的笑，笑得我们心里发毛。我上前问：“你笑什么啊？”售货员说：“刚才有个小偷掏了这位的手机，看了看，摇摇头又放回他兜里了！”

例(9)中，用单横线标示的是一个S3型的句子，主语“一个柜台售货员”是无定成分，宾语“我们”回指上文的“(我)和几个同学”，是有定的。

S4：无定主语＋无定宾语

(10)一个人买了一个只会说俩字“谁呀”的鹦鹉。有一天主人不在家，有个换煤气的来敲门。鹦鹉：谁呀。答：换煤气的。鹦鹉：谁呀。……主人回家，门口躺个人。主人纳闷：这是谁呀？门内：换煤气的。

例(10)中，用单横线标示的是一个S4型的句子，主语“一个人”和宾语“一个只会说俩字‘谁呀’的鹦鹉”都是无定的。

S5：有定主语＋无宾语

(11)很长一段时间，我一直在书房睡的，因为卧室里有太多和白榕有关的气息。

例(11)中，用单横线标示的是一个S5型的句子，主语“我”是有定的，且没有宾语成分出现。

S6：无定主语＋无宾语

(12)一个家长在学校门口从一辆高档车里走出来。他进到学校后，在走廊上对孩子说："把这个信封给你们老师，这里面是十张电话卡，给你们老师，他就知道怎么回事了。"家长什么也不隐瞒孩子，很直率。

例(12)中，用单横线标示的是一个S6型的句子，主语"一个家长"是无定的，且没有宾语成分出现。

S7：无主语＋有定宾语

(13)老宋被缠得没办法，只好指着另外两个儿子说："你大哥是刑警队的，二哥是管这片儿的片儿警，你成天缠着我有什么用？有困难找警察们嘛！"

例(13)中，用单横线标示的是一个S7型的句子，没有主语成分，宾语"警察们"回指上文的"刑警"和"片儿警"，是有定的。

S8：无主语＋无定宾语

(14)不知过了多少年，达布死了。据说，送茶花给达布的那个姑娘，是天上的茶花仙女！为了纪念茶花仙女，也为了纪念达布，在种茶花的地方，盖起了一座庙。也就是今天的茶花庙。

例(14)中，用单横线标示的是一个S8型的句子，没有主语成分，宾语"一座庙"是无定的。

在语境充足的情况下，这八种句式都是合理存在的。那么在剥离语篇环境之后，它们是否还能成立呢？虽然从静态上来看，这八种句式都存在于汉语之中，体现了汉语主语、宾语和有定、无定匹配的多样性，但从动态比较来看，这八种句子类型的自足性有差别。主语有定、宾语无定时，句子的自足性较强，对语境的依赖性较弱；反之，主语无定或没有主语、宾语有定时，句子的自足性较弱，对语境的依赖性较强。比较如下：

	主语	宾语	自足性	对语境的依赖性
S1	有定	无定	极强	极弱
S2	有定	有定	强	弱
S3	无定	有定	极弱	极强
S4	无定	无定	弱	强
S5	有定	—	极强	极弱
S6	无定	—	极弱	极强
S7	—	有定	极弱	极强
S8	—	无定	弱	强

这几种句式中，S3（无定主语＋有定宾语）、S4（无定主语＋无定宾语）和 S6（无定主语＋无宾语）这三种为无定主语句，自足性都较弱，对语篇依赖性较强。这是因为无定主语句是叙事语篇中为了引进新的实体而产生的主观化的产物。薛宏武（2014）指出，现代汉语中的无定主语句属于在线语篇句，也就是语用组形句，综合性的语篇因素决定了其可受性。离开了语篇环境孤立来看时，很多无定主语句都难以成立，甚至在语义上都是不自足的。请看下面几个例子：

（15）＊一个人死了。

（16）一个人死了。因情愫不愿忘掉前世，所以没喝孟婆汤。过奈何桥时遇到鬼差检查，问："喝汤了没？"他撒谎说："喝了。"鬼差冷笑一声："记得很清楚嘛，回去重喝！"

（17）＊一个摊位很火。

(18)到学校门口买水果。一个摊位很火。我过去看了看。走近听见那边喊的是："橘子大减价啦！一块钱两斤，两块钱三斤，三块钱四斤，五块钱六斤。快来买呀！"一群大学生，全都在买五元六斤的。我也跟着挤到最前面，买了五次一块钱的。

例(15)和例(17)单看时都是不能成立的句子，甚至不知所云，但是将它们还原到真实语境中之后，它们因为有了后续小句或表示时间、处所、场景等背景信息而变得通顺合理了。

例(15)是很多研究中用来证明无定主语句不成立的典型例子。这是因为：①主语部分非常简单，没有任何数量词以外的修饰成分，信息量极少。②谓语动词是非及物动词，且为个体层面谓词。③谓语成分也不是复杂形式，而是动词加上一个助词的简单形式。④整个句子是在描述一种事态，而非叙述事件。⑤句首没有时间、地点等任何背景信息。

在主语、谓语和全句均不符合句法语义允准条件的情况下，例(15)这个无定主语句自然无法成立。但是，在加上了后续语句，将其还原到真实语境中之后[即例(16)]，"一个人死了"这个不可能成立的无定主语句不仅成立了，而且非常通顺合理。

例(17)则更为典型。除了句首没有时间、地点等任何背景信息，主语部分没有任何数量词以外的修饰成分，全句描述事态而非叙述事件这些不成立因素外，最重要的是其谓语部分是形容词性成分，但作为极其受限的形容词性谓语句，它在语境充足的状态下也变得通顺合理了[即例(18)]。

这说明，语境对于无定主语句的成立与否起着至关重要的作用。前有背景信息、后有后续小句是无定主语句存在的理想语境。

6.2.3 "背景—焦点"与实体焦点的数量和位置

在主语、宾语和有定、无定的匹配类型中为什么会出现主语、宾语都是无定的情况呢？这需要从背景、焦点说起。句子在描述事件时，通常是先说背景，再说焦点，即遵从"背景—焦点"的信息结构顺序。

Lambrecht(1994)从焦点所实现的句法单位的大小角度对焦点进行了分类。他首先将焦点分为两类:窄焦点(narrow focus)和宽焦点(broad focus)。窄焦点是句子中的某一个成分作焦点,用来确定一个所指对象。宽焦点又分为句焦点(sentence focus)和谓语焦点(predicate focus)。句焦点是整个句子都为焦点,用来报道事件或引进新的指称对象;谓语焦点是句子的谓语部分表达焦点,用来评论话题。全句都为焦点的句子,我们可以称之为"焦点小句"。在焦点小句中,引进新的实体的句法成分可以看作句内的窄焦点,确切地说,可以称之为"实体焦点"(entity focus)。任何一个名词性句法成分(如宾语、主语、定语等)都可以成为"实体焦点"所在的位置。

通常来说,一个小句只有一个焦点成分。但也存在这样的情形,即把一个实体焦点放在宾语内部,另一个实体焦点放在主语位置,使小句中有两个焦点成分,这也是一种合理的表述方式。由此可知,句子可以有不止一个实体焦点成分,多个焦点成分既可以出现在宾语位置上,也可以出现在主语位置上,或主语、宾语等句法位置各安排一个/多个焦点。因此,从多个实体焦点表述需求的角度来说,主语无定、宾语也无定的情况是有存在的现实理据的。

6.3　叙事语篇中无定首现成分对句法语义选择的多样性和倾向性

语篇中的无定成分都是为了引入一个新的实体而存在,虽然实体首现成分既有无定的,也有有定的,但无定成分都是表示实体首现。所以,从语篇视角对无定成分进行研究实际上是实体首现研究的一部分。我们对约 23 万字的叙事语篇中无定的实体首现成分进行了考察,统计了无定成分在句法成分位置和语义选择方面的分布数据,并结合具体语料对数据所显示出来的倾向性进行了解释。

6.3.1 无定首现成分在句法成分和结构形式上的多样性考察

我们在语料中发现，有四个句法成分位置可以出现无定成分，分别是主语、宾语、定语和状语位置。

6.3.1.1 无定成分出现在主语位置

请看例句：

(19)一位姑娘婚后把驾辕的骡、套磨的驴、犁地的牛，甚至连看家的狗儿都卖掉了。她对人说："现在用不着它们了，这些活儿我男人一个人全能包下来了。"

(20)一位漂亮姑娘准备考律师证，整天捧书苦读。一个男同事看见了，逗她说："律师行业竞争很激烈，你这么漂亮，不如找个好老公罢了。"姑娘白了他一眼，叹气道："唉！你不知道，那个行业竞争更激烈！"

(21)工地上，一位身着白衬衣的老人正在烈日下忙碌，见《重庆晚报》记者在打听修别墅的事，老人昂起头，坚定地回答："的确是真的，我就是高强的父亲！"

(22)美国纽约一名地铁女乘客不满一个男烟民在车厢内点烟，她出言制止，因而引发争论，结果，遭对方挥笔划伤脸部。

(23)数学老师布置了一大堆作业，题目太多，晚自习做不完。同学们只有拿回家去做。第二天要交作业，一个男同学和一个女同学交不出来，说是没带，但是都坚持说已经做完了。

无定成分作主语时，既可以是"一＋量＋名词"的简单形式，如例(19)中的"一位姑娘"；也可以在数量结构后面加上修饰性成分，构成"一＋量＋修饰性成分＋名词"的形式，如例(20)中的"一位漂亮姑娘""一个男同事"和例(21)中的"一位身着白衬衣的老人"；还可以在数量结构前面和后面都加上修饰性成分，构成"修饰性成分＋一＋量＋修饰性成分＋名词"的复杂形式，如例(22)中的"美国纽约一名地铁女乘客"。以上这几种无定主语都涵盖在范继淹(1985)所分的类别里了，但我们发现还有一种无定主语的句法形式似乎被忽略了，那就是"一量名＋一量名"的并列形式，如例(23)中的"一个男同学和一个女同学"。

6.3.1.2 无定成分出现在宾语位置

请看例句：

(24)建国是个矿工，那天下到井底之前怀里就揣了一个苹果，那是临上班时儿子小光塞给他的。

(25)没几天，杏儿就领了一个又高大又帅气的男孩子回了家，她给娘作介绍："娘，这是我男朋友，开公司的……"

(26)王小全转过头一看，身边站着一高一矮两个大汉，两人一脸横肉目露凶光。王小全心里一惊，忙说："这金龙是我家传宝贝，今日当了，日后还要来赎的，即便出座金山也不卖！"

(27)从前，有一个姓王的泥人世家，手艺超群，世代相传，传到王小全这一代，已是青出于蓝而胜于蓝，王小全不仅会单手捏，还擅长"盲捏"。

无定成分作宾语时，也有几种不同的结构形式：①"一＋量＋名词"的简单形式，如例(24)中的"一个苹果"；②在数量结构后面加上修饰性成分，构成"一＋量＋修饰性成分＋名词"的形式，如例(25)中的"一个又高大又帅气的男孩子"；③在数量结构前面和后面都加上修饰性成分，构成"修饰性成分＋一＋量＋修饰性成分＋名词"的复杂形式，如例(26)中的"一高一矮两个大汉"；④出现在特殊句式"有"字句中，作"有"的宾语，构成"有＋一＋量(＋修饰性成分)＋名词"的动宾结构，如例(27)中的"有一个姓王的泥人世家"。

6.3.1.3 无定成分出现在定语位置

请看例句：

(28)母亲火冒三丈，拿着一根竹条跟在我后头追杀，两个人绕着存信巷不知跑了多少圈。后来我躲进一家人的后花园，母亲找不到我只好作罢。

(29)第二年再接再厉，我们勤练高难度的《哈里路亚》，我仍旧担任其中一段的独唱。没想到比赛前一天我感冒倒嗓，同学们建议我服华达丸，结果情况更糟，糟到连《哈里路亚》也感动不了上帝。

(30)我原来并不认识青田商人，只是常常听人谈到而已。可是有一天，我忽然接到附近一座较大的城市卡塞尔地方法院的一个通知，命令我于某月某日某时，到法院里出庭当翻译。不去，则课以罚款一百马克；去，则奖以翻译费五十马克。

在定语位置上出现的无定成分较少，其结构形式通常都比较简单，如例(28)，由“一＋量＋名词”构成；有时甚至会省略其中的某个成分，如例(29)中的“一段”就省略了名词；而像例(30)中“附近一座较大的城市”这样在数量结构前后均有修饰性成分的复杂结构则较为少见。这是因为定语位置出现的无定成分往往是为了说明限定话题成分，不是叙事的主要情节，是偶现实体，所以对可及度的要求不高，所需要的信息量较少，出于经济性原则，倾向于选择简单的语法形式。

6.3.1.4 无定成分出现在状语位置

请看例句：

(31)有位朋友去泰山玩，在一家小面馆点了一份“牛拉面”。后来发现一片牛肉也没有。于是叫来店主论理，得到的答案是：做面条的师傅姓牛！朋友当场几乎晕倒，问：你们就不考虑长久生意吗？店主答曰：一般的客人一生也就来一次泰山，能到我这儿吃一碗面我已经很幸运了呵呵。

(32)有一次口试学生，他把一盘子猪肝摆在桌子上，问学生道："这是什么？"学生瞠目结舌，半天说不出话来。他哪里会想到教授会拿猪肝来呢。

(33)当这个年仅十七岁的"小抗联"披着麻包片哆里哆嗦地出现在将军面前时，杨靖宇将军眼圈都红了，除给他从老乡那里要来一身旧棉衣穿上外，将军又把一件战利品——日本钢盔扣在了他的光葫芦头上。

(34)当时，天色已然昏暗，几十个鬼子在追击他，他先是趴在被残雪覆盖的一片乱坟头上，用打兔子的看家本事，撂倒了几个鬼子；当他打得只剩下一发子弹时，他舍不得这颗子弹了——他本想这颗子弹是在走投无路时，留给他自个儿那颗脑袋的。

出现在状语位置的无定成分主要有两种情况：

一是以介词宾语的身份出现，用来传达地点、时间、对象等信息，如例(31)中的"一家小面馆"、例(32)中的"一盘子猪肝"、例(33)中的"一件战利品"和例(34)中的"被残雪覆盖的一片乱坟头"都属于这类情况。

一是以状语位置上动词的宾语的身份出现，如例(33)中的"一身旧棉衣"和例(34)中的"一发子弹"分别是状语位置上的动词"要来"和"剩下"的宾语。可以看出，无定的状语成分结构也比较简单，"数量名"以外的修饰性成分较少。这是因为状语位置的无定成分所传达的多为下文的背景信息，而并不是主题所在，所以一般情况下简单的"一量名"结构即可满足其信息需求。

6.3.2 无定首现成分对语义选择的多样性考察

我们根据前文的分类，将无定实体分为人物、动物、植物、无生命物和实体的局部。这五类实体都能以无定形式在叙事语篇中首现。

6.3.2.1 无定成分表示人物

请看例句：

(35)得知我要去海南报道4月14—16日的博鳌亚洲论坛，一位朋友问道："这是一个什么样的论坛?"我发现我无法准确地回答这个问题。

(36)阿义怯怯地走过去。他这时清楚地看到，坐在石供桌上的是一个男人和一个女人。

(37)昨日上午，汉口中山大道武胜路附近，一黑衣男子当街抢夺妇女颈部的金坠子，被两位市民合力擒获。

(38)我从幼年到少年、青年，外出和回家，必经这渡船，这渡船美，这美是立体的，它积淀了几代人的肖像和背影。

无定成分表示人物时，既可以出现在主语位置，如例(35)中的"一位朋友"；也可以出现在宾语位置，如例(36)中的"一个男人和一个女人"；也可以出现在状语位置，如例(37)中的"两位市民"；还可以出现在定语位置，如例(38)中的"几代人"。人物的数量既可以是单个(如"一位朋友")，也可以是两个(如"一个男人和一个女人")或多个(如"几代人")。

6.3.2.2 无定成分表示动物

请看例句：

(39)一只鹦鹉很聪明，饭店老板因此用来招揽顾客，每当有客人来用餐的时候，鹦鹉就说："欢迎光临!"客人走时就说："谢谢惠顾!"

(40)一辆细轮的小马车从街东头跑过来，拉车的是一匹火红色的小马，赶车的是个肥大的女人。

(41)小偷吓了一跳，忙躲起来，拿出手电筒照了一下，看到原来是一只鹦鹉，于是很生气的想抓住它。当要抓它的时候，发现那只鹦鹉站在一只凶猛的大狼狗头上，当他正吓得半死时，只听见那只鹦鹉说："圣人，上!"

无定成分表示动物时，可以出现在主语、宾语和定语位置，如例(39)中的“一只鹦鹉”(主语位置)、例(40)中的“一匹火红色的小马”(宾语位置)、例(40)中的“一只凶猛的大狼狗”(定语位置)。在我们观察到的语料中没有表动物的无定成分出现在状语位置上的情况，但不排除其他语料中有这种可能。

6.3.2.3 无定成分表示植物

请看例句：

(42)据说墓地里原有几十株参天的古柏，但现在只余一株碗口粗的松树。

(43)下午研究所就来了一群人，在当院两棵树中间用粗麻绳扯了一道横标，写着有那矮子的姓名，上边打个叉；院内外贴满口气咄咄逼人的大小标语，并在院墙上用十八张纸公布了这矮子的“罪状”。

无定成分表示植物的用例较少，在我们观察到的语料中只有出现在宾语和定语这两个位置上的情况，如例(42)中的“几十株参天的古柏”“一株碗口粗的松树”(宾语位置)和例(43)中的“两棵树”(定语位置)，但不排除其他语料中有表植物的无定成分出现在主语和状语位置上的情况。

6.3.2.4 无定成分表示无生命物

请看例句：

(44)2010年的一天，刚上完课的蒋利打开电脑，一封新邮件出现在邮箱里。发件者是记者山旭。他也看到了洪炉那篇《寻找“王成”》的文章。

(45)一个胖姑娘进商场买衣服。拿着一件衣服对服务员说：

“你们这件衣服有XXXL号的吗?”服务员说:“原来你口吃啊。”

(46)中情局此刻向美联社记者介绍“开放源中心”的用意不详,“开放源中心”的海外作业模式是否会招惹一些国家的反感也不清楚。

无定成分表示无生命物时,既可以出现在主语位置,如例(44)中的“一封新邮件”;也可以出现在状语位置,如例(45)中的“一件衣服”;还可以出现在定语位置,如例(46)中的“一些国家”。首现实体的数量不受限,既可以是单个(如“一件衣服”),也可以是多个(如“一些国家”)。

6.3.2.5 无定成分表示实体的局部

请看例句:

(47)篮球滚到池塘里了,我们班的田小奇一手抱着塘边的树,一手去够篮球,那是一棵小树,经不住他用力,连根起来了,“扑嗵”,田小奇连人带树栽到了水塘里,班上的同学都笑倒了。

(48)母亲抬起一只手,似乎想接住水瓢,但那只手在空中抡了一下就落下了。她抽搐着身体,又搜肠刮肚地吐了一阵,然后呻吟着说:“阿义……我的儿……娘这次犯病,怕是熬不过去了……”

(49)男人用一只手攥住他的双腕,用另外一只手,从裤兜里摸出一个亮晶晶的小物件,在阳光中一抖擞,发出清脆悦耳的声音。

无定成分表示实体的局部时,既可以出现在主语位置,如例(47)中的“一手”;也可以出现在宾语位置,如例(48)中的“一只手”;还可以出现在状语位置,如例(49)中的“一只手”。但是这类无定成分的语义限制较大,基本上局限于“一只手”之类的实体局部。

6.3.3　无定首现成分在句法语义上的倾向性表现

6.3.3.1　无定成分对句法位置选择的优先序列

在约 23 万字的语料中，我们统计到的无定首现成分一共有 1415 个。其中，作主语的有 377 个，占 26.64%；作宾语的有 952 个，占 67.28%；作定语的有 32 个，占 2.26%；作状语的有 54 个，占 3.82%。由此我们可以发现，在叙事语篇中，无定成分对句法位置选择的优先序列为：

宾语＞主语＞状语＞定语

在前文中我们论述过，实体首现倾向于出现在宾语位置，其次才是主语位置。这一倾向在无定实体首现上表现得尤为明显。

定语和状语位置上的首现实体通常是偶现实体，在语篇中的主要作用是为下文提供背景信息，通常不会再现。在第 3 章中我们分析过，偶现信息倾向于使用光杆名词来表示，较少使用信息量相对较大、结构相对复杂的“一/数量名”结构。因此，无定成分在定语、状语位置上的分布比例非常低。

我们主要关注的是无定成分集中分布的两个句法位置：主语和宾语位置。从整体分布情况来看，无定成分在宾语位置上的数量要明显多于主语位置。这是因为：第一，宾语位置是实体首现的优选位置，无论有定还是无定，实体首现都倾向于选择在宾语位置出现；第二，一部分用无定主语句表述的句子可以用“有”字句替代表述，使无定主语变换为“有”的宾语。

虽然从整体数据上来看，无定成分倾向于出现在宾语位置，但是无定主语的数量其实也并不稀少。我们统计到的无定主语和无定宾语的数量比为 1∶2.5。这个比例并没有那么悬殊。可见，如果单从句子层面来看，孤立的无定主语句很难成立，而且受到句法、语义、语用各方面的制约，被看成是汉语中非常受限的一种句式。但从语篇视角来看，在真实的语言环境中，有充足的上下文的支持，无定主语句可以突破句法、语义、语用等方面的制约，以自由的状态广泛存在于现实语料特别是叙事语篇中。下面对无定主语句的各个组成部分进行分析。

Ⅰ.无定主语部分

①既可以是信息量充足的复杂形式，也可以是“数量名”结构的简单形式；

②既可以用于表示可及度高的人和动物等，也可以用于表示可及度较低的无生命物；

③既可以用于表示个体化程度高的单数实体，也可以用于表示个体化程度低的复数实体。

Ⅱ.谓语部分

①中心谓词既可以是表示动作的动词，也可以是表示状态的形容词；

②既可以是阶段层面谓词，也可以是个体层面谓词。

Ⅲ.句首修饰语部分

既可以出现在表示时间、处所、场景等充足背景信息的句首修饰语成分之后，也可以出现在没有句首修饰语的环境下。

当然，在句法语义上的自由是相对的，突破制约不代表完全不受制约。下文我们将探讨无定主语在句法语义上的倾向性规律及其成因分析。

6.3.3.2 不同语义类别的无定成分对句法位置的选择倾向

我们在观察中发现，表示不同实体首现的无定成分对句法位置的选择有很大不同，厘清它们之间的区别并分析其成因，有利于进一步深入认识无定主语句的特点。因此，我们首先将实体分为人物、动物、植物、无生命物和实体的局部五类，然后分类统计其在不同句法位置上的分布比例。统计数据如下表所示。

表6.1　表示不同实体首现的无定成分对句法位置的选择比例数据表

句法成分 / 语义类别	主语		宾语		定语		状语		合计
	数量（个）	比例	数量（个）	比例	数量（个）	比例	数量（个）	比例	
人物	235	49.47%	220	46.32%	6	1.26%	14	2.95%	475
动物	22	47.83%	22	47.83%	2	4.35%	0	0	46
植物	0	0	13	86.67%	0	0	2	13.33%	15
无生命物	109	13.16%	662	79.95%	24	2.90%	33	3.99%	828
实体的局部	11	21.57%	35	68.63%	0	0	5	9.80%	51
总计	377	26.64%	952	67.28%	32	2.26%	54	3.82%	1415

从上表中的数据可以推导出表示不同实体首现的无定成分对句法位置选择的优先序列如下：

序列一（人物）：主语＞宾语＞状语＞定语

序列二（动物）：主语/宾语＞定语＞状语

序列三（植物）：宾语＞状语＞主语/定语

序列四（无生命物）：宾语＞主语＞状语＞定语

序列五（实体的局部）：宾语＞主语＞状语＞定语

我们主要关注的是首现实体对无定主语和无定宾语的选择情况，所以我们将表示不同实体首现的无定成分对主语、宾语位置的选择比例进行对比分析，发现人物和动物的选择情况基本一致，都倾向于主语和宾语位置，且对这两个位置没有明显的偏好差异；无生命物和实体的局部的选择情况基本一致，明显倾向于宾语位置；植物则比较特别，是无定成分最少的一类，我们统计到的只有15例，且大部分都在宾语位置。

6.3.4　无定主语句法语义倾向性的成因分析

根据数据对比和对语料的观察，我们总结出这条规律：无定成分的可别度越高，越倾向于选择主语位置。

可别度(identifiability)(Lambrecht,1994)的概念属于认知语言学范畴，是指人类在认知活动中对语言成分的识别度。陆丙甫(2005)提出“可别度领前”原理，即语言中可别度高的成分倾向于前置，可别度低的成分倾向于后置。参考陆丙甫(2005)等的观点，我们根据个体化程度、生命度、完整度和信息量这几个指标将无定名词性成分的可别度等级标示如下：

可别度

高——————————————————低

生命度	人物 ＞	动物 ＞	植物 ＞	无生命物	
完整度	整体 ＞	多数/大部分 ＞	少数/小部分		
信息量	多重修饰语 ＞	单个修饰语 ＞	无修饰语		

可别度高的成分在人类的认知活动中更容易被识别，包括代词、有定成分、专有名词、表示全称的成分、生命度高的成分等。汉语倾向于把可别度高的成分安排在主语位置。由此可推知，无定名词性成分的可别度越高，也就越倾向于出现在主语位置上，具体表现为以下几个方面。

6.3.4.1　生命度越高的成分越容易成为无定主语

这就可以解释为什么生命度高的人物和动物在无定主语上出现的频率最高。更为典型的是，我们在语料中发现相当一部分作无定主语的动物都是拟人化的，例如：

(50)三只乌龟来到一家饭馆，要了三份蛋糕。东西刚端上桌，他们发现都没带钱。

(51)一只公蟹遇到一只母蟹，于是向她求婚。母蟹发现，公蟹走起路来是直行，而不是像一般螃蟹那样横行。她觉得这只公蟹很有特点，于是立即同他结了婚。

例(50)和(51)中的“三只乌龟”和“一只公蟹”都使用了拟人的修辞手

法，提高了动物的生命度，使之更加适宜作为无定主语出现。同样，如果将无生命物做了拟人化处理，它们也更加容易出现在无定主语句中，例如：

(52)有一天，一根火柴把头撞破了，于是去医院包扎。结果，出来后就变成了一根棉签。

例(52)中的“一根火柴”是无生命物，本来不能出现在这个无定主语的位置，但是拟人化的手法赋予了其生命，使其可以充当无定主语。

另外，虽然在我们所统计的语料中没有发现植物作无定主语的用例，但是，在其他语料中我们找到了一个拟人化的植物充当无定主语的例子，如下：

(53)一个青椒到野外郊游。中午太阳很大，它就往丛林里走。突然，一声枪响，青椒中枪倒地了。它挣扎地爬起来看了看伤口说：“为什么有人开枪打我啊？”接着它又看了看身体其他部分后恍然大悟：“原来因为我是虎皮青椒啊！”

例(53)中，植物“一个青椒”本来不能出现在无定主语的位置，但是拟人化的手法提高了其生命度，使其成为无定主语。

6.3.4.2　完整度越高的成分越容易成为无定主语

这体现为整体比局部更容易成为无定主语。我们统计到的实体的局部大多数是人体的某个部位。在所有无定主语中，表示人物的主语占62.33%，而表示局部的主语只占2.92%。和人物整体相比，人体部位比较少出现在主语位置，而多出现在宾语位置，例如：

(54)这名少年名叫雅内克·梅拉。2002年，他因为触电丧失了一条腿和一只胳膊。后来他安装了假肢。

人体部位也可以出现在状语位置，例如：

(55)“快爬呀!”别人都大声嚷着。那个人将一条腿放到椅子上，等着我去爬。

人体部位作无定主语时，上文的近距离范围内往往需要有主体人物出现，例如：

(56)保卫人员立即把他扶到座椅上。卡斯特罗神志清醒，但据他所述，一条腿的膝盖和一只胳膊感到疼痛，可能是骨折了。

(57)他一手叉腰，一根手指笔直地指着地上，挑衅地瞪着我。

例(56)和(57)中，虽然无定成分“一条腿的膝盖和一只胳膊”和“一根手指”在主语位置上，但这强烈依赖于上文近距离出现的人物“卡斯特罗”和“他”，如果没有这样的语境，人体部位是不能单独作无定主语的。

6.3.4.3　信息量越充足的成分越容易成为无定主语

无定成分的信息量越大，越容易出现在主语位置上。这表现在有修饰语的成分比无修饰语的成分更容易成为无定主语，修饰语成分多的复杂结构比修饰语成分少的简单结构更容易成为无定主语。请比较：

(58)a. * 一辆车坏了。

b. * 一辆小汽车坏了。

c. ？一辆黑色的小汽车坏了。

d. 京沪高速上一辆黑色小汽车坏了。

e. 京沪高速上一辆号牌为京 A6666R 的黑色小汽车坏了。

这几个例句从上至下逐步提高了实体“车”的信息量，每增加一次信息量，“车”的可别度就会提高一些。最后一个例句中，“京沪高速上一辆号牌为京 A6666R 的黑色小汽车”的信息量最大，修饰性成分提供的信息量充足到可以将其限制为一个唯一的实体，具有极高的可别度。在主语信息量不充足的情况下，无定主语句的成立较为受限，需要语境的支持；在主语信息量充足的情况下，无定主语句的成立则较为自由，可以独立成句。

6.4　“旧—新”信息结构与句首状语的信息作用

汉语叙事语篇中，实体首现需要时空、场景等背景信息来进行语境定位，有定的名词性成分可以缓和这种需求，但无定的名词性成分需要背景信息帮助语境定位。用于语境定位的背景信息可以是交际双方默认的，可以不出现在语篇中。

时间、空间和场景等背景成分常常出现在句首，这是由它们在叙事语篇中特定的功能所决定的。一是边界标记功能。乐耀(2010)认为叙事语篇是一个由若干所述事件组成的所述事件群。每个所述事件基本上都有自己特定的时空边界和边界标记，表现在语言形式上多由时间词和处所词承担。二是背景功能。就无定主语句来看，时空、场景等句首成分是提供背景的旧信息，“一量名”无定主语是新信息，这种安排符合“旧—新”信息结构的语序原则。例如：

(59)在美国首都华盛顿国家纪念公园的华盛顿纪念碑下，一名工作人员降半旗悼念枪击案遇难者。

例(59)中，句首状语为“在美国首都华盛顿国家纪念公园的华盛顿纪念碑下”，是交际双方共知的旧信息，为后面的新信息“一名工作人员”提供了处所背景，这是典型的由旧信息到新信息、由背景到前景的叙事结构。

无定主语前面需要有表示时间或处所的背景成分。张伯江(2006)已经明确地指出了这一点。不过张伯江(2006)主要强调的是时间背景成分，而我们的研究表明，时间背景是最常见的，但并不是唯一的。背景成分主要包括以下几种情况。

6.4.1 无定主语前边是表示时间的句首状语

请看例句：

(60)早上，一个时尚女人在收发室登记后，直奔校长室，她进来的时候很严肃，手里拿着一个很精致的小包，她没有敲门，就直接进入到校长室，等她出来的时候手上不见了那个小包，脸上露出得意的笑容。

(61)她说，放学的时候，一个叔叔把她抱走了，坐了很久的车，还走了很远的地方。

(62)2010年7月，一个醉汉拎着一个塑料袋冲进哈市一家医院的B超室，抓了几把盒子中的硬币撒腿就跑。

表示时间背景的成分既可以是光杆时间名词，如例(60)中的“早上”；也可以是由时间名词构成的短语，如例(61)中的“放学的时候”；还可以是“年月日”的形式，如例(62)中的“2010年7月”。时间背景既可以表示绝对时间(如“2010年7月”)，也可以表示相对时间(如“放学的时候”)。

6.4.2 无定主语前边是表示处所的句首状语

请看例句：

(63)在公交车上，一个小男孩，大概四五岁的样子，一直揪着他妈妈衣服上的装饰链子，过了会说：“妈妈，我喜欢这个，你死了以后这个能给我吗?”他妈妈一脸黑线：“我没死也可以给你”。

(64)在一辆正在行驶的公共汽车上，一个小男孩不停地把流出鼻孔的鼻涕吸进去，站在对面的一位女士实在忍受不住，就非常和善地对他说：“小朋友，你有手帕吗?”结果小男孩非常不高兴的看着这位女士："我妈妈说了，手帕不能给别人用！"

(65)在一酒吧间里，一位老顾客在喝酒。他总是两杯两杯地喝。招待员问他："为什么你不要一杯大的？""我已经戒酒了，一杯不喝。"老顾客笑着说。

表示处所的句首状语通常是以"在＋处所＋方位词"的形式出现的，如上面例句中的"在公交车上""在一辆正在行驶的公共汽车上""在一酒吧间里"。

6.4.3 无定主语前边是表示时间和处所的句首状语

请看例句：

(66)11月30日中午，郑州一立交桥下，一名农民工死了。有人说是病死的，也有人说是被冻死的。

(67)昨天中午11点多钟，南京一辆公交车车上，一女子因争座位与一名男子发生争执，并将男子面部抓出十几道血痕。

(68)夜色中，僻静路段，一辆出租车晃来晃去。一个凶神恶煞的彪形大汉不停的跟司机抢方向盘。

这三个例句中，"11月30日中午""昨天中午11点多钟""夜色中"提供的是时间信息，"郑州一立交桥下""南京一辆公交车车上""僻静路段"提供的是处所信息。时间信息通常出现在处所信息前面。时间、处所信息有时比较直接具体，有时则比较模糊，如例(68)中，"夜色中"是通过描述场景间接提供了一个"在夜晚"的时间信息，"僻静路段"则是一个很不明确的处所信息。信息的明确性由发话人的交际意图决定，发话人如果认为时间、处所信息很重要，受话人有必要明确知晓，就会将其明确传递出来；发话人如果认为时间、处所信息并不那么重要，或出于某种原因不方便或不愿意让受话人明确知晓，往往就会用模糊简短的语言形式一笔带过。当然，有时候是因为事件本身就不具有明确的时间、处所信息，比如虚构的故事、笑话等。

6.4.4 无定主语前边是表示时间、处所或情景的句子

请看例句：

(69)美术馆里有一幅描写亚当和夏娃的画。

一个英国人看了，说："他们一定是英国人，男士有好吃的东西就和女士分享。"

一个法国人看了，说："他们一定是法国人，情侣裸体散步。"

(70)义乌商贸城附近，天空飘洒着细雨。一个中年妇女和一个女童在马路上发现被车碾压过的方便面后，小女孩和妈妈下车找空塑料袋把散落在地上的方便面残渣小心翼翼地捡了起来，这个时候小女孩笑了。

(71)昨日傍晚，准备在此过卡的人员正排着长队接受军方检查。一位执勤战士说，目前的检查项目很细，除去法定不能携带的违禁物品外，对于携带摄影、摄像器材的人员也要反复询问。

这种情况下，往往时间、处所和情景会在背景句中共现。如例(69)中"美术馆里"提供了处所信息，"有一幅描写亚当和夏娃的画"提供了表示场景的背景信息；例(70)中"义乌商贸城附近"提供了处所信息，"天空飘洒着细雨"提供了场景信息；例(71)中"昨日傍晚"提供了时间信息，"准备在此过卡的人员正排着长队接受军方检查"提供了场景信息。

6.4.5 无定主语前边没有别的成分——以生活常识或认知图景为背景

无定主语前面没有别的成分，但自身实际上隐含着生活常识或认知图景，而这种生活常识或认知图景意味着某个时间或空间。认知图景指人们对现实世界比较恒定的认知经验，它能激活一定的认知元素，包括事件的时间和空间元素。例如：

(72)一个胖姑娘进商场买衣服。拿着一件衣服对服务员说："你们这件衣服有XXXL号的吗？"服务员说："原来你口吃啊。"

例(72)中无定主语"一个胖姑娘"的前面没有任何别的成分，而且所在的句子是整个语篇的始发句，为后续语句提供情景背景。在我们的生活常识和认知里，人们总在某个特定的时间去做某件事，而且谓语部分的"进商场"提供了空间信息。

同时，这种情形的无定主语往往是可别度高的名词性成分，最常见的就是带有修饰性成分的指人名词性成分，例如：

(73)一位名叫韩游的用户向成都某区法院提起诉讼，告成都移动公司侮辱人格。她说："成都移动公司在宣传短信和业务宣传单上都有'预存话费就送油，还有机会去韩游'的宣传语，对正常生活工作造成了极大影响。"网友评论："这名字真是躺着也中枪！"

无定主语"一位名叫韩游的用户"中的定语"名叫韩游"增加了信息量，提高了无定主语的可别度，降低了首现人物对背景的要求。背景和修饰性成分都可以增加信息量，起到促成无定主语句成立的作用。

6.5　无定主语句的语体偏好和动因分析

无定主语句对语体有选择偏好，语体对无定主语句有塑造作用。通过观察无定主语句在不同语体中的分布情况，以及从不同角度研究其语体偏好，我们可以更加清楚地认识无定主语句的特点和价值。

6.5.1　无定主语句对不同语体叙事语篇的选择倾向

根据互动性强弱，我们将语料分为回忆录、小说、故事、笑话、新闻、相声、小说对话、影视剧对话、生活对话九种不同类别的叙事语篇。不同的语篇中，无定成分对句法成分的选择倾向有所不同。我们将主要的倾向性差异总结如下。

6.5.1.1 无定主语句倾向于在笑话、新闻和相声中出现

我们发现，笑话、新闻和相声中，无定成分在主语位置上出现的比例都在 31.95%以上，特别是在笑话中，无定主语的比例(49.04%)甚至略高于无定宾语的比例(47.12%)。而其他语体的无定主语比例明显低于这三种语体，都在 22.83%以下。

因为绝大部分无定成分都分布在主语和宾语位置，所以我们着重对比了无定主语和无定宾语的比例，请看下图(右斜线部分表示不同叙事语篇中无定主语所占比例，左斜线部分表示不同叙事语篇中无定宾语所占比例)：

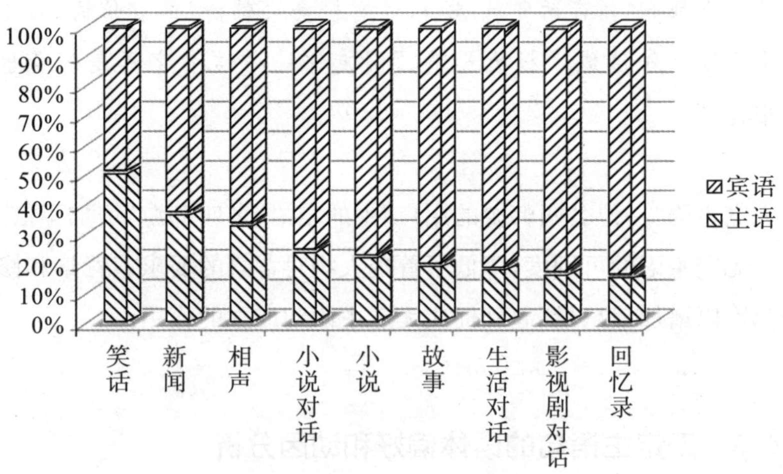

图 6.1 不同叙事语篇中无定主语和无定宾语所占比例对比图

6.5.1.2 指人的无定主语倾向于在笑话、新闻、小说、小说对话和相声中出现

因为指人的无定成分是最常出现在主语位置上的，所以我们专门观察了其在不同语体中的表现，发现在笑话、新闻、小说、小说对话和相声这几种语体中，指人的无定主语出现的比例较高，其中在笑话中出现的比例最

高，为71.25%，而其他语体中指人的无定主语出现的比例都在35%左右。下图是指人的无定主语在出现频率较高的语体中所占比例对比图。

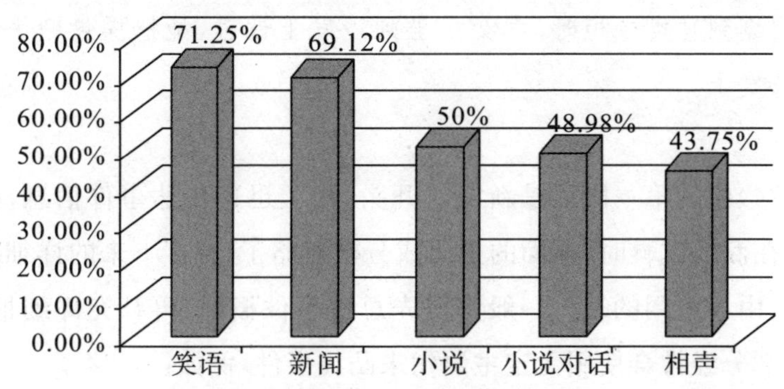

图6.2　不同叙事语篇中指人的无定主语所占比例对比图

6.5.2　无定主语句语体偏好的动因分析

无定主语句偏好出现在笑话、新闻、相声等语体中，这说明无定主语句的某些语言功能符合这些语体的交际需求。结合无定主语句和这几种语体的特点，我们认为以下几点是无定主语句语体偏好的主要动因。

6.5.2.1　无定主语句具有"模糊实体、凸显事件"的功能，适用于"事件凸显型"语体

笑话、新闻和相声都具有重叙述轻描写、重事件轻实体的特点，需要达到迅速传递事件信息的交际目的。无定主语句的主语是无定成分，这使得所指称的实体非话题化，从而模糊实体信息，凸显事件情节，让受话人将关注点聚焦在事件信息上，直接迅速地理解所述事件。

在事件凸显型语体中，发话人期望受话人的关注点聚焦在事件信息上，而事件的参与者则不那么重要，所以需要使用无定成分来模糊实体信息。无定主语句具有模糊实体、凸显事件的功能，正好满足事件凸显型语体的交际需求。新闻中有时为了模糊实体信息，甚至让实体"隐形"，省略表示实体的主语成分，例如：

(74)在商场试鞋时，手提包刚放下，就被一个穿风衣的女子

偷走了。

前日傍晚6时许，市民卢女士和丈夫一起到鲁巷广场购物。他们逛到鞋类专柜时，卢女士坐到沙发上试鞋，她把提包顺手放在沙发上。

例(74)中的第一段话是新闻的开头，为了迅速传达事件信息，本应该出现在“在商场试鞋时”前面的主语成分被省略了，在接下来的详细报道中才出现。由于新闻的结构一般都是先总述事件概况，再补充详细报道，所以，概述部分经常会使用无定主语句来凸显事件，例如：

(75)据英国《太阳报》11月2日消息，英国一名男子遭遇惨烈车祸，头骨裂成30片，生命岌岌可危。外科医生经过5小时手术进行“头骨拼图”，成功复原了他的头骨，挽救了他的性命。

2010年元旦，英国青年杰克·马丁代尔(Jack Martindale)与朋友驾车过程中被一辆超速车撞上，其中2个朋友当场身亡。马丁代尔的头骨被撞碎成30片，医生痛心地表示，他最多只能挺几个小时。

(76)昨日，硚口武胜路上演正气歌：一位婆婆当街被抢走金坠子，一名城管协管员锲而不舍追出300多米将其扑倒。随后抢匪拔刀抖狠，一热心路人见义勇为受伤后，仍与协管员合力擒凶。

49岁的硚口城管路段四队的协管员王全勇介绍，昨天9点左右，他骑电动车从汉阳到汉口，刚下江汉一桥他就看到一位红衣婆婆在大喊：“抢东西！”

上面两个例子都是在总述部分使用模糊实体的无定主语来起到凸显事件的作用，如例(75)中的“英国一名男子”和例(76)中的“一名城管协管员”，并在之后的详细报道中使用明确实体信息的有定成分来凸显实体，如例(75)中的“英国青年杰克·马丁代尔(Jack Martindale)”和例(76)中的

“49岁的硚口城管路段四队的协管员王全勇”。

如果说上面的例子都是因为“不必说”而模糊实体的话，那么还有一种需要模糊实体的情况则是“不愿说”或“不便说”。请看下例：

(77)韩国外交通商部官员3日说，由于韩国驻外国外交人员连续在公开场合行为不端，外交通商部决定整肃驻外纪律。一名驻德国首都柏林高级外交官上月涉嫌醉酒驾车，接受警方调查。外交通商部随后把这名外交官召回国内。

这是一则韩国官员醉酒驾车的丑闻，报道者出于保护其隐私等目的，不能明确交代其个人信息，只能用信息模糊的无定成分“一名驻德国首都柏林高级外交官”来表示“不便说”的实体。

6.5.2.2 无定主语句具有“三体交融”功能，适用于“情景带入型”语体

储泽祥(1996)在研究叙事体中施事主语省略的价值时，提出“三体交融”的概念。“三体”是指在叙事中有可能成为施事主体的三者：作品中的人物、叙事者和读者。省略作品中的施事主语，可使叙事者、人物和读者同时对省略处进行语用填补，叙事者带着读者像作品中的人物一样亲身进入叙事情景，达到“三体交融”的效果。

与省略主语一样，对施事实体有定性的模糊处理使无定主语句在叙事时也具有“三体交融”的功能，这集中体现在无定主语是表示施事角色的人物时，可以使发话人、受话人和事件经历者“三体交融”，将受话人带入叙事情景，使其在心理上产生共鸣。所以，无定主语句最常出现的环境是叙事语体。

在新闻语体中，无定主语句的这个功能有利于塑造新闻的可接受性。由于新闻多报道的是一些具有代表性的或需要大家广泛关注的事件，所以模糊事件中的实体有利于提高新闻的普遍意义，让受话人与新闻事件中的实体进行交融，使受话人觉得这是真实存在的、与自己有关的事情，从而提

高关注度。

笑话和相声则都需要让受话人及时正确地理解笑点，达到把受话人逗乐的交际目的。大部分情况下，实体都不是笑点所在。模糊实体的有定性，有利于尽量减少非笑点信息，突出笑点。同时，模糊的实体有利于受话人进行“三体交融”，无障碍地将自己代入笑话中的情景，“身临其境”，从而迅速顺利地理解笑点。

小说和小说对话中无定主语整体所占比例并不高，但表示人物的无定主语所占比例却很高，达到一半。这更明显表明了语体对无定主语“三体交融”功能的需求。

“三体交融”理论也可以解释为什么在各类叙事语体中无定主语句最少出现在回忆录中。回忆录往往是讲述发话人自己的经历，多以第一人称的角度来叙事，这样发话人自身跟人物重合，“三体”成了“二体”，无法产生“三体交融”的效果，甚至排斥受话人介入。请比较下面两个例句：

(78)今天圣诞节了，我是出租车司机，面相凶悍，魁梧，老婆正在学车，背景。上个月，晚上收了车，我想教教老婆，就把车开到一个僻静的路段，然后手把手教。不料想，刚教一会儿，三个警车呼啸而至，好几个警察跳下来把出租车包围了。后来才知道，路人报警说有女出租车司机被劫持——<u>夜色中，僻静路段，一辆出租车晃来晃去。一个凶神恶煞的彪形大汉不停的跟司机抢方向盘</u>，该有的要素都有了啊……

(79)毛杰看上去不善言谈，但和他在一起我很快乐，这或许是因为铁军总也不在我身边的缘故，在南德我一直过的是一种清苦和寂寞的单身生活，没有亲人，甚至没有一个同龄的朋友。那天我们谈了很多，仿佛已经是一对彼此都很重要的好朋友，呵呵，这感觉有点荒唐。很久以后我才明白，认识毛杰对我来说是个无法挽回的错误。也许那一阵子我太需要什么了，我需要什么呢？<u>一个女孩，独自一人在一个陌生的小城，每天上班，下班，回宿舍</u>

看书。除了一个月铁军能从很远的广屏赶过来看我一眼，亲热两天以后，我依然得独自守着这份孤独。也许我太年轻了，什么也不懂，可心里需要的东西有太多太多。

上述两例中，发话人都分别用第一人称和第三者的视角来进行叙事，经过对比可以发现，同样的事件，同样的发话人，使用无定主语句的叙事方式更具有感染力和情景代入性。可以看出，叙事者正是在需要得到对方的感情共鸣，让受话人身临其境或感同身受时，才变换为第三者视角，使用无定主语句来进行表述。

6.5.2.3　无定主语句具有“在线直播”功能，适用于“准确时效性”语体

使用无定主语句时，发话人似乎在事件发生现场，一边看一边将正在发生的事情如实客观地“直播”给受话人。无定主语句是图片说明语的常用句式。图片说明语中的无定主语句是看图说话，叙事语篇中的无定主语句则像是“看事件说话”。请看下面的例子：

(80)事后南方电视台《今日一线》拍摄了当时的监控录像，录像显示，当天下午5时25分许，悦悦在路边走路，一辆白色面包车行驶过程中突然加速前进，车身撞倒悦悦，把她卷入车底。司机并没有下车，而是开车跑了，车后轮从悦悦身上碾过。

悦悦并没有死亡，画面显示她还在痛苦挣扎，但悲剧还未结束。一位目击整个事件的路人出现在监控视频中，由于道路狭窄，他从悦悦身边绕过，并未停留。

紧接着，又有两名路人经过看到了在地上挣扎的悦悦，但都视而不见，也未采取任何措施。这时，又有一辆小货车出现，司机没有发现倒在地上的悦悦，再次从她身上碾过，此后悦悦没有了动静。

顽强的悦悦并未死亡。而在之后的5分钟里，又先后有十多

位路人从她身边走过，但每个人竟然都只是看了看，没有一个人伸出援手哪怕只是拨打报警电话。

监控录像显示，下午5时31分31秒，一位捡垃圾的阿姨拖着编织袋经过，她发现了悦悦，立刻走过去试图扶起悦悦，但悦悦上半身瘫软。阿姨只好把悦悦从路中间挪到了安全点的路边，然后向四周呼救。很快悦悦的妈妈听到呼喊后来到现场，抱起了血泊中的悦悦。

这个典型的例子非常明显地展示了无定主语句的“在线直播”功能。新闻中的这段话都是对监控录像的实时描述，相当于用语言形式在线直播录像中记录的事件经过。可以看到，在两处有“录像显示”的提示语后面都出现了无定主语句，并且都有明确到分、秒的时点信息，表明这是在实时播报录像中所发生的事情，就像是叙述者在一边看着监控录像，一边讲述画面中所出现的内容。这种情况非常适合且需要使用无定主语句，两处的无定主语既有表示无生命物的，也有表示人物的。无定主语句的这种“在线直播”功能使其满足了新闻等语体对时效性、准确性的需求。

6.5.2.4 无定主语句具有背景依赖性，需要在背景信息充足的语体中出现

新闻有六要素：时间、地点、人物、起因、经过、结果。也就是说，新闻通常必须交代清楚事件的时间和地点，特别是时间，因为新闻具有时效性。这给无定主语句提供了充足的背景信息，例如：

(81)10月26日下午5时许，一辆白色轿车路经胶南隐珠街道小兰东村河时与一辆摩托车相撞后翻入河中，仅车底和车轮露在水面，车主祈女士被困车中。

(82)10月16日下午，武汉民权路。一位女士走在路上，突然被一辆电动车撞倒。

(83)9月19日11时，在武汉重工铸锻有限公司螺旋卷长车

间内，随着吊机指挥员有节奏的哨音和手势，两个 75 吨吊钩一左一右同时发力，平衡仪下重达 109 吨的西来寺钟被吊起。

例(81)中的“10 月 26 日下午 5 时许”提供了明确的时间背景，例(82)中的“10 月 16 日下午”“武汉民权路”分别提供了时间和处所信息，例(83)中的“9 月 19 日 11 时”“在武汉重工铸锻有限公司螺旋卷长车间内”“随着吊机指挥员有节奏的哨音和手势”分别提供了时间、处所和情景信息。这种背景信息充足的语境正是无定主语句在新闻语体中频频出现的主要促因之一。

6.5.2.5　无定主语句具有用语经济性，适合出现在简短紧凑的语体中

表示实体首现时，除了光杆名词外，与其他短语结构如“形容词性成分＋名词”相比，“数量名”短语是最经济的语言形式。在笑话、新闻这种篇幅短小、结构紧凑的语体中，恰好需要使用尽可能简洁的语言。例如：

(84)一只鹦鹉很聪明，饭店老板因此用来招揽顾客，每当有客人来用餐的时候，鹦鹉就说：“欢迎光临！”客人走时就说：“谢谢惠顾！”

(85)一个男的对女友说：“亲爱的，我昨天梦见你了，而且我还在你的心里盖了一间属于我们俩的爱情小屋。”女友说：“哦，是真的吗？”男的说：“是真的！”女友说：“我太感动了……但是你知道吗，你盖的那间爱情小屋，我妈说是违章建筑！”

(86)一男子诈骗武汉某公司巨款后潜逃 13 年，渐入古稀之年的他以为再无人追查，孰料天网恢恢疏而不漏，他在一次与人发生纠纷时被打而向警察求助，自投罗网，当场被擒。

上述例句中，无定主语都是简单的“一量名”结构，如例(84)中的“一只鹦鹉”和例(85)中的“一个男的”。例(86)中，为了尽量精简语言，甚至省略了“一量名”结构中的量词，使用了最简形式：“一男子”。

6.6 叙事语篇中引入首现实体的无定主语句与“有”字句的可替换度

这里讨论的“有”字句是指以“有＋无定 NP”开头的句子。

有些无定主语句可以与“有”字句互相转换，例如：

(87)a. 一位魔术师在一艘小邮轮上工作，已有一两年的时间了。这两年来，他每个晚上有一样的表演，观众们都喜欢他。不过，因为观众群经常的更换，所以他也就不必要急着学新戏法了。

b. 有一位魔术师在一艘小邮轮上工作，已有一两年的时间了。这两年来，他每个晚上有一样的表演，观众们都喜欢他。不过，因为观众群经常的更换，所以他也就不必要急着学新戏法了。

有些语篇中存在“有”字句和无定主语句交替使用的情况。如上文的例(80)中有这样一段话：

(80′)悦悦并没有死亡，画面显示她还在痛苦挣扎，但悲剧还未结束。一位目击整个事件的路人出现在监控视频中，由于道路狭窄，他从悦悦身边绕过，并未停留。

紧接着，又有两名路人经过看到了在地上挣扎的悦悦，但都视而不见，也未采取任何措施。这时，又有一辆小货车出现，司机没有发现倒在地上的悦悦，再次从她身上碾过，此后悦悦没有了动静。

顽强的悦悦并未死亡。而在之后的 5 分钟里，又先后有十多位路人从她身边走过，但每个人竟然都只是看了看，没有一个人伸出援手哪怕只是拨打报警电话。

监控录像显示，下午 5 时 31 分 31 秒，一位捡垃圾的阿姨拖着编织袋经过，她发现了悦悦，立刻走过去试图扶起悦悦，但悦悦上半身瘫软。阿姨只好把悦悦从路中间挪到了安全点的路边，然后向四周呼救。很快悦悦的妈妈听到呼喊后来到现场，抱起了血泊中的悦悦。

这段话中交替使用了无定主语句和“有”字句来表示全新实体首现，无定主语句如“一位目击整个事件的路人出现在监控视频中”“一位捡垃圾的阿姨拖着编织袋经过”，“有”字句如“又有两名路人经过看到了在地上挣扎的悦悦”“又有一辆小货车出现”“又先后有十多位路人从她身边走过”。

有些无定主语句不能与“有”字句互相转换。请看下面的例子：

(88)a. 得知我要去海南报道4月14—16日的博鳌亚洲论坛，一位朋友问道：“这是一个什么样的论坛？”我发现我无法准确地回答这个问题。

b. *得知我要去海南报道4月14—16日的博鳌亚洲论坛，有一位朋友问道：“这是一个什么样的论坛？”我发现我无法准确地回答这个问题。

例(88)中，“一个朋友”前面不能加上“有”字，因为“一个朋友”是上文“得知我要去海南报道4月14—16日的博鳌亚洲论坛”蒙后省略的主语。

那么，制约无定主语句与“有”字句可替换度的因素主要有哪些呢？我们通过对语料的观察分析，总结出以下几项主要制约因素。

6.6.1　句型优势对可替换度的制约

从整体上来看，用无定主语句替换“有”字句的可替换度较高，而用“有”字句替换无定主语句的可替换度较低。这是因为无定主语句有句型上的优势。汉语是SVO型语言，最常用的句型是动词性主谓句，在引入无定的首现实体时也是优先选择这一句型，所以无定主语句比“有”字句出现的频率高，使用的范围广。

6.6.2 实体首现的能力对可替换度的制约

6.6.2.1 引入偶现信息的能力对可替换度的制约

Chafe(1994)指出新、旧信息都可分为重要、次重和略重三个类别。重要信息是指新引进的信息，往往也是交际目的所在；次重信息是已知、可及的信息，作为交际的起点或为了引出一段评述而出现，并不是交际目的；略重信息不是叙事的主要情节，在语篇中往往仅出现一次，不再回指，又可称为偶现信息。"有"字句引入的新信息通常是重要信息，在下文中会多次再现。而无定主语句既可以引入重要信息，也可以引入略重信息。所以，当引入重要新信息时，二者可替换度较高；当引入偶现新信息时，二者可替换度较低。例如：

(89)a. 学校大门外来了一个收废品的，他的身影一直延续到一个教研室，于是一个老师出来将大捆大捆的书本递给他，他用杆秤称了一下又一下，总共十大捆，收废品的声音很清楚："一共一百二十元钱。"

b. *学校大门外来了一个收废品的，他的身影一直延续到一个教研室，于是有一个老师出来将大捆大捆的书本递给他，他用杆秤称了一下又一下，总共十大捆，收废品的声音很清楚："一共一百二十元钱。"

例(89)中的"一个老师"在语篇中并不是主要人物，也没有再现，属于偶现信息，所以适合用无定主语句来引入，替换成"有"字句后则不太自然。

6.6.2.2 引入部分激活实体的能力对可替换度的制约

在第2章中我们根据指称性质和信息类别对叙事语篇中的首现实体进行了分类，其中无定的首现实体有两类：部分激活实体和全新实体。

“有”字句通常只能用于引入全新实体，而无定主语句既可以引入全新实体，也可以引入部分激活实体。也就是说，当引入全新实体时，二者可替换度较高；当引入部分激活实体时，二者可替换度较低。例如：

(90)a. 篮球滚到池塘里了，我们班的田小奇一手抱着塘边的树，一手去够篮球，那是一棵小树，经不住他用力，连根起来了，“扑嗵”，田小奇连人带树栽到了水塘里，班上的同学都笑倒了。

b. *篮球滚到池塘里了，我们班的田小奇有一手抱着塘边的树，一手去够篮球，那是一棵小树，经不住他用力，连根起来了，“扑嗵”，田小奇连人带树栽到了水塘里，班上的同学都笑倒了。

例(90)中，“一手”是前面出现的实体“田小奇”的局部，属于部分激活信息，这种情况下只能使用无定主语句，不能替换为“有”字句。

6.6.3　名词性成分的修饰语对可替换度的制约

请看下面这个例子：

(91)昨日，在自贡市贡井区雷公滩的北环路上，一大二小三辆载满狗的货车停在一家收狗站门前，被百余名志愿者拦截，无法驶离。

例(91)中的无定主语“一大二小三辆载满狗的货车”在结构上较为复杂，数量词前后均有其他修饰语成分——“一大二小”和“载满狗”，因此该无定主语句无法替换为“有”字句。而下面例(92)中的无定主语是简单的“数量名”结构——“一个人”，该无定主语句可以与“有”字句自由替换。

(92)(有)一个人肚子饿了。他跑到卖油饼的摊前，关心地说：“你们炸油饼，太费油，我有一个办法，保管省油。”卖油饼的一听，喜出望外，马上给他端来一盘油饼让他吃，并请他指点省油的办法。这人吃饱了，还不吭声。卖油饼的着急了，催问道："您究竟有什么省油的办法?"那人擦擦嘴说："卖蒸馍。"

我们发现，制约无定主语句替换为"有"字句的修饰语成分往往是在数量词的前面，例如：

(93)a. 美国纽约一名地铁女乘客不满一个男烟民在车厢内点烟，她出言制止，因而引发争论，结果，遭对方挥笔划伤脸部。

b. *有美国纽约一名地铁女乘客不满一个男烟民在车厢内点烟，她出言制止，因而引发争论，结果，遭对方挥笔划伤脸部。

c. 有一名地铁女乘客不满一个男烟民在车厢内点烟，她出言制止，因而引发争论，结果，遭对方挥笔划伤脸部。

例(93)中，无定主语在数量词前后各有一个修饰语成分，前面的修饰语成分保留时，该无定主语句无法替换为"有"字句；而去掉前面的修饰语成分，保留后面的修饰语成分后，该无定主语句就可以替换为"有"字句了。这说明，真正制约无定主语句替换为"有"字句的是数量词前面的修饰语成分。

6.6.4 背景信息对可替换度的制约

句首状语提供的背景信息对无定主语句和"有"字句的可替换度有所影响，表现在背景信息量越大，可替换度越低。请看例句：

(94)a. 11月3日下午，一名中年男子在其家属陪同下，走进了苍南县公安局交警大队事故中队，表示自己就是撞倒陈老太的肇事司机韩某。

b. ? 11月3日下午，有一名中年男子在其家属陪同下，走进了苍南县公安局交警大队事故中队，表示自己就是撞倒陈老太的肇事司机韩某。

(95)a. 9月19日11时，在武汉重工铸锻有限公司螺旋卷长车间内，随着吊机指挥员有节奏的哨音和手势，两个75吨吊钩一左一右同时发力，平衡仪下重达109吨的西来寺钟被吊起。

b. *9月19日11时，在武汉重工铸锻有限公司螺旋卷长车间内，随着吊机指挥员有节奏的哨音和手势，有两个75吨吊钩一左一右同时发力，平衡仪下重达109吨的西来寺钟被吊起。

例(94)有一个句首状语成分，提供了时间信息，替换为“有”字句后虽然不太顺口，但勉强可以成立。而例(95)有三个句首状语成分，提供了时间、处所和场景等信息，在这种背景信息量较大的情况下，无定主语句不能替换为“有”字句。

6.6.5 语体动因对可替换度的制约

通过对语料的观察，我们发现在新闻语体中，无定主语句和“有”字句的可替换度较低。这主要有以下两个原因。

6.6.5.1 无定主语句比“有”字句更具经济性

从形式上来说，“有”字句比无定主语句多一个语言形式“有”，虽然只多了一个字，但显得较为繁赘。从信息解码角度来看，无定主语句由主语和谓语构成，在一个句法层次上；“有”字句则相当于由一个表示存现的句子和一个表示事件的句子整合而成，有两个句法层次。图示如下：

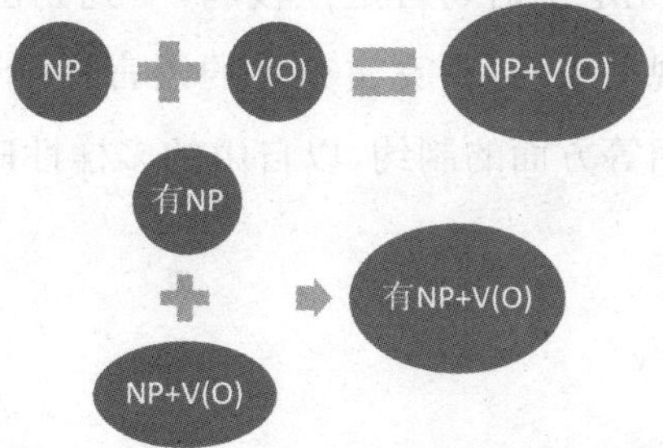

使用“有”字句时，受话人需要解码处于不同层次上的双重信息，解码难度相对较大，不适合用在要求简洁明了、通俗易懂的新闻语体中。

6.6.5.2 新闻语体中通常背景信息较多

前面我们提到过，新闻要求具备“六要素”：时间、地点、人物、起因、经过、结果，并且新闻的时效性和真实性要求其在语篇中必须明确交代大量的具体的时间、处所等背景信息。而背景信息量大的情况下，无定主语句往往无法替换为“有”字句。所以，相较之下，新闻语体更适合无定主语句的出现。

6.7 本章小结

通过上述研究，我们发现，汉语中的无定主语句并非罕见的、特殊的、受排斥的句式。相反，无定主语句不仅大量存在，而且在叙事语篇中表示实体首现时，无定主语句是不可或缺的优选句式，特别是在表示人物时。我们认同范继淹(1985b)的观点，认为无定主语句和主谓谓语句一样，与其他句式并列存在于汉语中，并且应该被视为“汉语句法的特点之一”。

无定主语句最核心的语篇功能是引入一个新信息。我们以叙事语篇为研究语料，以实体首现为研究视角，对无定主语句进行了多角度的考察，得出以下主要结论。

6.7.1 无定主语句对语境的依赖性较强

前有背景信息、后有后续小句是无定主语句存在的理想语境。单从句子层面来看，孤立的无定主语句自足性较弱，受到句法、语义、语用各方面的制约。但从语篇视角来看，在真实充足的语言环境中，无定主语句可以突破句法、语义、语用等方面的制约，以自由的多样性广泛存在于汉语特别是叙事语篇中。

6.7.2　无定主语句前面通常有句首状语

句首状语为无定主语提供时空、情景等背景信息，这种安排符合“旧—新”信息结构的语序原则。背景成分主要包括表示时间的句首状语、表示处所的句首状语、表示时间和处所的句首状语以及表示时间、处所或情景的句子。有时无定主语前边没有别的成分，但其自身实际上隐含着生活常识或认知图景，而这种生活常识或认知图景意味着某个时间或空间。

6.7.3　可别度越高的无定名词性成分越倾向于出现在主语位置

这具体表现为：生命度越高的成分越容易成为无定主语；完整度越高的成分越容易成为无定主语；整体比局部更容易成为无定主语；信息量越充足的成分越容易成为无定主语。

6.7.4　叙事语篇是无定主语句出现的典型环境

无定主语句通常出现在叙事语篇中。其中，笑话、新闻和相声是无定主语句的优选语体。这是因为：

Ⅰ.无定主语句具有“模糊实体、凸显事件”的功能，适用于“事件凸显型”语体。

Ⅱ.无定主语句具有“三体交融”功能，适用于“情景带入型”语体。

Ⅲ.无定主语句具有“在线直播”功能，适用于具有客观时效性的语体。

Ⅳ.无定主语句具有背景依赖性，需要在背景信息充足的语体中出现。

Ⅴ.无定主语句具有用语经济性，适合出现在简短紧凑的语体中。

6.7.5　无定主语句和“有”字句的可替换度

这主要表现在以下几个方面：

Ⅰ.从整体上来看，用无定主语句替换“有”字句的可替换度较高，而用“有”字句替换无定主语句的可替换度较低。这是因为相对兼语句而言，无定主语句的动词性主谓句句型是汉语中的优选句型。

Ⅱ.“有”字句通常只能引入重要信息和全新实体。当引入重要新信息时，无定主语句和“有字句”的可替换度较高；当引入偶现新信息时，无定主语句和“有字句”的可替换度较低。当引入全新实体时，无定主语句和“有字句”的可替换度较高；当引入部分激活实体时，无定主语句和“有字句”的可替换度较低。

Ⅲ.名词性成分的数量词前面有修饰语时，无定主语句和“有字句”的可替换度较低；名词性成分没有其他修饰语成分时，无定主语句和“有字句”的可替换度较高。

Ⅳ.背景信息量越大，无定主语句和“有字句”的可替换度越低；背景信息量越小，无定主语句和“有字句”的可替换度越高。

Ⅴ.在新闻语体中，无定主语句和“有字句”的可替换度较低。因为新闻需要交代“六要素”，所以通常背景信息较多，适合用无定主语句。

第7章　实体首现视角下的无定“把”字句

通常情况下，现代汉语的“把”字句中，介词“把”字的宾语在意念上总是有定的(朱德熙，1982)。无定成分往往被认为不能作“把”字的宾语，如“把一位大夫请来了”是不成立的，因为句中“把”字的宾语是无定形式“一位大夫”，这与有定的要求相悖。但是，我们发现，当“把”字句进入合适的语境，“把”字的宾语用来表示实体首现时，情况就发生了变化。在第5章中我们讨论过，“把”字句是实体首现句型类别中的一个小类，在我们考察的实体首现句中有298例，占3.72%。值得注意的是，其中相当一部分的“把”字句中，“把”字所带的宾语都是“一/数量名”等无定成分。

在6.2.1中，我们界定了汉语中的有定和无定，将其看作一种纯粹的语法形式特征。“一/数量名”等形式是无定的，“这/那＋名”、专有名词和代词等形式是有定的。因此，我们将“把”字宾语为“一/数量名”等无定成分的“把”字句简称为无定“把”字句。请看下面的例子：

(1)一辆汽车在经过一个小村庄时，把一只鸡给轧死了。司机捡起这只不幸的小鸡，对一位看到这件事的小男孩说：“这只鸡是你家的吗？”“不，先生，我家的鸡跟它的颜色、模样虽然一样，但它没有这么扁。”

例(1)中的“一只鸡”是无定的实体首现形式，在句中作“把”字的宾语，而其所在的“把”字句不仅成立，而且非常合理，甚至是语篇中较为常见的一种用法。

有些句子只能使用无定“把”字句，例如：

(2)正吃着高兴的时候，李东宝讲了个笑话逗得刘小红笑得前仰后合。没想这一笑，把一个汉子给笑来了，他身边还有几个半大的小青年，说句实话，他们正处于最危险也是最可怕的年龄。(储泽祥，2010用例)

例(2)中的“把一个汉子给笑来了”不能变换为“笑来了一个汉子”。也就是说，这类句子只能使用“把”字句来表达，而“把”字的宾语又只能使用无定成分，似乎无定“把”字句的形成是句法的一种无奈选择，是一种“句法扭曲”现象。但这并不能解释无定“把”字句的真正成因。因为它不能解释下面两个问题：一是为什么这个例子中“把”的宾语必须是无定成分；二是为什么大部分无定“把”字句都可以变换为动宾句等其他句型。而无定“把”字句在叙事语篇中的特定功能就可以用来解释这两个问题。

首先，无定“把”字句中“把”的宾语通常是在语篇中第一次出现的首现实体，说话人不能识别其所指，所以只能使用无定形式。如例(1)中的“一只鸡”和例(2)中的“一个汉子”，都是在语篇中第一次出现的实体。

其次，试比较“把一只鸡给轧死了”和“轧死了一只鸡”，前者的焦点成分为“轧死了”，后者的焦点成分为“一只鸡”，显然前者凸显的是“轧死了”这个行为结果，而后者凸显的是受事实体——“一只鸡”。将无定“把”字句变换为动宾句，二者虽然语义上似乎相同，但是焦点凸显功能则大不一样。所以在需要凸显行为结果的情况下，无定“把”字句不适合变换为动宾句。

可见，在充足的语境条件下，在实体首现和凸显行为结果的双重功能需求下，“把”字句可以突破句法上的限制，使宾语使用无定形式不仅变得合理，而且成为最合适的表述方式。

无定“把”字句的中心动词有及物和不及物两种情形，如“把个同事累倒了”的中心动词“累”是不及物动词，“表弟骑车把一个胖姑娘给撞了”的中心动词“撞”是及物动词。在结构上，无定“把”字句也有两种类型：“把+

一个＋NP＋V”和“把个＋NP＋V”。本书讨论的是中心动词为及物动词的“把＋一个＋NP＋V”结构的无定“把”字句。这里的“一个”实际上是广义的，既包括“一”加上其他个体量词的情况，也包括无定的“数量”形式，还包括省略量词的情况。严格来说，应该写为“把＋一/数(量)＋NP＋V”结构。

7.1　无定“把”字句的研究现状和待解决的问题

7.1.1　无定“把”字句的主要研究成果

目前关于现代汉语中“把”字句的研究，主要围绕两个方面展开：一是研究“把”字句在形式语义等方面的允准条件；二是对“把”字宾语的有定性进行考察和解释，主要体现在对无定“把”字句的研究上。其中，第一个方面的研究以朱德熙(1982)、王还(1985)和张伯江(2000)等为代表，已经形成一系列比较成熟的研究成果。而在第二个方面，关于无定“把”字句的专门研究则相对较少，且在无定“把”字句的允准条件、语用价值和在汉语中的地位等问题上尚无定论。下面，我们将介绍目前学者们在无定“把”字句研究方面的主要观点。

陶红印、张伯江(2000)提出“把”字句中“把”字的宾语可以是无定的，确认了无定“把”字句的客观存在，但认为它是受限的格式；并从功能语法的角度，详细分析了无定“把”字句从近代到现代的演变过程，认为现代汉语中的无定“把”字句通常为“把一个＋及物动词”格式，“把个＋不及物动词”格式在近代汉语中常见，而在现代汉语中基本不存在。陶、张指出，现代汉语中的无定“把”字句在语义语用特征上与近代汉语不完全相同，现代汉语无定“把”字句中“把”字的宾语主要用于表示通指意义，其次用于引进偶现新信息。

杉村博文(2002)从认知的角度对现代汉语中的无定“把”字句进行了解释。他将无定“把”字句从形式上分为“把＋一个＋NP＋V”和“把＋个＋NP＋V”两种格式，并指出这两种格式在句法、语义特点等方面都存在明显不同和分工现象。其主要观点是，"把＋一个＋NP＋V"格式中的"一个＋NP"主要用于表示"感知信息"、"任指"、"部分"、"全部"和全新且有可及性的信息，而"把＋个＋NP＋V"格式的无定"把"字句则主要用于表示事态的发展出乎说话人的意料。

张谊生(2005)对近、现代汉语中的"把＋个＋NP＋V"格式的无定"把"字句做了专门研究，认为该格式在现代汉语中的使用频率虽然不高，但在句法成分、句子构造、句式语义、语用倾向等方面都有着独特个性，主要表示扭曲关系的异常态，有较强的主观性、通俗化倾向。

储泽祥(2010)以"事物首现"为视角，探讨了现代汉语中无定"把"字句的存在理据，认为无定"把"字句在现代汉语中是受限制的格式，实际上是一种扭曲现象。"把"字的无定宾语具有"说话人已知、听话人未知"的信息特征。无定"把"字句必须同时满足事物首现、"把"字句句法和"把"字宾语的信息特征等要求才能成立。无定"把"字句具有"双刃剑"性质的语用价值，有时可以淡化无定宾语所指称的事物，有时也能吸引听话人注意该事物。

俞志强(2011)从语境的角度对无定"把"字句进行了考察，认为"把"字句的宾语可以是有定的，也可以是无定的，不存在常规和例外之分，都是同一个语境匹配机制的自然产物。有定、无定并不是问题的关键，重要的是"把"字宾语的属性明确性能否与句子的语境要求相匹配。一般情况下，人们对"把"字宾语的信息是比较关心的，因此宾语常常是属性明确性高的有定形式。但在不留神或失手、听者不在场、宾语细小、从句从轻、信息填补和诧异状态等语境中，对"把"字宾语的属性明确性要求较低，就可以是无定的形式。

张姜知(2013)对无定"把"字句的语义特点和限制条件进行了研究，将无定宾语区分为意念上无定的和意念上有定而形式上无定的两种，认为意念上无定的宾语只能进入无意致使"把"字句，意念上有定的成分可以经过主观化和交互主观化的作用，以无定的形式进入无定"把"字句。

7.1.2　本书重新思考和发现的问题

上述学者对无定“把”字句进行了各方面的深入探讨，特别是对于无定“把”字句的允准条件，提出了很多富有启发性的观点，这对本书的研究极具参考价值。本书将在这些研究的基础上，以实体首现为视角，对尚无定论的关键问题做进一步的深入探讨，主要体现在以下几个方面。

7.1.2.1　现代汉语中有两类无定“把”字句

关于无定“把”字句的研究，存在很多有争议的疑难问题，甚至有自相矛盾的地方。比如，有的学者认为无定“把”字句中“把”字的宾语不重要，不需要引起关注，所以使用无定形式；但有的学者又提出“把”字的宾语有时反而是需要引起人们注意的。这是因为，只在共时平面观察难免会有局限。我们在结合历时语料进行深入分析之后，发现一个关键问题：现代汉语中实际上存在两类无定“把”字句。“把＋一个＋NP＋V”形式的无定“把”字句从历时上看其实有两个“源头”：一个是“把＋一＋NP＋V”，一个是“把＋个＋NP＋V”。这两个结构形成之初在形式、语义和语用价值上都各有不同。请看例句：

(3)沩山把一枝木，吹两三下，过与师。（五代《祖堂集》）

(4)如今学者先要把个“勿忘，勿助长”来安排在肚里了做工夫，却不得。（北宋《朱子语类》）

“把＋一＋NP＋V”出现的时间较早，我们观察到其最早出现在五代时期，如例(3)，句中的“把”是动词，表示“持、拿”，“一”表示数量，结构式表述“拿着一个物体”的意思。我们观察到“把＋个＋NP＋V”最早出现在北宋时期，如例(4)，句中的“把”是介词，而“个”的数量义较弱，可以搭配“勿忘，勿助长”这么抽象的一句话，结构式表述“将某事物怎么样”的意思。从语用上看，例(3)是客观单纯地描述一个动作行为，而例(4)则是带有主观评价地讲述一个非常规的事件或现象。

从宋代开始，“把＋一＋NP＋V”开始有演变为“把＋一个＋NP＋V”的趋势。请看例句：

(5)宋四公却待要睡，又怕吃赵正来后如何，且只把一包细软安放头边，就床上掩卧。(南宋《话本选集1·宋四公大闹禁魂张》)

到了明代，“把＋个＋NP＋V”也开始演变为“把＋一个＋NP＋V”。请看例句：

(6)所以古人会择婿的，偏拣着富贵人家不肯应允，却把一个如花似玉的爱女，嫁与那酸黄齑、烂豆腐的秀才，没有一人不笑他呆痴。[明《初刻拍案惊奇(上)》]

为了区分两种同形的无定“把”字句，我们选取了量词为“包”的例(5)。可以看出，在演变之后，两种结构虽然在形式上一样，但表意和语用功能仍各有不同。例(5)中的“把”字从动词变成了介词，但“一”加上了量词后还是表示数量义。例(6)中的“把”还是介词，“个”在加上了数词后数量义还是很弱，“把一个如花似玉的爱女”完全可以变换为“把如花似玉的爱女”。从语用上看，例(5)还是客观单纯地描述一个动作行为，例(6)也仍是带有主观情绪地讲述一个非常规的事件或现象。

从明代开始，“把＋一＋NP＋V”的形式就几乎消失了，全部被“把＋一个＋NP＋V”的形式所替代，但其表意和语用功能并没有变化。例如：

(7)宋金召唤了一只渡船。将箱笼只拣重的抬下七个，把一个箱子送与舟中众人，以践其言。众人自去开箱分用，不在话下。[明《警世通言(下)》]

(8)“我要找院长”，大爷一边擦着额头上的汗水，一边把一个纸卷放在桌子上。(现代)

“把＋个＋NP＋V”的形式从清代以后就慢慢变少了，但在现代汉语中还是有少量遗存，其表意和语用功能也没有发生变化。例如：

(9)一身皮茄克，把个 8 年前的砍柴女打扮得和城里姑娘一样。(现代)

但现代汉语中，这种用法大多数都被“把＋一个＋NP＋V”形式所替代，例如：

(10)他当支书 6 年间，就把一个穷得“丁当响”的后进村变成了产值过千万、利润过百万的富裕村。(现代)

由此，现代汉语中就形成了两类不同来源的无定“把”字句，它们虽然形式上相同，但表意功能和语用价值却各有不同。由“把＋一＋NP＋V”演变而来的无定“把”字句(下文简称为“把一”式无定“把”字句)突出“一个”的数量义，用于客观描述动作行为。由“把＋个＋NP＋V”演变而来的无定“把”字句(下文简称为“把个”式无定“把”字句)中，“一个”的数量义则较弱，用于凸显非常规的事件或状态，常常描述令人惊奇、意外的事件。

两类无定“把”字句的历时来源不同，在形式、语义、语用等方面的特征也各有不同，需要进行分类描写和解释。若将两类看作一类，就会导致无法全面概括无定“把”字句的特征，甚至产生自相矛盾的情况。

7.1.2.2　无定“把”字句中的“把”字宾语所传递的信息究竟是什么性质?

对于这个问题，陶红印、张伯江(2000)，杉村博文(2002)和储泽祥(2010)等都有过探讨，他们指出无定的“把”字宾语所传递的信息非常特殊，通常既不是回指性的旧信息，也不是典型的新信息。这表明传统的新、旧信息二分法并不能满足对无定“把”字宾语的信息性质界定，需要从更全面细致的层面进行重新审视。

7.1.2.3 在语篇中，“把”字的无定宾语所引进的成分具有什么样的话题性？

陶红印、张伯江(2000)认为，“把”字的无定宾语通常是不具话题连续性的偶现成分，但有时也能具有话题连续性，可以被回指。储泽祥(2010)认为“把”字的无定宾语并不都是偶现的。我们结合语境，将无定“把”字句还原到语篇中进行观察，发现“把”字的无定宾语大部分是具有话题连续性的。这就需要进一步的探讨和解释了。

7.1.2.4 与其他可变换句型相比，无定“把”字句具有什么独特的功能和价值？

我们采用变换分析法，将无定“把”字句与可相互变换的句型如动宾句进行了比较，发现无定“把”字句具有“凸显行为结果”的功能。所以，在特定的语境条件下，“受限”的无定“把”字句成了优选句型，非常规的状语位置成了实体首现的优选句法位置。

7.1.2.5 在不同语体中，无定“把”字句的分布有何差异？

语体对无定“把”字句有一定的塑造作用，目前关于这方面的研究还较为薄弱。我们观察了不同类型的叙事语篇中无定“把”字句的分布情况，并进行对比分析，最终总结出语体对无定“把”字句的影响及作用。

下文我们将以实体首现为视角，对上述问题进行深入探讨，重新审视无定“把”字句在现代汉语中的地位和价值。

7.2 叙事语篇中无定“把”字句的实体首现功能

在第3章中我们讨论了实体首现的表述形式类别。在叙事语篇中，实体首现的表述形式不一定是“一/数量名”短语，但“一/数量名”等无定形式表示的基本上都是实体首现。也就是说，无定“把”字句中，“把”字的宾语通常就是实体首现成分。下面我们将分别从信息和话题两个方面来探讨无定“把”字句中“把”字的宾语的实体首现功能。为了称说简便，下文的无定“把”字句中的实体首现专指无定“把”字句中“把”字的宾语所表示的实体首现。

7.2.1 无定“把”字句中实体首现的信息性质

在 2.4.2 中，我们从信息性质的角度，将实体首现分为起蒂实体首现、完全激活实体首现、部分激活实体首现和全新实体首现。起蒂实体首现传递共知信息，完全激活实体首现传递给定信息，部分激活实体首现传递可推信息，全新实体首现传递未给定信息。其中，共知信息和给定信息接近于已知信息/旧信息，可推信息和未给定信息接近于新信息。

那么，无定“把”字句中的实体首现属于哪一种信息类别呢？在我们观察到的语料中，无定“把”字句中“把”字的宾语所表示的通常是全新实体首现，少数为部分激活实体首现，传递的是未给定信息或可推信息。请看下面的例子：

(11)一天，一个病人大声说：“上帝啊！我的病终于治好了！”睡在他左边病床的病人说：“你别高兴得太早。昨天，我做手术的时候，医生把一把手术刀放在我的腹腔里了！”睡在他右边病床的病人说：“我做手术的时候医生把一条绳子放在我肠子里了。”睡在他后面病床的病人说：“医生把一个手镯放在我的胸腔里了。”这时，医生跑进病房大声叫道：“你们谁看见我的手表啦？我做手术时还在的！”这个病人顿时晕了过去。

(12)这个魔术师的确很厉害，他把一把锁着的锁含在嘴里，然后把一把钥匙从肚脐眼里插进去，当他把锁从嘴里吐出来的时候，锁开了。接着他又在嘴唇上涂上了一些酸碱调和度较好的液体，然后再把一根吸管插进自己肚脐眼里，结果有许多泡泡从嘴里飘出来。观众无不为之感到惊奇。就在这时，一个财迷兴奋地走到他跟前靠近他的耳朵悄声地问道：“老兄，可以插银行卡吗？”

(13)我姥姥有一次心血来潮，非要把一个碗柜塞进比它小一点的墙空里，我觉得她虽然没读过书，平时还是挺精明一人啊，那次居然拿了把菜刀妄想把墙给砍了，她正那专心削墙呢，我姥爷闪进来，盯着她幽幽的说了一句："疯了吧你！"

例(11)(12)(13)中，用单横线标示的是无定"把"字句，用着重号标示的是"把"字的宾语，也是实体首现形式。这几个无定"把"字句中的"一把手术刀""一条绳子""一个手镯""一把锁着的锁""一把钥匙""一根吸管""一个碗柜"都是在语篇中第一次出现且没有识别线索的全新实体，传递的都是未给定信息。

再来看看部分激活实体首现的例子：

(14)许凤收拾起她的笔记本子，把其中的一页递给李铁看，这是她根据上级党委的指示考虑建立的一套秘密的区委和秘密的村支部领导机构。

(15)蚂蚁在森林里走，突然遇到一只大象，蚂蚁连忙把一只腿伸出去。小白兔见了很好奇，问："你在干什么？"蚂蚁悄悄对它说："嘘！别出声，看我绊他一跟头！"

(16)他和战士们一齐摸摸胸口，有的把一只手探到怀里去，抓住了驳壳枪的柄子，指头扣在枪机上面。

例(14)(15)(16)中，用单横线标示的是无定"把"字句；用着重号标示的是"把"字的宾语，表示的都是部分激活实体首现；用双横线标示的是激活的线索。

例(14)中，"她的笔记本子"可以部分激活"把"字的宾语"其中的一页"，受话人可以识别出"她的笔记本子中的一页"这个领属性信息，但无法识别出具体哪一页的个体信息。所以"其中的一页"属于受话人通过发话人提供的线索可以推知部分信息的可推信息。

例(15)中的"一只腿"也属于可推信息，激活线索是"蚂蚁"。受话人可以推知“蚂蚁的一只腿”这个领属性信息，却无法明确具体哪一只的个体信息。

例(16)中，“把”字的宾语是“一只手”，激活线索有两个：一个是“他和战士们”，一个是“有的”。受话人通过这两个激活线索只能模糊推知“一只手”的领属者是“他和战士们”的其中某些人，不能明确领属信息，更无法确定“一只手”的具体所指。

与无定“把”字句相对，在叙事语篇里的有定“把”字句中，“把”字的宾语通常是再现的实体，传递共知信息或给定信息，与有定的形式相匹配。这表明，在叙事语篇中，“把”字句的“把”字宾语在有定、无定上存在明确分工：未给定信息和可推信息由无定“把”字句表示，共知信息和给定信息由有定“把”字句表示。请看下面的例子：

(17)两年前，这个李兰月曾经向季洁提供了系列强奸幼女案的主犯马洪生的重要线索，后来这个马洪生逃离了抓捕，为了报复，没过多久就把李兰月给杀害了。

(18)我在来的路上，遇到一个小伙子。他徒手干掉四个鬼子。伪军想要动枪，被我们打跑了。他了解的情况，对我们很有价值。我把他带来了，让他谈谈。

(19)有一回和母亲到西门町看电影，两个人在簇拥的人潮中往前推进时，我注意到前方有一名工人正准备钉广告看板，这时心里突然闪过一个念头：这个看板可能会掉下来。当我们经过时看板真的掉了下来，铁皮的尖角戳到母亲的上唇，刺了一个九十度的小口子，肉立刻翻了起来，而且鲜血直流。这时我发现自己竟然气得浑身发抖，把那名不小心的工人臭骂了一顿，母亲反倒心软了，直说没关系，一点小伤罢了。

例(17)中，“把”字的宾语“李兰月”是交际双方共知的信息，与有定形式相匹配，因此此例使用了有定“把”字句。

例(18)和例(19)中的“他”和“那名不小心的工人”都是给定信息，分别回指上文的“一个小伙子”和“一名工人”。受话人通过上文中的线索可以明确推知给定信息的具体所指，所以此例使用了有定“把”字句。

7.2.2 无定“把”字句中实体首现的话题功能

在 2.4.1 中，我们从话题功能的角度，将实体首现分为全局话题实体首现、局部话题实体首现和非话题实体首现。全局话题实体是指在整个语篇范围内多次再现的实体；局部话题实体是指在语篇的局部范围内若干次再现的实体；非话题实体是指在语篇中只出现一次，不再回指的实体。

在我们观察到的语料中，无定“把”字句中“把”字的宾语所指称的通常有两种话题功能：一是局部话题实体，二是非话题实体。与目前学者们普遍认为无定“把”字句引进的是偶现实体的观点不同，我们在语料中发现，无定“把”字句引进的实体为局部话题的比例比为非话题的比例稍高一些。我们在自己整理的约 23 万字叙事语料和北大 CCL 现代汉语语料库中搜索出共计 300 例无定“把”字句，其中，引进话题成分的无定“把”字句有 217 个，占 72.33%；而引进非话题成分的无定“把”字句只有 83 个，仅占 27.67%。

请看下面的例子：

(20)那个夏天，我给中国联通又拍了一个广告。我把一个小孩举起来投篮。孩子很沉，第一次举起的时候，他的鼻子碰在篮圈上，然后他就哭开了。

(21)表弟骑车把一个胖姑娘给撞了。

姑娘说：“你陪我去医院给膝盖抹点红药就行了，不要什么赔偿。”

表弟说：“妹儿你真厚道，来，你把裤腿撩起来，我看看伤得重不重。咦，你这腿肚子是胖的还是撞的啊，这么粗……”

后来，姑娘跟表弟要了 2000 元创伤赔偿费。

(22)1979年,美国科学家把一个有60层大楼那么高的巨大气球放到离地面35千米的高空,气球上载有一批十分灵敏的探测仪器。结果,它在高空猎取了28个反质子。这是在地球以外第一次发现的反物质。

例(20)(21)(22)的无定"把"字句中,"把"字的宾语引进的都是局部话题成分,在后续语句中都有回指的成分出现。如例(20)中的"一个小孩",在后文中有两个回指成分"孩子"和"他";例(21)中的"一个胖姑娘"首现之后又以"姑娘"的形式再现了两次,并且在整个笑话的各部分都出现了,属于全局话题;例(22)中,"一个有60层大楼那么高的巨大气球"在后文也分别以"气球"和"它"再现了。这表明,无定"把"字句中"把"字的宾语是具有一定的话题连续性的,可以是语篇的局部话题成分。

再来看看无定"把"字句引进非话题实体的例子:

(23)1992年秋的一天,张海燕到站台上替班,一位旅客从即将要开动的列车窗子里伸出头,把一个啤酒瓶狠狠地砸在站台上。

(24)当时她与另外两名女伴在瀑布区路过一排房子时,隔着玻璃门看到屋内有几名警察正在把一个黑人按倒在地。她们正想走开,却见其中一名警察挥手示意她们进去,她们以为警察需要她们帮忙,正要进去时,一名警察突然向他们扑来。

(25)几年下来,坐在后排的鹦鹉经过长期的观察,终于看出了魔术师戏法的破绽,开始当众拆穿魔术师的把戏。举个例子,当魔术师把一束花变不见时,这只鹦鹉会大叫说:"在他的后面!在他的后面!"这可弄得魔术师火冒三丈,可是他也束手无策。鹦鹉是船长的,他动不了它一根寒毛。

例(23)(24)(25)的无定"把"字句中,"把"字的宾语引进的都是非话题成分，如例(23)中的“一个啤酒瓶”、例(24)中的“一个黑人”和例(25)中的“一束花”，后文中都没有再现形式出现。值得注意的是，例(25)中虽然没有明确的语言形式来再现“把”字的宾语“一束花”，但其实在鹦鹉所说的“在他的后面!”这句话中，“一束花”有零形回指成分，只是省略了语言形式。所以，严格来说，这里的“一束花”也是具有一定话题延续性的。这类情形在下面这个例子中体现得更加明显。

(26)这时，二儿子王月莆的女儿王文静把一个笔记本递给了岳岐峰：“岳爷爷，这里面有江总书记的题词，请您也给写几句话。”

例(26)中，“把”字的宾语“一个笔记本”在后面的对话中以明确的语言形式“这”再现了，表明“一个笔记本”具有话题连续性。

经过上面的讨论，我们可以得出结论：无定“把”字句中“把”字的宾语引进的通常是具有一定话题连续性的局部话题成分，其次才是偶现的非话题成分。

7.3 无定“把”字句的“凸显行为结果”功能

我们在7.2中所得出的结论引发了一个疑问：既然“把”字的无定宾语通常具有话题连续性，在语篇中具有一定的重要性，那为什么要将这个局部话题实体放在信息度较低的状语位置首现，而不是放在信息度较高也是实体首现最偏好的宾语位置首现呢?

带着这个疑问，我们对实际语料进行了更为深入的观察和分析，并采用变换分析法将无定“把”字句与其他相关句型如动宾句进行了对比，发现无定“把”字句之所以将实体首现成分放在非优选的状语位置，是为了将谓语动词安排到句末焦点位置，起到强调、凸显行为结果的作用，而无定“把”字句所出现的语境往往需要这种“凸显行为结果”的功能。这体现了语境对句法的选择和塑造。试比较：

(27)a. 到了报社一看：居然来了40多个学生，把一个会议室都坐满了。

b. 到了报社一看：居然来了40多个学生，坐满了一个会议室。

例(27a)是语料原文，例(27b)是由例(27a)变换而成的动宾句。例句中，“一个会议室”是动词“坐”的潜在宾语（底层宾语论元），其常规的句法位置应该是“坐”后面的宾语位置，即例(27b)。但比较这两个句子可知，例(27a)显然比例(27b)更加合理。因为整句话要表达的中心意思是“来的学生很多”，那么句中的所有结构式都需要为这个中心意思服务，“把一个会议室都坐满了”正体现了进一步说明学生之多这个意思。相比之下，“坐满了一个会议室”则描述的是会议室里的状态，与整句话的中心意思衔接得不够紧密。

7.3.1 汉语“尾焦点”特征对无定“把”字句的塑造作用

汉语具有“尾焦点”的特征，即以句子的末尾作为自然焦点位置。这是SVO型语言的共性特征，在汉语中体现得尤为明显（张伯江、方梅，1996；刘丹青、徐烈炯，1998）。

无定“把”字句将动词的潜在宾语变成“把”字的宾语，使其从焦点位置转到状语位置，目的是将句末的焦点位置让给动词，从而凸显动词所表示的动作和动作结果。所以在需要聚焦于动作和动作结果的语境中，无定“把”字句就成了优选句型。例如：

(28)小两口打架，把一枕头扔到楼下。一乞丐正好路过，甚喜。接着又飞下一床被子。乞丐狂喜，抹着眼泪冲楼上喊：“楼上的大哥，行行好，把那女的也扔下来吧。”

例(28)是一个完整的语篇，“扔到楼下”这个行为及其结果在整个语篇中都非常重要，用波浪线标示的“路过”“飞下”“楼上”“楼上的大哥”“扔下来”等成分都以出现过的“扔到楼下”为识别线索。这个贯穿整个语篇的重要线索需要被凸显，所以该句使用了无定“把”字句，将重要线索安排在句末焦点位置。并且，正是因为“把一枕头扔到楼下”凸显了“扔到楼下”，后文的动宾句“接着又飞下一床被子”才得以成立。

再来看看下面这个例子：

(29)国王先让人把一头狮子放到水池中，不一会儿，狮子被鳄鱼吃得只剩下几块骨头。国王此时高声说道：“我会把女儿嫁给第一个游过去的人！”突然，“啪”的一声，一个青年跳进水池，他以飞快的速度游到了对岸。

例(29)中，“把”字的宾语“一头狮子”虽然在下文中有再现形式“狮子”，是局部话题成分，似乎在语篇中具有一定的重要性，但与“把”字句的动词性成分“放到水池中”相比，就显得不那么重要了。可以看到，整个语篇中的“鳄鱼”“游过去”“‘啪’的一声”“水池”“对岸”等成分，在表达和理解上都依赖于“放到水池中”这个成分。在这种语境下，只有使用具备凸显“放到水池中”功能的无定“把”字句，才能将受话人的注意力聚焦到表意重心上来，从而使语篇在语义上保持连贯。如果将无定“把”字句替换为动宾句“国王先让人在水池中放了一头狮子”，那么焦点就会落到“一头狮子”上，受话人关注的是接下来国王会往水池中再放什么动物，而不是有鳄鱼的水池，这就与后续语句的表意重心不太一致了。

7.3.2 无定“把”字句的尾焦点具有“凸显行为结果”的功能

潘海华(2012)指出，作格语言里没有被动态(passive)，有“逆被动态”(antipassive)，用动作者做话题，动词还带一个派生词缀(作格语言通常用受事做话题,所以用动作者做话题叫“逆被动态”),宾格语言里有被动态。汉语的“把”字句属于逆被动的一种,不一定是汉语特有的。“把”字句的动词复杂,主语是动作者,动词的宾语这个自然焦点被降级,不是“处置式”,而是实现动词焦点化。动词双音化或复杂形式动词是形成焦点的必要手段。

我们认同“动词的宾语这个自然焦点被降级”这一观点,但是,对“动词焦点化”持不同意见。原因有二:一是我们认为焦点化的并不是动词,而是谓语的整个动词性成分,也就是说,“把”字句凸显的不仅仅是动作,更重要的是动作行为的结果;二是我们发现动词双音化或复杂形式动词并不是形成焦点的必要手段,在实际用例中,有一些“把”字句的谓语动词可以是单音节的简单动词,例如:

(30)外祖母与外祖父为了我能长得胖一点,把一只正生蛋的母鸡给宰了。

但在很多无定“把”字句中,谓语的动词性成分通常不能是一个孤零零的动词,需要带有表示结果的助词“了”或宾语、补语成分。这是为了凸显动作行为的结果,而不仅仅强调动词所表示的动作。例如:

(31)通过了解,又听说原北兵一个逃兵经过献钟,为了逃命,他把一支枪卖给了地方。

(32)像某省电视台,1200万元把一个频道租给一个导演了。

(33)他想看扮犯人的演员是否已经记得了这封信的内容,就跟他开了个玩笑,把一张什么也没写的白纸当作信递给了犯人。

(34)书摊旁,三位女大学生把一本书卖给了一位欧洲学者,又马上用卖书的钱去买书。

(35)随即,她把一个白色梅花边状的硕大信封呈递给了女王陛下。

(36)一个风高月黑的夜晚，几个小伙子恶作剧，居然合伙把一头牛给偷走了。

(37)一个人走夜路着实有些害怕，不过，我可以大声唱歌给自己壮胆，只是有一次把一只野猫给引来了。

上述例句中，“把”字后面的动词性成分都使用了表示完成态的助词“了”，且大部分例句中的动词都带有宾语或补语成分，如例(31)至例(35)中，动词都带有宾语成分，即用着重号标示的“地方”“一个导演”“犯人”“一位欧洲学者”“女王陛下”；例(36)和例(37)则都有补语成分，分别是“走”和“来”。这说明，无定“把”字句所凸显的往往是动作行为的结果。

7.4 无定“把”字句在不同类型叙事语篇中的分布规律及成因分析

在7.1.2.1中，我们从历时角度考察了无定“把”字句，将两类不同“源头”同形异义的无定“把”字句区分开了。在考察无定“把”字句的语体分布情况时，我们发现，这两类无定“把”字句在语体的分布上有明显不同：“把一”式无定“把”字句主要分布在小说、故事、新闻和生活对话中，“把个”式无定“把”字句主要分布在回忆录、笑话、小说对话、相声和影视剧对话中。从使用数量上来看，“把个”式无定“把”字句明显多一些。

7.4.1 无定“把”字句对不同类型叙事语篇的选择倾向

我们对统计到的300个无定“把”字句所出现的语体进行了考察，发现在不同类型的叙事语篇中，无定“把”字句的分布情况有明显不同，大部分无定“把”字句都集中分布在回忆录、笑话、影视剧对话、相声和小说对话中。首先请看下面的统计数据。

表7.1　无定“把”字句在不同叙事语篇中的分布比例数据表

语体类型	数量(个)	比例
回忆录	64	21.33%
小说	11	3.67%
故事	19	6.33%
新闻	12	4.00%
笑话	53	17.67%
小说对话	32	10.67%
相声	40	13.33%
影视剧对话	48	16.00%
生活对话	21	7.00%

由表中数据可知,无定“把”字句在回忆录中出现得最多,其次是在笑话、影视剧对话、相声和小说对话中,在小说、故事、新闻和生活对话中出现得较少。

除了这个整体性规律外,我们还发现两类无定“把”字句有各自的选择倾向:“把一”式无定“把”字句主要分布在小说、故事、新闻和生活对话中,“把个”式无定“把”字句主要分布在回忆录、笑话、小说对话、相声和影视剧对话中。显然,在叙事语篇中,“把个”式无定“把”字句的数量多于“把一”式无定“把”字句,所以“把个”式无定“把”字句所偏好的语体中无定“把”字句所占比例就高一些。下面,我们将结合两类无定“把”字句不同的功能和价值,来对它们的语体偏好进行分析和解释。

7.4.2　“把个”式无定“把”字句适用于个人陈述型叙事语篇

在7.1.2.1中我们详细论述了由“把+个+NP+V”形式演变而来的无定“把”字句,叙述的往往是非常规的事件。这类无定“把”字句中的动词性成分前后经常形成强烈鲜明的对比和反差,含有“将不可能的事情变为可能”的意思,描述令人惊奇、突破常规的事件或状态。例如:

(38)16世纪的维萨里直接观察人体,他在巴黎求学时,曾偷过绞刑架上的犯人尸体，还曾把一个死人头骨藏在大衣内带进城，放到自己床底下，甚至带领学生盗过墓。法国的宗教裁判所注意到了他的“异端”行为，他为此不得不到意大利去继续学医，毕业后很快晋升为解剖教授。

(39)今年49岁的赵林中1986年从政府机关下海经商，18年时间把一个100多人的亏损小厂做成了1万多人的盈利大户，企业总资产也从开始的300多万元飙升至15个亿。

(40)听了这汉子的动员，我心里很不是滋味，但细想想，若不是饿的难耐，他会把一条活鱼生嚼了吗？

例(38)中，“死人头骨”和“大衣内”、“自己床底下”这两个地方在人们的意念中是不可能有联系的，因此这样的搭配形成了极大的矛盾反差，用以描述一个突破常规的传奇性故事。后文中用波浪线标示的“‘异端’行为”证明了这一点。

例(39)描述了一个工厂发生的令人难以置信的巨大变化，通过无定“把”字句中“100多人”和“1万多人”、“亏损小厂”和“盈利大户”之间强烈的对比来实现这一表意功能和语用价值。

例(40)要凸显的是一种极端饥饿、难以忍受的状态。无定“把”字句中“活鱼”和“生嚼”这一反常搭配正符合这种极端状态的描写需要。

回忆录、笑话、小说对话、相声和影视剧对话等语体有一个共同特征，就是所描述的事件往往都具有一定的传奇色彩。回忆录中的事情往往都是值得回忆的事情，肯定与日常生活中经常会发生的事情有所不同，才会令人记忆深刻。例如：

(41)班主任毛蓓蕾老师的班里，曾发生过这样一件事：一天，这个班的歌咏队正在教室里演唱，一位老师推门进来，不小心把一位同学的手指挤压在门和门框之间的缝隙里。这位同学虽然十分疼痛，却以惊人的毅力忍住，继续和大家一起演唱。演唱完毕，毛老师发现这一情况后大吃一惊，拉起那位同学的手一看，五个手指都被压扁了。

“毛蓓蕾老师的班里”每天都会发生很多事，之所以将这件事写出来，是因为“把一位同学的手指挤压在门和门框之间的缝隙里”这件事是令人印象深刻的意外事件，从后文中的“惊人”和“大吃一惊”可以看出，这件事使作者和当事人都感到十分震撼。

小说或影视剧对话中描述的也经常是回忆性的故事，例如：

(42)妈妈说：“过些天，你就知道了，这孩子太淘。真不知道这是一个什么孩子。六岁上，他拿了把雨伞爬到树上，然后把雨伞撑开往下跳，他以为伞会带着他慢慢往下落呢，结果‘噗通’摔在地上，把一只胳膊摔断了。八岁那年夏天，他和朱金根在地头水塘里捉鱼，水深，捉不到鱼，他就让朱金根回家拿了把铁锹，把通往小河的缺口挖开了，结果把一大片稻田里的水都放干了。那田里是刚刚上的水，是稻子正要水的时候。毛胡子队长找到了学校，找到了他爸……”

这是一段出现在小说中的对话，整个语篇都是回忆“这孩子”小时候的事情。“把一只胳膊摔断了”和“把一大片稻田里的水都放干了”所描述的都是令人记忆深刻的非常规事件，因此适合使用无定“把”字句。

笑话和相声都需要达到逗乐对方的目的，所以更要通过出乎意料的“包袱”来引爆笑点。例如：

(43)有一天在手术房里，主治医生对实习医生说：“以后手术室不准带水果进来。”实习医生疑惑地问：“为什么呢？”主治医生说：“我刚刚不小心把一颗扒了皮的荔枝植入病患的眼里。”

(44)甲：昨天的风真大，电线杆都倒了。

乙：那风不算大，前天街上那边把一老太太从屋里刮出来了。

例(44)中，同样是描述风很大，甲说的是常规事件，所以使用"电线杆都倒了"这一常用的动词句来表述，而乙需要抖包袱，所以讲述的是一件极为夸张的、在平常的生活中几乎不会发生的事情，使用无定"把"字句来凸显这种夸张，可以更好地达到引爆笑点、逗乐观众的目的。

7.4.3 "把一"式无定"把"字句适用于故事型叙事语篇

我们发现，在小说和故事中，除了传奇故事等特殊语篇之外，描述常态的事情相对较多，所以多使用由"把＋一＋NP＋V"形式演变而来的无定"把"字句。这是因为小说和故事中有一些铺垫的情节，需要描述普通的、平常的状态，以突出故事的主要情节。例如：

(45)起床时，总会看到岳父把一杯加了蜂蜜的温热红茶放在餐桌上。小林心里热乎乎的，总是端起来喝个点滴不剩。

(46)有一天，茶馆门口又来了一个叫化子，她像往常一样，照例把一碗菜粥端了过去，送给那个眼巴巴看着她的可怜人。

例(45)中，"岳父把一杯加了蜂蜜的温热红茶放在餐桌上"描述的是一件在生活中经常发生甚至已经形成习惯的事情。用波浪线标示的"总会看到""总是端起来喝个点滴不剩"可以证明这一点。并且，与"把个"式无定"把"字句中动词前后通常是反差极大的成分不同，"把一"式无定"把"字句中所有成分都是和谐的，如"蜂蜜"、"红茶"和"餐桌上"在人们的意念中是经常一起出现的，这种搭配显得非常和谐；"温热"和"热乎乎的"相照应，在逻辑上和情理上都显得理所当然。"把一"式无定"把"字句的功能就是客观描述动作状态，所以倾向于在这种日常生活的语境中出现。

例(46)中，"端菜粥给乞丐"这一行为也是常规性的，用波浪线标示的"又来了""像往常一样""照例"体现了这一点。"菜粥"与"茶馆"、"送"、"可怜人”等的搭配显得很和谐,茶馆里有菜粥很正常,把菜粥送给可怜人也是情理之中的事情,更何况这种事情经常发生,已经形成常态。所以,在这种普通的、平常的状态下,非常适合使用具备客观描述功能的“把一”式无定“把”字句。

在叙事语篇中,之所以“把一”式无定“把”字句比“把个”式无定“把”字句少,是因为“把个”式无定“把”字句具备的功能是不可替代的,而“把一”式无定“把”字句则往往可以被替代。在 7.3.2 中我们将“把个”式无定“把”字句与可变换的其他句型进行了比较,认为其具有独特的“凸显行为结果”功能,这是其他句型所不具备的;而“把一”式无定“把”字句主要用于客观描述动作状态,这一功能其他句型也具备。

7.5　本章小结

通过历时考察,我们认为现代汉语中的无定“把”字句有两类:一类由古代汉语中的“把＋一＋NP＋V”演变而来,一类由古代汉语中的“把＋个＋NP＋V”演变而来。由“把＋一＋NP＋V”演变而来的无定“把”字句客观描述正常的动作行为;由“把＋个＋NP＋V”演变而来的无定“把”字句带有主观评价性,凸显反认知的行为或状态。

7.5.1　无定“把”字句的实体首现功能

无定“把”字句中“把”字的宾语所表示的通常是全新实体首现,少数为部分激活实体首现,传递的是未给定信息或可推信息。所以,信息的性质要求“把”字的宾语使用无定形式。

与学者们普遍认为无定“把”字句中“把”字的宾语引进的通常是偶现的非话题成分不同,我们发现无定“把”字句中“把”字的宾语引进的通常是具有一定话题连续性的局部话题成分,其次才是偶现的非话题成分。在第 3 章中,我们探讨了局部话题成分倾向于选择“一量名”短语的简单形式来首现,这在无定“把”字句中也得到了体现。

由“把＋一＋NP＋V”演变而来的无定“把”字句倾向于表示非话题实体首现，由“把＋个＋NP＋V”演变而来的无定“把”字句倾向于表示局部话题实体首现。这与它们不同的表意功能和语用价值有关。

7.5.2 无定“把”字句具有“凸显行为结果”的功能

我们采用变换分析法，将无定“把”字句与可相互变换的句型如动宾句进行了比较，发现无定“把”字句具有“凸显行为结果”的功能。所以，在特定的语境条件下，“受限”的无定“把”字句成了优选句型，非常规的状语位置成了实体首现的优选句法位置。

7.5.3 两类无定“把”字句在语体偏好上各有不同

由“把＋一＋NP＋V”演变而来的无定“把”字句偏好在小说、故事等语体中出现，用于描述普通正常的行为动作，提供铺垫和背景；由“把＋个＋NP＋V”演变而来的无定“把”字句常出现在回忆录、对话等个人陈述型语体中，描述令人印象深刻、反认知的事件。

第 8 章　结语

本书以句法与语篇的互动性为基础，研究了汉语叙事中实体首现的规律及成因，并据此对无定构式进行了重新审视。

8.1　本书的主要结论

8.1.1　汉语叙事中实体首现的规律

实体首现的语篇功能和交际需求在一定程度上决定了句法结构式的选用，句法结构式也在一定程度上反映了实体首现的语篇功能和交际需求。这体现了句法和语篇的互动性。

从整体上看，实体首现最常选择的表述形式是光杆普通名词，其次是"一量名"短语；最常出现的句法位置是宾语位置，其次是主语位置；最常选择的句型是动宾句，其次是动词句。

信息性质和话题功能影响实体首现对表述形式的选择，语篇的信息结构、主位推进模式和衔接手段影响实体首现对句法位置的选择，对句法位置的偏好和叙事语篇的结构模式影响实体首现对句型的选择。图示如下。

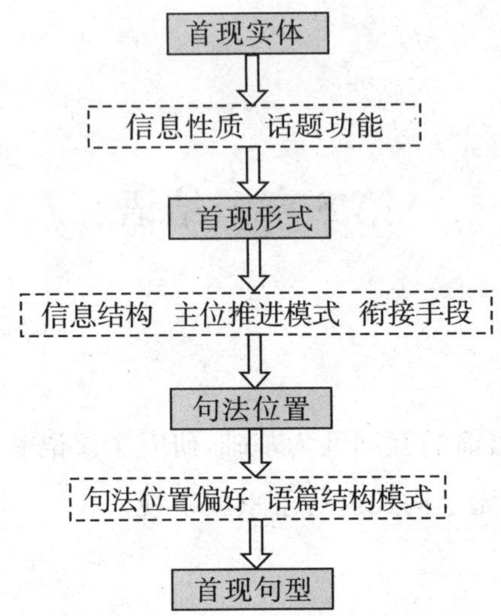

图 8.1 实体首现句法结构式的形成过程示意图

8.1.1.1 实体的信息性质和话题功能对实体首现表述形式选择的影响

从信息性质来看，起蒂实体和完全激活实体分别传递共知信息和给定信息，倾向于选择定指形式来首现；部分激活实体和全新实体分别传递可推信息和未给定信息，倾向于选择不定指形式来首现。

从话题功能来看，全局话题成分倾向于使用外延倾向型的轻量级或重量级词语来首现，如专有名词或复杂短语；局部话题成分倾向于使用外延倾向型的中量级词语来首现，如简单形式的“一量名”短语；非话题成分倾向于使用内涵倾向型的轻量级词语来首现，如光杆普通名词。

8.1.1.2 语篇的信息结构、主位推进模式和衔接手段对实体首现句法位置的影响

语篇的信息结构往往遵循从旧到新的原则，所以，起蒂实体倾向于在状语位置首现，完全激活实体倾向于在主语位置首现，部分激活实体和全新实体倾向于在宾语位置首现。

从主位推进模式来看，叙事语篇最常用的是放射型主位推进模式，多个小句的主位相同，而述位不同。因此，语篇中大部分的句子在宾语位置都会有不同的首现实体，从而使宾语位置成为首现实体的主要句法位置。

从语篇的衔接手段来看，存在所属/同属关系的激活实体首现是一种重要的词汇衔接手段。由于句子之间首尾衔接的需要，会出现大量的激活实体在主语和宾语位置首现的情况。

8.1.1.3 对句法位置的选择偏好和叙事语篇的结构模式对实体首现句型的影响

实体首现偏好出现在宾语和主语位置，具备这两个句法位置的句型能给实体首现提供理想的句法环境。所以，在主谓句中，动词性谓语句是优选句型；在非主谓句中，动词性非主谓句是优选句型。动宾句既有主语，也有宾语，这两个句法位置都是实体首现所偏好的，所以动宾句是实体首现最常选择的句型。

出于叙述的表达需要，行为句是叙事语篇中必备且数量最多的句子。行为句用于叙述事件，其谓语中心词自然是以表示动作行为的动词为多，所以动词性谓语句就成了实体首现最常选择的句型。而形容词性谓语句则主要出现在评述句中，多是对上文出现的实体或事件进行描写评价，所以评述句中实体再现的情况比较多，首现的情况比较少。

8.1.1.4 语体因素对实体首现的影响

互动性强的叙事语篇中，交际双方共享时空参照点，辅以互动性接触，易于构建从认知概念到现场实体的直接指示关系，所以，表示实体首现的代词和“代＋名”短语倾向于在互动性强的叙事语篇中出现。

在对叙事紧迫性要求较高的叙事语篇中，较少使用带有修饰性成分的名词性短语来表示实体首现，比如笑话。这与篇幅的限制和尽快引爆笑点的交际需求有关。

在对叙事准确性要求较高的叙事语篇中，较常使用带有修饰限定性成分的名词性短语来表示实体首现，比如新闻和小说等。这是因为语篇的准确性需求对经济性原则产生了压制作用。

在新闻和笑话中，主语的出现比例高于宾语，因为在这两类语体中，无定主语句的数量相对较多。对叙事准确性要求较高的语体，如回忆录和小说等，更重视利用修饰语位置来首现实体；而对叙事紧迫性要求较高的语篇中，会尽量减少修饰语的数量和长度，以最经济的语言来传递最重要的信息。

存现句具有凸显实体首现的功能，符合小说、故事和相声等的演义性特征，适合被用来引入需要引起注意的重要实体。

在互动性强的叙事语篇中，实体首现选择名词性非主谓句的比例比在互动性弱的叙事语篇中高一些。

8.1.2 对无定主语句的重新审视

通过以实体首现的视角进行重新审视，我们发现，汉语中的无定主语句并非罕见的、特殊的、受排斥的句式。无定主语句不仅广泛存在于汉语中，而且在叙事语篇中，无定主语句是表示实体首现时不可或缺的优选句式。我们认为无定主语句与其他句式平等存在于汉语中，并应该被视为汉语句法的特点之一。

8.1.2.1 无定主语句对语境有很强的依赖性

前有背景信息、后有后续小句是无定主语句存在的理想语境。在叙事语篇中表示实体首现是无定主语句出现的典型环境。孤立的无定主语句自足性较弱，需满足句法、语义、语用各方面的允准条件才能成立。无定主语句最核心的功能是为语篇引入一个新信息。从语篇视角来看，在真实充足的语言环境中，无定主语句往往可以突破句法、语义、语用等允准条件的制约。

无定主语句前面通常有背景成分，主要包括表示时间的句首状语、表示处所的句首状语、表示时间和处所的句首状语以及表示时间、处所或情景的句子。有时无定主语前边没有别的成分，但其自身实际上隐含着生活常识或认知图景，而这种生活常识或认知图景意味着某个时间或空间。

8.1.2.2 笑话、新闻和相声是无定主语句的优选语体

无定主语句具有“模糊实体、凸显事件”、“三体交融”、“在线直播”等功

能，以及背景依赖性和用语经济性，适合出现在重视情节、对情景代入感或客观时效性有要求的、背景信息充足、简短紧凑的语体中。

8.1.3 对无定“把”字句的重新审视

无定“把”字句中“把”字的宾语所表示的通常是全新实体首现，少数为部分激活实体首现，传递的是未给定信息或可推信息。所以，信息的性质要求“把”字的宾语使用无定形式。

与学者们普遍认为无定“把”字句中“把”字的宾语引进的通常是偶现的非话题成分不同，我们发现无定“把”字句中“把”字的宾语引进的通常是具有一定话题连续性的局部话题成分，其次才是偶现的非话题成分。

由“把＋一＋NP＋V”演变而来的无定“把”字句客观描述正常的动作行为，倾向于表示非话题实体首现；由“把＋个＋NP＋V”演变而来的无定“把”字句带有主观评价性，凸显反认知的行为或状态，倾向于表示局部话题实体首现。

无定“把”字句具有“凸显行为结果”的功能，所以，在特定的语境条件下，“受限”的无定“把”字句成了优选句型。

由“把＋一＋NP＋V”演变而来的无定“把”字句偏好在小说、故事等故事型语体中出现，用于描述普通正常的行为动作，提供铺垫和背景；由“把＋个＋NP＋V”演变而来的无定“把”字句常出现在回忆录、对话等个人陈述型语体中，描述令人印象深刻、反认知的事件。

8.2 本书的价值和贡献

8.2.1 基于语言运用视角的句法研究

句法结构的分类需要剥离语境来抽象概括，从语言运用角度看句法结构，在语篇环境下探讨句法问题，是回归自然语言状态并在语境充足的状态下研究句法问题。

我们关注实体首现对汉语语法的特殊现象能够提供什么样的解释。

如，汉语主语通常是有定的，但也有无定的情况存在；而宾语通常是无定的，但也有有定的情况存在。实体首现能解释这种现象吗？再如，“把”字句里“把”后的宾语通常是有定的，但也存在无定的情况。还有传统语法分析中往往忽略了句首状语，以实体首现为视角是否可以重新认识句首状语的功能和价值呢？

以句法与语篇的互动性为理论基础，以实体首现为研究视角，可以重新审视汉语中的句首状语、无定构式等句法现象，并为这些句法现象提供新的研究思路和解释角度。

8.2.2 对汉语叙事中的实体首现进行描写和解释

揭示汉语叙事语篇中实体首现的规律，并结合语篇、语用、语体等因素对规律的成因作出分析和解释。

8.2.3 以实体首现为视角审视汉语语法的特殊现象

第一，重新审视汉语中的无定主语句及无定主宾句。同时，在 Lambrecht(1994)提出的句焦点的基础上，提出“实体焦点”(entity focus)的概念，可以用来解释同一句子中主语、宾语都是无定的情况。

第二，重新审视汉语中的无定“把”字句。同时，根据历时角度的考察，将现代汉语中的无定“把”字句分为起源不同的两类，可以厘清目前的研究中对无定“把”字句一些自相矛盾的说法。

第三，重新审视句首状语的功能、价值和地位。

第四，重新审视名词性成分的指称和信息错配的现象。同时，提出了“起蒂预设”的概念对其进行解释。

8.3 本书的不足和展望

第一，本书以无定主语句和无定“把”字句为例展示了实体首现的解释力。下一步我们将扩大研究范围，对其他无定构式和其他相关句法现象进行分析和解释。

第二，本书主要在共时平面对实体首现的规律进行了归纳总结。下一步我们将从历时角度对实体首现进行考察。

第三，本书研究的是汉语叙事中的实体首现，那么，在其他语言的叙事中，实体首现的特征与汉语相比有何差异和共性呢？下一步我们将试图对实体首现进行跨语言，尤其是跨方言的类型学研究。

参考文献

蔡维天,2002.一、二、三[A]//语言学论丛:第26辑.北京:商务印书馆.

曹逢甫,1995.主题在汉语中的功能研究:迈向语段分析的第一步[M].谢天蔚,译.北京:语文出版社.

曹秀玲,2005."一(量)名"主语句的语义和语用分析[J].汉语学报,(2).

常晨光,丁建新,周红云,主编,2008.功能语言学与语篇分析新论[M].北京:北京大学出版社.

陈昌来,2000.现代汉语句子[M].上海:华东师范大学出版社.

陈黎,2012.现代汉语中名词成分的定指性与句法位置关系的篇章考察[D].北京:北京大学硕士学位论文.

陈平,1987a.汉语零形回指的话语分析[J].中国语文,(5).

陈平,1987b.话语分析说略[J].语言教学与研究,(3).

陈平,1987c.释汉语中与名词性成分相关的四组概念[J].中国语文,(2).

陈平,1994.试论汉语中三种句子成分与语义成分的配位原则[J].中国语文,(3).

陈忠,2006.认知语言学研究[M].济南:山东教育出版社.

成军,文旭,2009.词项的概念指向性——陈述与指称的语义理据[J].外语教学与研究(外国语文双月刊),(6).

储泽祥,1996.叙事体中施事主语省略的语用价值[J].修辞学习,(4).

储泽祥,2001."名+数量"语序与注意焦点[J].中国语文,(5).

储泽祥,2010.事物首现与无定式把字句的存在理据[J].语言研究,(4).

储泽祥,2011.在多样性基础上进行倾向性考察的语法研究思路[J].华中师范大学学报(人文社会科学版),(3).

邓思颖,2003.数量词主语的指称和情态[A]//语法研究和探索:十二.北京:商务印书馆.

丁声树,等,2004.现代汉语语法讲话[M].北京:商务印书馆.

丁言仁,2000.语篇分析:Discourse Analysis[M].南京:南京师范大学出版社.

董秀芳,2010.汉语光杆名词指称特性的历时演变[J].语言研究,(1).

董秀芳,2012.领属转喻与汉语的句法和语篇[J].汉语学习,(6).

樊长荣,2007.汉英有定性制约机制研究[D].武汉:华中科技大学博士学位论文.

范继淹,1985a.后续句的主语删略(提纲)[J].汉语学习,(5).

范继淹,1985b.无定NP主语句[J].中国语文,(5).

范开泰,1992.与汉语名词项的有定性有关的几个问题[A]//语法研究和探索:六.北京:语文出版社.

范晓,主编,1998.汉语的句子类型[M]. 太原:书海出版社.

方梅,1993.宾语与动量词语的次序问题[J].中国语文,(1).

方梅,2005a.篇章语法与汉语篇章语法研究[J].中国社会科学,(6).

方梅,2005b.篇章语法与汉语研究[A]//刘丹青,主编.语言学前沿与汉语研究.上海:上海教育出版社.

方梅,2007.语体动因对句法的塑造[J].修辞学习,(6).

方梅,2008a.动态呈现语法理论与汉语"用法"研究[A]//沈阳,冯胜利,主编.当代语言学理论和汉语研究.北京:商务印书馆.

方梅,2008b.由背景化触发的两种句法结构——主语零形反指和描写性关系从句[J].中国语文,(4).

方梅,2011.北京话的两种行为指称形式[J].方言,(4).

方梅,2013.谈语体特征的句法表现[J].当代修辞学,(2).

冯胜利,2010.论语体的机制及其语法属性[J].中国语文,(5).

高更生,2001.汉语语法研究[M].济南:山东人民出版社.

高原,2003.从认知角度看英汉句内照应词使用的区别[J].外语教学与研究(外国语文双月刊),(3).

古川裕,2001.外界事物的“显著性”与句中名词的“有标性”——“出现、存在、消失”与“有界、无界”[J].当代语言学,(4).

胡明扬,1993.语体和语法[J].汉语学习,(2).

胡裕树,主编,1995.现代汉语:重订本[M].上海:上海教育出版社.

胡壮麟,朱永生,张德禄,编著,1989.系统功能语法概论[M].长沙:湖南教育出版社.

胡壮麟,编著,1994.语篇的衔接与连贯[M].上海:上海外语教育出版社.

黄伯荣,廖序东,主编,2002.现代汉语:增订三版[M].北京:高等教育出版社.

黄国文,编著,1988.语篇分析概要[M].长沙:湖南教育出版社.

黄锦章,2004.当代定指理论研究中的语用学视角[J].修辞学习,(5).

黄南松,1995.论省略[J].汉语学习,(6).

黄南松,1996.现代汉语叙事体语篇中的成分省略[J].中国人民大学学报,(5).

黄南松,1997.省略和语篇[J].语文研究,(1).

黄南松,2001.现代汉语的指称形式及其在篇章中的运用[J].世界汉语教学,(2).

黄师哲,2004.无定名词主语同事件论元的关系[A]//黄正德,主编.中国语言学论丛:第三辑.北京:北京语言大学出版社.

江蓝生,2008.概念叠加与构式整合——肯定否定不对称的解释[J].中国语文,(6).

蒋平,2004.零形回指现象考察[J].汉语学习,(3).

鞠玉梅,2003.信息结构研究的功能语言学视角[J].外语与外语教学,(4)

孔令达,1994.影响汉语句子自足的语言形式[J].中国语文,(6).

乐耀,2010.从汉语书面叙事体的语篇结构看人物指称的分布和功能[J].当代语言学,(4).

李临定,2011.现代汉语句型:增订本[M].北京:商务印书馆.

李艳惠，陆丙甫，2002. 数目短语[J]. 中国语文，(4).

李英哲，1976. 汉语语义单位的排列次序[J]. 陆俭明，译. 国外语言学，1983(3).

李战子，2002. 话语的人际意义研究[M]. 上海：上海外语教育出版社.

廖秋忠，1985. 篇章中的框—棂关系与所指的确定[A]//语法研究和探索：三. 北京：北京大学出版社.

廖秋忠，1986. 现代汉语篇章中指同的表达[J]. 中国语文，(2).

廖秋忠，1988. 篇章中的论证结构[J]. 语言教学与研究，(1).

廖秋忠，1991. 篇章与语用和句法研究[J]. 语言教学与研究，(4).

刘安春，2003. "一个"的用法研究[D]. 北京：中国社会科学院研究生院博士学位论文.

刘辰诞，1999. 教学篇章语言学[M]. 上海：上海外语教育出版社.

刘大为，1994. 语体是言语行为的类型[J]. 修辞学习，(3).

刘丹青，徐烈炯，1998. 焦点与背景、话题及汉语"连"字句[J]. 中国语文，(4).

刘丹青，2002. 汉语类指成分的语义属性和句法属性[J]. 中国语文，(5).

刘丹青，2008a. 重新分析的无标化解释[J]. 世界汉语教学，(1).

刘丹青，2008b. 汉语名词性短语的句法类型特征[J]. 中国语文，(1).

刘琼竹，1999. 数量名主语句的语义语用考察[J]. 湘潭大学学报(哲学社会科学版)，(3).

刘琼竹，2000. 数量名主语句的句法分析[J]. 汉语学习，(5).

刘顺，2003. 现代汉语名词的多视角研究[M]. 上海：学林出版社.

刘月华，等，1983. 实用现代汉语语法[M]. 北京：外语教学与研究出版社.

刘月华，1998. 关于叙述体的篇章教学——怎样教学生把句子连成段落[J]. 世界汉语教学，(1).

陆丙甫，1988. 定语的外延性、内涵性和称谓性及其顺序[A]//语法研究和探索：四. 北京：北京大学出版社.

陆丙甫，1998. 从语义、语用看语法形式的实质[J]. 中国语文，(5).

陆丙甫，2003. 试论"周遍性"成分的状语性[A]//徐烈炯，刘丹青，主编. 话题与焦点新论. 上海：上海教育出版社.

陆丙甫，2005.语序优势的认知解释：论可别度对语序的普遍影响[J].当代语言学，(1、2).
陆俭明，沈阳，2003.汉语和汉语研究十五讲[M].北京：北京大学出版社.
陆俭明，2004.“句式语法”理论与汉语研究[J].中国语文，(5).
陆烁，潘海华，2009.汉语无定主语的语义允准分析[J].中国语文，(6).
吕叔湘，1961.汉语研究工作者的当前任务[J].中国语文，(4).
吕叔湘，1979.汉语语法分析问题[M].北京：商务印书馆.
吕叔湘，1984.汉语语法论文集：增订本[C].北京：商务印书馆.
吕叔湘，著，江蓝生，补，1985.近代汉语指代词[M].上海：学林出版社.
吕叔湘，1986.汉语句法的灵活性[J].中国语文，(1).
吕叔湘，1992.通过对比研究语法[J].语言教学与研究，(2).
吕叔湘，主编，1999.现代汉语八百词：增订本[M].北京：商务印书馆.
吕叔湘，2002.中国文法要略[M].沈阳：辽宁教育出版社.
马晶静，2004.双先行成分间接回指的语用分析[J].解放军外国语学院学报，(3).
马晶静，熊学亮，2004.换卡理论和间接回指的先行成分确定[J].外语与外语教学，(2).
马庆株，1990.数词、量词的语义成分和数量结构的语法功能[J].中国语文，(3).
孟艳丽，2005.“一量名”主语句中主语的不同指称意义及其动因[A]//陈昌来，主编.现代汉语三维语法论.上海：学林出版社.
苗兴伟，2003a.语篇的信息连贯[J].外语教学，(2).
苗兴伟，2003b.语篇向心理论述评[J].当代语言学，(2).
内田庆市，1993.汉语的“无定名词主语句”——另外一种“存现句”[A]//大河内康宪，主编.日本近、现代汉语研究论文选.北京：北京语言学院出版社.
聂仁发，2009a.汉语语篇研究回顾与展望[J].宁波大学学报(人文科学版)，(3).

聂仁发,2009b.信息量与主语形式的选择[J].修辞学习,(3).

潘海华,韩景泉,2005.显性非宾格动词结构的句法研究[J].语言研究,(3).

潘海华,2012.语言学的发展需要大家共同努力[A]//中国语言资源动态:第三期.北京:商务印书馆.

彭利贞,2005.现代汉语情态研究[D].上海:复旦大学博士学位论文.

彭宣维,2000.英汉语篇综合对比[M].上海:上海外语教育出版社.

齐沪扬,主编,2007.现代汉语[M].北京:商务印书馆.

曲英梅,杨忠,2011.英汉事件名化短语认知语义对比分析[J].外语教学与研究(外国语文双月刊),(6).

任绍曾,2003.叙事语篇的多层次语义结构[J].外语研究,(1).

杉村博文,2002.论现代汉语“把”字句“把”的宾语带量词“个”[J].世界汉语教学,(1).

邵敬敏,1993. 量词的语义分析及其与名词的双向选择[J].中国语文,(3).

邵敬敏,主编,2001.现代汉语通论[M].上海:上海教育出版社.

沈家煊,1999.不对称和标记论[M].南昌:江西教育出版社.

沈家煊,2001.语言的“主观性”和“主观化”[J].外语教学与研究(外国语文双月刊),(4).

沈家煊,2005a.认知语言学与汉语研究[A]//刘丹青,主编.语言学前沿与汉语研究.上海:上海教育出版社.

沈家煊,2005b.“有界”与“无界”[A]//马庆株,编.二十世纪现代汉语语法论文精选.北京:商务印书馆.

沈家煊,2006.“王冕死了父亲”的生成方式——兼说汉语“糅合”造句[J].中国语文,(4).

沈家煊,2011.朱德熙先生最重要的学术遗产[J].语言教学与研究,(4).

沈开木,1996.现代汉语话语语言学[M].北京:商务印书馆.

沈阳,1995.数量词在名词短语移位结构中的作用与特点[J].世界汉语教学,(1).

沈园,2003.汉语中另一种“无定”主语[A]//语法研究和探索:十二.北京:

商务印书馆.
石定栩，2005. 动词的“指称”功能和“陈述”功能[J]. 汉语学习，(4).
石毓智，1997. 指示代词回指的两种语序及其功能[J]. 汉语学习，(6).
石毓智，李讷，2001. 汉语语法化的历程：形态句法发展的动因和机制[M]. 北京：北京大学出版社.
石毓智，2002. 论汉语的结构意义和词汇标记之关系——有定和无定范畴对汉语句法结构的影响[J]. 当代语言学，(1).
孙朝奋，1994. 汉语数量词在话语中的功能[A]//戴浩一，薛凤生，主编. 功能主义与汉语语法. 北京：北京语言学院出版社.
唐翠菊，2005. 从及物性角度看汉语无定主语句[J]. 语言教学与研究，(3).
唐青叶，2009. 语篇语言学[M]. 上海：上海大学出版社.
唐彧，2007. “数(量)名”无定主语句使用研究[D]. 长春：吉林大学硕士学位论文.
陶红印，1999. 试论语体分类的语法学意义[J]. 当代语言学，(3).
陶红印，张伯江，2000. 无定式把字句在近、现代汉语中的地位问题及其理论意义[J]. 中国语文，(5).
田然，2003. 现代汉语叙事语篇中 NP 的省略[J]. 汉语学习，(6).
田然，2004. 叙事语篇中 NP 省略的语篇条件与难度级差[J]. 语言教学与研究，(2).
王灿龙，2003. 制约无定主语句使用的若干因素[A]//语法研究和探索：十二. 北京：商务印书馆.
王灿龙，2010. “谁是 NP”与“NP 是谁”的句式语义[J]. 语言教学与研究，(2).
王红旗，2004a. 功能语法指称分类之我见[J]. 世界汉语教学，(2).
王红旗，2004b. 框架及其在语言表达中的作用[J]. 语言研究，(1).
王红旗，2012. 不定指成分出现的语境条件[J]. 世界汉语教学，(1).
王还，1984. “把”字句和“被”字句[M]. 上海：上海教育出版社.
王还，1985. “把”字句中“把”的宾语[J]. 中国语文，(1).
王珏，2001. 现代汉语名词研究[M]. 上海：华东师范大学出版社.

王力，1958.汉语史稿[M].北京：中华书局.

王义娜，2005.概念参照视点：语篇指称解释的认知思路[J].外语学刊，(5).

王义娜，2006.从可及性到主观性：语篇指称模式比较[J].外语与外语教学，(7).

王义娜，周流溪，2007.人文学科研究的语篇学视角[J].山东外语教学，(6).

王寅，2005.认知语言学探索[M].重庆：重庆出版社.

王寅，编著，2006.认知语法概论[M].上海：上海外语教育出版社.

魏红，储泽祥，2007."有定居后"与现实性的无定 NP 主语句[J].世界汉语教学，(3).

温锁林，2001.现代汉语语用平面研究[M].北京：北京图书馆出版社.

温锁林，范群，2006.现代汉语口语中自然焦点标记词"给"[J].中国语文，(1).

温锁林，贺桂兰，2006.有关焦点问题的一些理论思考[J].语文研究，(2).

温锁林，2012a.话语主观性的数量表达法[J].语言研究，(2).

温锁林，2012b."有+数量结构"中"有"的自然焦点凸显功能[J].中国语文，(1).

吴丽君，等，2002.日本学生汉语习得偏误研究[M].北京：中国社会科学出版社.

武瑗华，2006.语境因素辨析[J].解放军外国语学院学报，(4).

项成东，2004.代词性和指示性间接回指语及其认知基础[J].外语与外语教学，(3).

邢福义，1991.现代汉语语法研究的三个"充分"[J].湖北大学学报(哲学社会科学版)，(6).

邢福义，1996.汉语语法学[M].长春：东北师范大学出版社.

邢福义，汪国胜，主编，2003.现代汉语[M].武汉：华中师范大学出版社.

熊岭，2012.现代汉语指称范畴研究[D].武汉：华中师范大学博士学位论文.

熊学亮，1999.认知语境的语用可及程度分析[J].外国语(上海外国语大学学报)，(6).

熊仲儒，2008. 汉语中无定主语的允准条件[J]. 安徽师范大学学报(人文社会科学版)，(5).

徐赳赳，1996. 篇章中的段落分析 [J]. 中国语文，(2).

徐赳赳，2003. 现代汉语篇章回指研究[M]. 北京：中国社会科学出版社.

徐赳赳，2010. 现代汉语篇章语言学[M]. 北京：商务印书馆.

徐烈炯，1995. 语义学[M]. 北京：语文出版社.

徐烈炯，刘丹青，1998. 话题的结构与功能[M]. 上海：上海教育出版社.

徐烈炯，刘丹青，著，袁毓林，评述，2003.《话题的结构与功能》评述[J]. 当代语言学，(1).

徐烈炯，1997a. 汉语语序的定指效应[A]//指称、语序和语义解释——徐烈炯语言学论文选译. 北京：商务印书馆，2009.

徐烈炯，1997b. 数量名词短语作主语的限制：语用角度的研究[A]//指称、语序和语义解释——徐烈炯语言学论文选译. 北京：商务印书馆，2009.

徐明，李更春，2005. 间接回指的分类及其解释模式的研究[J]. 西北大学学报(哲学社会科学版)，(4).

徐默凡，1999. 语义预设与小说开头[J]. 修辞学习，(3).

徐盛桓，1982. 主位和述位[J]. 外语教学与研究(外国语文双月刊)，(1).

徐盛桓，1985. 再论主位和述位[J]. 外语教学与研究(外国语文双月刊)，(4).

许宁云，2004. 前指形式选择中的认知互动分析[J]. 外语教学，(4).

许余龙，2002. 语篇回指的认知语言学探索[J]. 外国语，(1).

许余龙，2004. 篇章回指的功能语用探索：一项基于汉语民间故事和报刊语料的研究[M]. 上海：上海外语教育出版社.

许余龙，2005. 从回指确认的角度看汉语叙述体篇章中的主题标示[J]. 当代语言学，(2).

玄玥，2002. 焦点问题研究综述[J]. 汉语学习，(4).

薛宏武，2014. “有”的核心信息功能与特性——兼论无定主语/话题句[J]. 汉语学习，(1).

杨成凯,2003.关于"指称"的反思[A]//语法研究和探索:十二.北京:商务印书馆.

杨剑英,2003.对汉语叙述语篇中的指称和指称选择的分析[D].重庆:重庆大学硕士学位论文.

俞洪亮,2002.论叙事体中指称关系的心理表征[J].外语与外语教学,(1).

俞理明,吕建军,2011."王冕死了父亲"句的历史考察[J].中国语文,(1).

俞志强,2011.论把字句宾语属性明确性与句子语境的匹配[J].世界汉语教学,(1).

袁晖,李熙宗,主编,2005.汉语语体概论[M].北京:商务印书馆.

袁毓林,等,2009."有"字句的情景语义分析[J].世界汉语教学,(3).

讃井唯允,1993.语用上的具体化与一般化——从所谓"无定 NP 主语句"与"存现句"说起[A]//大河内康宪,主编.日本近、现代汉语研究论文选.北京:北京语言学院出版社.

张斌,主编,2002.新编现代汉语[M].上海:复旦大学出版社.

张伯江,1994.汉语句法的功能透视[J].汉语学习,(3).

张伯江,方梅,1996.汉语功能语法研究[M].南昌:江西教育出版社.

张伯江,1997.汉语名词怎样表现无指成分[A]//庆祝中国社会科学院语言研究所建所 45 周年学术论文集.北京:商务印书馆.

张伯江,2000.论"把"字句的句式语义[J].语言研究,(1).

张伯江,2005.功能语法与汉语研究[J].语言科学,(6).

张伯江,2007.语体差异和语法规律[J].修辞学习,(2).

张伯江,2009.从施受关系到句式语义[M].北京:商务印书馆.

张伯江,2010.汉语限定成分的语用属性[J].中国语文,(3).

张伯江,2011.汉语的句法结构和语用结构[J].汉语学习,(2).

张伯江,2012.以语法解释为目的的语体研究[J].当代修辞学,(6).

张德禄,刘汝山,2003.语篇连贯与衔接理论的发展及应用[M].上海:上海外语教育出版社.

张德禄,2005.语言的功能与文体[M].北京:高等教育出版社.

张姜知，2013. 无定成分作“把”字宾语的限制条件及语用功能[J]. 外国语，(2).
张敏，1998. 认知语言学与汉语名词短语[M]. 北京：中国社会科学出版社.
张旺熹，1991. “把字结构”的语义及其语用分析[J]. 语言教学与研究，(3).
张旺熹，2001. “把”字句的位移图式[J]. 语言教学与研究，(3).
张新华，2007a. 汉语语篇句的指示结构研究[M]. 上海：学林出版社.
张新华，2007b. 与无定名词主语句相关的理论问题[J]. 北京大学学报(哲学社会科学版)，(6).
张谊生，2003a. 从量词到助词——量词“个”语法化过程的个案分析[J]. 当代语言学，(3).
张谊生，2003b. 统括副词前光杆名词的指称特征[A]//语法研究和探索：十二. 北京：商务印书馆.
张谊生，2005. 现代汉语“把＋个＋NP＋VC”句式探微[J]. 汉语学报，(3).
赵艳芳，2001. 认知语言学概论[M]. 上海：上海外语教育出版社.
赵元任，著，吕叔湘，译，1968. 汉语口语语法[M]. 北京：商务印书馆.
郑贵友，2002. 汉语篇章语言学[M]. 北京：外文出版社.
郑天刚，1998. 有定形式和无定形式的语用功能[J]. 南开学报，(4).
周平，2001. 可及性理论与前指现象[J]. 外语教学，(4).
周思佳，陈振宇，2013. “一量名”不定指名词主语句允准条件计量研究[J]. 语言科学，(4).
朱德熙，1958. 定语和状语[M]. 上海：上海教育出版社.
朱德熙，1982. 语法讲义[M]. 北京：商务印书馆.
朱德熙，1985. 现代书面汉语里的虚化动词和名动词[J]. 北京大学学报(哲学社会科学版)，(5).
朱德熙，1987. 现代汉语语法研究的对象是什么？[J]. 中国语文，(5).
朱江，黄国营，2004. “一个 NP”主语句研究[J]. 语言研究，(12).
朱晓农，1988. 语法研究中的假设—演绎法——从主语有定无定谈起[J]. 华东师范大学学报(哲学社会科学版)，(4).
朱永生，苗兴伟，2000. 语用预设的语篇功能[J]. 外国语，(3).

朱永生，严世清，2001.系统功能语言学多维思考[M].上海：上海外语教育出版社.

朱永生，郑立信，苗兴伟，编，2001.英汉语篇衔接手段对比研究[M].上海：上海外语教育出版社.

朱永生，2005.语境动态研究[M].北京：北京大学出版社.

Ariel M，1990. Accessing Noun-Phrase Antecedents [M]. London/ New York：Routledge.

Ariel M，2001. Accessibility theory：an overview [A] //Sanders T，et al. Text Representation：Linguistic and psycholinguistic aspects. Amsterdam/Philadelphia：John Benjamins Publishing Company.

Bloomfield L，1935. Language [M]. London：Allen and Unwin.

Bock J K，Warren R K，1985. Conceptual accessibility and syntactic structure in sentence formulation [J]. Cognition，(21).

Bosch P，1983. Agreement and Anaphora：A Study of the Role of Pronouns in Syntax and Discourse [M]. London/ New York：Academic Press.

Brown G，Yule G，1983. Discourse Analysis [M]. Cambridge：Cambridge University Press.

Brown H D，1994. Principles of Language Learning and Teaching [M]. Pearson Hall Regents.

Chafe W，1994. Discourse，Consciousness and Time：The Flow and Displacement of Conscious Experience in Speaking and Writing [M]. Chicago：University of Chicago Press.

Chafe W L，1976. Givenness，Contrastiveness，Definiteness，Subjects，Topics and Point of View [A] //Li C N(ed.). Subject and Topic. New York：Academic Press.

Chase G(ed.)，1973. Visual Information Processing [C]. New York：

Academic Press.

Cole P , Morgan J(eds.), 1996. Syntax and Semantics 3: Speech Acts [C]. London: Academic Press.

Cook G, 1989. Discourse [M]. Oxford: Oxford University Press.

Daniel García Velasco, Jan Rijkhoff(eds.), 2008. The Noun Phrase in Functional Discourse Grammar [C]. Berlin; New York: Mouton de Gruyter.

Du Bois, John W, 1980. Beyond definiteness: The trace of identity in discourse [A] //Pear Stories: Cognitive Cultural and Linguistic Aspects of Narrative Production. Norwood, N. J. : Ablex Publishing Company.

Edwards D, 1997. Discourse and Cognition [M]. London/Thousand Oaks/New Delhi: Sage Publications.

Epstein R, 2002. The Definite Article, Accessibility and the Construction of Discourse [J]. Cognitive Linguistics, (4).

Fairclough N, 2000. Discourse and Social Change [M]. Cambridge: Polity Press.

Firbas J, 1992. Functional Sentence Perspective in Written and Spoken Communication [M]. Cambridge: Cambridge University Press.

Fox B A, 1987. Discourse Structure and Anaphora [M]. Cambridge: Cambridge University Press.

Freedle R O(ed.), 1979. New Directions in Discourse Processing [M]. Norwood, N. J. : Ablex.

Fries P H, et al. (eds.), 2002. Relations and Functions Within and Around Language [M] . London/New York: Continuum.

Garnham A, 2001. Mental Models and the Interpretation of Anaphora [M]. Philadelphia: Psychology Press Ltd.

Garrod S C, Sanford A J, 1982. The mental representation of discourse in a focused memory system: Implications for the interpretation of anaphoric noun phrases [J]. Journal of Semantics, (1).

Gernsbacher M A, 1990. Language Comprehension as Structure Building [M]. Hillsdale, N. J. : Lawrence Erlbaum.

Giora R, 1985. What's a coherent text [A] //Sozer(ed.). Text Connexity, Text Coherence. Hamburg: Helmut Buske Verlag.

Givón, 1978. Definiteness and Referentiality [A] //Greenberg J H (ed.). Universals of Human language. Vol. 4 (syntax) . Stanford: Stanford University Press.

Givón T, 1979. On Understanding Grammar [M]. New York: Academic Press.

Givón T, 1983. Topic continuity in discourse: An introduction [A] // Givón T(ed.). Topic Continuity in Discourse: An Applicational Cross language Study. Amsterdam/Philadelphia: John Benjamins Publishing Company.

Givón T, 1989. Mind, Code and Context [M]. Hillsdale, N. J. : Lawrence Erlbaum.

Givón T, 1990. Syntax: A Functional-Typological Introduction [M]. 2 vols. Amsterdam/Philadelphia: John Benjamins Publishing Company.

Givón T, 1992. English Grammar: A Functional-based Introduction [M]. Vol. I and II. Amsterdam / Philadelphia: John Benjamins Publishing Company.

Givón T, 1997. Grammatical Relations: A Functional Perspective [M]. Amsterdam/Philadelphia: John Benjamins Publishing Company.

Goffman E, 1974. Frame Analysis [M]. New York: Harper Colophon Books.

Gundel J K, Hedberg N, Zacharski R, 1993. Cognitive status and the form of referring expressions in discourse [J]. Language, (69).

Halliday M A K, 1973. Explorations in the Functions of Language [M].

London：Edward Arnold.

Halliday M A K，1975. Learning How to Mean：Explorations in the Development of Language [M]. London：Edward Arnold.

Halliday M A K，Hasan R，1976. Cohesion in English [M]. London：Longman.

Halliday M A K，1978. Language as Social Semiotic：The Social Interpretation of Language and Meaning [M]. London：Edward Arnold.

Halliday M A K，1985a. An Introduction to Functional Grammar [M]. London：Edward Arnold.

Halliday M A K，1985b. Language，Context and Text：Aspects of Language in a Social-Semiotic Perspective [M]. Oxford：Oxford University Press.

Halliday M A K，Matthiessen C，1999. Construing Experience Through Language：A Language based Approach to Cognition [M]. London and New York：Cassell.

Halliday M A K，2004. An Introduction to Functional Grammar [M]. 3rd ed. Beijing：Foreign Language Teaching and Research Press.

Harris A C，Campbell L，1995. Historical Syntax in Cross-linguistic Perspective [M]. Cambridge：Cambridge University Press.

Harviland S E，Clark H H，1974. What's new? Acquiring new information as a process in comprehension [J]. Journal of Verbal Learning and Verbal Behavior，13，(5).

Hatch E，Brown C，1995. Vocabulary，Semantics and Language Education [M]. Cambridge：Cambridge University Press.

Hoey M，1991. Patterns of Lexis in Text [M]. Oxford：Oxford University Press.

Hofmann T R，1989. Paragraphs and anaphora [J]. Journal of Pragmatics 13：239—250.

Hopper P, 1985. Emergent grammar and the a priori grammar constraint [A] //Tannen D(ed.). Linguistics in Context: Connecting Observation and Understanding. Norwood, N. J.: Ablex.

Huang Y, 1991. A neo-Gricean Pragmatic Theory of Anaphora [J]. Journal of Linguistics, (27).

Johnson-Laird P N, 1983. Mental Models [M]. Cambridge, MA: Harvard University Press.

Kuno S, Kaburaki E, 1977. Empathy and syntax [J]. In Linguistic Inquiry 8: 627—672.

Lambrecht K, 1994. Information Structure and Sentence Form [M]. Cambridge: Cambridge University Press.

Langacker R W, 1987. Foundations of Cognitive Grammar. Volume. I, Theoretical Prerequisites [M]. California: Stanford University Press.

Langacker R W, 1990. Subjectification [J]. Cognitive Linguistics, (1).

Langacker R W, 1993. Reference-point Constructions [J]. Cognitive Linguistics, (4).

Leech G, 1983. Principles of Pragmatics [M]. London: Longman.

Levinson S C, 1983. Pragmatics [M]. Cambridge: Cambridge University Press.

Levinson S C, 1987. Pragmatics and the Grammar of Anaphora [J]. Journal of Linguistics, (23).

Levinson S C, 1991. Pragmatic Reduction of the Binding Conditions Revisited [J]. Journal of Linguistics, (27).

Li C N (ed.), 1976. Subject and Topic: A New Typology of Language [C]. New York: Academic Press.

Li C N, Thompson S A, 1981. Mandarin Chinese: A Functional Reference Grammar [M]. California: University of California Press.

Linell P, Korolija N, 1978. Coherence in multiple-party conversation:

Episodes and contexts in Linguistic Society [C]. Chicago: CLS. .

Lyons C, 1999. Definiteness [M]. Cambridge: Cambridge University Press.

Marmaridou S A, 2000. Pragmatic Meaning and Cognition [M]. Amsterdam/Philadelphia: John Benjamins Publishing Company.

Martin J R, 1989. Factual Writing: Exploring and Challenging Social Reality [M]. Oxford: Oxford University Press.

Martin J R, 1992. English Text System and Structure [M]. Amsterdam/Philadelphia: John Benjamins Publishing Company.

Martin J R, 2000. Beyond exchange: Appraisal systems in English [A] // Hunston S, Thompson G(eds.). Evaluation in Text: Authorial Stance and the Construction of Discourse. Oxford: Oxford University Press.

Matsui T, 2000. Bridging and Relevance [M]. Amsterdam/Philadelphia: John Benjamins Publishing Company.

McCarthy M, Carter R, 1994. Language as Discourse Perspectives for Language Teaching [M]. London: Longman Group UK Limited.

Mitkov R, 2002. Anaphora Resolution [M]. London: Pearson Education.

Pêcheux M, 1982. Language, Semantics and Ideology [M]. London: Macmillan.

Prince E F, 1981. Toward a Taxonomy of Given-New Information [A] // Cole P(ed.). Radical Pragmatics. New York: Academic Press.

Quine W V, 1960. Word and Object [M]. Cambridge: MIT Press.

Reinhart T, 1976. The Syntactic Domain of Anaphora [D]. Ph. D. Thesis, MIT.

Rickheit G, Habel C, 1999. Mental Models in Discourse Processing and Reasoning [M]. Amsterdam: Elsevier Science.

Robert de Beaugrande, 1997. New Foundations for a Science of Text and

Discourse: Cognition, Communication, and the Freedom of Access to Knowledge and Society [M]. Vol. LXI. Norwood: Ablex Publishing Corporation.

Saeed J I, 2000. Semantics [M]. Beijing: Foreign Language Teaching and Research Press.

Sanger K, 2000. The Language of Fiction [M]. London/New York: Routledge.

Schiffrin D, 1994. Approaches to Discourse [M]. Malden: Blackwell Publishers Inc..

Schiffrin D, 2006. In Other Words: Variation in reference and narrative [M]. Cambridge: Cambridge University Press.

Smith S, 2003. Models of Discourse: The Local Structure of Texts [M]. Cambridge: Cambridge University Press.

van Dijk T A, 1977. Text and Context: Explorations in the Semantics and Pragmatics of Discourse [M]. London: Longman.

van Dijk T A, 1981. Review of R. O. Freedle (ed.) 1979 [J]. Journal of Linguistics, 17.

van Hoek K, 1997. Anaphora and Conceptual Structure [M]. Chicago: The University of Chicago Press.

Walker M A, et al. (eds.), 1998. Centering Theory in Discourse [C]. Oxford: Clarendon Press.

Yule G, 2010. The Study of Language: 4th Revised edition [M]. Cambridge: Cambridge University Press.